은사와 치유 사역의 원리

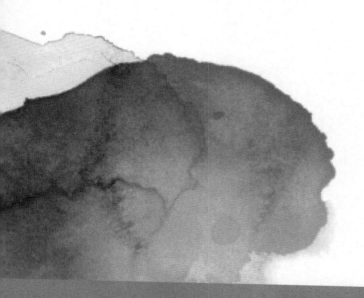

은사와
치유 사역의 원리

염기석 지음

삼원서원

머리말

누구나 그러하듯이 오늘 나의 나 된 것은 모두가 주님의 은혜였음을 고백함으로 이 책을 시작한다. 1989년 6월 원주 샘감리교회에서 목회를 시작하였다. 전도사 시절이라 그저 남들이 하는 대로 교회 조직과 프로그램 중심으로 이것저것 열심히 하는 것이 잘하는 줄 알았다. 1993년 4월에 목사 안수를 받았는데, 3개월 전부터 안수를 받는다는 생각만 해도 왜 그리 눈물이 흐르는지, 눈물 속에서 안수를 받았다. 그리고 1996년 5월 말 느닷없이 치유의 은사가 임하였다. 당시에는 은사에 대한 열망도 없었다. 아예 생각조차 없었다고 해야 옳을 것이다. 중학교 2학년 때 방언의 은사를 받았지만, 은사에 대한 개념조차 정리도 안 되어 있던 시절이었다.

대략 6개월 정도 교회에서 밤낮으로 치유 사역을 하였다. 다음 해 임지를 충주로 옮겨 치유에 대한 본격적인 공부를 시작하였다. 치유를 주제로 감신교신학대학교에서 목회학박사를 취득하고, 2002년에 이를 바탕으로 두 권의 책을 출판하였다. 그해부터 은사에 대해 출중한 능력을 가진 목회자들을 만나게 되었다. 그분들의 도움으로 2004년까지 은사에 대한 정리를 어느 정도 완성하였다. 그해 겨울 기도 중에 그곳에서의 사명이 끝났음을 알게 되었다.

이듬해 봄에 사임을 하고 5개월 정도 목회를 쉬었다. 이때가 내 목회에 있어서 하프타임이었다. 만 15년간의 목회를 정리하고 새로운 작전을 주님과 함께 세워야 할 것 같아서였다. 무엇보다도 내 목회에 대한 주님의 계획을 알고 싶었다. 단양에 있는 한 기도원에서 40일 금식기도를 시작하였다. 8일 만에 중단하고 옥천에 있는 나실인 수도원으로 기도자리를 옮겼다. 수도원 산속 기도실에서 보름 넘게 기도하던 중 나를 향한 주님의 계획을 깨닫게 되었다.

2005년 6월 2일 새벽 1시부터 3시까지 주님은 그때까지 내가 살아온 날들을 되짚어 주셨다. 이제까지의 나의 삶들이 하나의 목표를 향해 살아왔음을 보았다. 삶의 퍼즐들이 맞춰지고 그 모습이 드러났다. 그것이 나를 향한 주님의 계획이었다. 버리고 싶었던 과거의 삶, 기억조차 하기 싫었던 삶의 조각들, 그 어느 것 하나 버릴 것이 없는 소중한 경험이었다. 그 조각들이 바로 나였고 주님의 계획 하에 있었다. 모두가 소중한 재산들이고, 모두가 아름다운 날들이었다. 나는 주님의 계획에 순종하겠노라고 고백했다. 그러자 나의 고백에 온 천지가 화답하는 놀라운 경험을 하게 되었다.

다음 날 하산을 하고 이곳 치악산에 자리를 잡았다. 모든 것이 준비되어 있었다. 그 과정을 간증하자면 아마 한 권의 책도 부족할 것이다. "나의 자존심은 곧 주님의 자존심입니다."라는 믿음의 고백에 주님은 이제까지 나의 자존심을 지켜주셨다. 생각할수록 주님은 나에게 너무 잘해주신다. 필요한 것을 필요할 때 주시고, 마음 고생하지 않도록 살펴주셨다. 그럴 때마다 너무 감사해 "내가 주님한테 더 잘해야 하는데" 그러면서 살아간다.

산에 들어온 지 첫 2년간은 처음부터 다시 공부를 하였다. 다음 2년간은 『가슴으로 읽는 로마서(상·하)』를 썼다. 그리고 1년간은 쉬엄쉬엄 지내다 이제 이 책을 쓴다. 이 책은 좀 일찍 썼어야 했다. 2002년 『치유란 무엇인가』를 출판했다. 출판사에서 처음 그 책을 받아드는 순간, 개정판을 써야지 하는 생각뿐이었다. 그러나 주님은 허락하지 않으시고 은사를 두루 경험하게 하셨다. 그리고 본질적인 문제들에 관심 갖게 하셨다. 그 결과물 중의 하나가 『가슴으로 읽는 로마서』이며 이 책이다. 지난 해 말에 치유 목회 세미나를 했는데, 예전의 글들이 도통 마음에 들지 않았다. 그리하여 새로이 책을 써야겠다는 생각이 들어 이 책을 쓰는 것이다.

이 책은 3부로 구성되어 있다. 1부는 이 책의 이론적 기초가 되는 부분이다. 1부에서는 질병과 치유 그리고 건강을 주제로 썼다. 대부분의 책들이 질병에 대해서는 깊이 있게 다루지 않는다. 여기서는 질병이 무엇인가, 왜 병이 오는가, 어떤 상태가 질병이고, 병이 낫다고 하는 것은 어떤 상태를 말하는가 등 질병의 원인, 기준, 정의 등을 심도 있게 다뤄볼 생각이다. 그 결과를 가지고 치유에 대한 정의도 새롭게 검토해 볼 것이다. 즉 치유를 전인적 치유라고 말하는데 과연 타당한 정의인가, 치유가 의사가 판단하는 식의 병의 나음을 말하는가, 아니면 또 다른 목적과 원인이 있는 것인가, 병이 꼭 나아야만 치유받았다고 말할 수 있는가, 병에 걸리면 어떻게 해야 하는가 등을 다뤄볼 것이다. 그리고 이러한 정의 하에서 파생되어 나타나는 치유의 유형들, 믿음이 치유에 어떤 영향을 주는가, 그리고 치유의 근본이 사랑임을 밝히려고 한다. 마지막으로 이들을 중심으로 건강이 무엇인지에 대해 썼다.

2부에서는 은사와 은사의 원리에 대해 썼다. 첫째는 은사가 무엇이고, 하나님이 왜 은사를 주시는가, 은사를 어떻게 받는가, 그리고 우리가 흔히 잘못 알고 있는 은사의 편견과 오류는 어떠한 것이 있으며, 은사와 영성은 어떤 차이가 있는가 등을 다루었다. 그리고 은사를 지·정·의知情意로 분류하고 나의 경험을 바탕으로 각 은사에 대해 설명하였다. 둘째는 은사의 원리 부분으로 은사가 열린다는 것은 무엇을 말하는가, 열려진 은사는 어떤 원리로 작용하며 사용하는가, 은사는 연단받는데 어떻게 연단받는가, 그리고 연단받으면 어떻게 달라지는가 등에 대해 썼다. 마지막으로는 은사의 결론이다. 이는 은사가 본디 불완전한 것이므로 은사는 은사로 결론 맺어서는 아무 유익이 없음을 밝혔다. 즉 바울은 은사는 사랑으로 결론 맺어야 한다고 말했으며, 나는 은사는 내면화되지 않으면 아무 유익이 없다는 것을 결론으로 제시하였다.

3부는 치유 사역의 실제 부분으로 첫째로 치유 사역의 과정을 5단계로 나누어 나의 사역 경험을 바탕으로 설명하였다. 만남, 진단하기, 치유하기, 치유 이후의 돌봄, 치유 사역자 관리까지 각 단계별로 어떻게 은사를 활용하여 질병을 진단하고 치유하는지, 그리고 치유 이후에 목양적 돌봄이 필요하다는 것과 사역 이후에 사역자 자신의 관리는 어떻게 해야 하는지, 그리고 각 단계별로 주의할 점은 무엇이며, 대처하는 방법 등에 대해 썼다. 그리고 치유를 위한 기도에서는 여덟 가지의 기도법에 대해 설명해 놓았다. 둘째로 습관의 치유로 이는 치유받은 사람이 다시 재발하는 경우에 대해 그 원인과 배경, 다시 재발하지 않으려면 어떻게 해야 하는가에서 출발하여 모든 병의 원인이 습관으로 비롯된 것이며, 치유는 습관을 치유하는 것임을 밝혔다. 이는 새로운 시각, 즉 습관이라는 차원에서 치유를 새롭게 조명해보는 계기가 될 것이다. 마지막으로 귀신 들린 사람의 치유로 이때 은사를 어떻게 활용하는지 그리고 주의할 점과 축사 사역에 있어서의 주요 사항들에 대해 나의 실제 사역을 예를 들어 설명하였다.

이 책은 논문은 아니지만 각주를 달아놓았다. 각주에는 해당되는 성서구절들을 옮겨놓은 것들이 대부분이다. 이는 이 책이 성경을 기초로 쓰였다는 것을 밝힘과 동시에 해당 구절들을 찾는 수고를 덜어드리기 위한 배려 때문이다. 성경은 개역개정판을 사용했으며, 꼭 필요한 부분에는 원어를 옮겨놓았다. 그리고 본문의 이해를 돕기 위해 새번역과 기타 번역본들을 사용했음을 밝혀둔다. 또한 본문에서 다루기에 미묘한 부분들이나 논란의 여지가 있는 문제들 등은 각주로 처리했다. 그러므로 꼭 각주를 함께 읽어야 이 책에 대한 오해를 하지 않게 된다.

이 책은 은사 사역자, 치유를 경험하고 사역하는 목회자들, 그리고 치유에 대해 공부하는 사람들을 염두에 두고 썼다. 치유에 대해 경험자가 아닌 관심 있는 목회자나 평신도들도 읽으면 좋을 것이다. 하지만 관심 없는 자는 읽지 않는 것도 도움이 될 것이다. 또 하나의 바람이 있다면 이 책이 정신의학이나 심리학을 연구하는 사람들에게 도움이 되었으면 한다. 이 책에서 밝힌 치유와 은사에 대한 원리들이 연구자들이 치유와 은사에 대해 보다 학문적으로 접근할 수 있는 다리 역할을 충분히 할 수 있으리라고 본다.

마지막으로 지난해에 나온 『가슴으로 읽는 로마서(상·하)』의 출판에 도움을 주신 분들, 감리교 원주서지방 청장년선교회, 한대희 권사, 유재성 집사, 김경식 집사에게 감사의 말을 전한다. 주님의 축복이 그들과 함께하기를 축원한다.

2010년 5월 31일
치악산 황골에서
빈탕 염기석

차 례

1부 치유

1장 질병

치유에 대해 말하기 전에 우리는 무엇으로부터의 치유인가를 먼저 말해야 한다. 물론 치유는 모든 질병으로부터 나음을 입어 건강하게 되는 것이다. 일반적으로 질병은 불편함, 부조화, 미성숙한 상태를 말한다. 하나님과 우리 사이의 불편함, 조화롭지 못한 상태, 신앙의 미성숙 등이 영적인 질병이다. 또한 우리의 마음 또는 혼魂에 불편한 감정들, 미움, 시기, 불안 등의 정신적인 부조화, 성숙하지 못한 감정으로 인한 갈등 등이 있을 때, 이를 혼의 질병이라고 말한다. 그리고 우리의 육체에 기능상의 문제로 불편함이 있을 때, 몸의 각 기관들이 서로 부조화를 일으킬 때, 몸의 발달이 온전하지 못하거나 사고로 인해 미숙한 상태가 되었을 때, 이것이 육체적 질병이다.

또한 이러한 미성숙, 부조화, 불편함이 인간과 인간 사이의 구조적 문제나 상호 간의 갈등으로 나타날 때, 이를 사회적 질병이라고 한다. 이를 확대하여 국가 간의 갈등이나 불편함이 나타나는 것이 국제정치적 질병이다. 자연과 환경의 문제들은 우주적 차원의 질병이다. 이와 같이 질병은 인간의 전 영역에 걸쳐 나타난다. 다만 질병이 개인적 차원이냐, 사회적 차원이냐, 국가적 차원, 또는 우주적 차원이냐에 따라 질병의 종류를 구분하는 것뿐이다. 본디 유한한 인간은 그 한계로 인해 질병에 둘러싸여 살아가는 존재다. 이 질병으로부터 자유를 얻는 것이 치유의 목적이다.

그러나 이러한 질병에 대한 정의는 현 상태는 제대로 설명해 줄 수는 있어도 질병의 원인을 설명하는 데는 한계가 있다. 그러므로 이 장에서는 질병의 원인으로부터 시작하여 무엇이 질병인지를 가르는 질병의 기준, 그리고 이를 바탕으로 질병에 대한 정의를 내려 보고자 한다.

1. 질병의 원인

사람이 병에 걸리면 그 원인에 대해 여러 생각들을 하게 된다. 예를 들면 추운 겨울에 너무 오래 밖에 나가 있어서 감기가 걸렸다든지, 과로로 인해 간이 나빠져 간경화가 되었다든지, 과식이나 음식을 잘못 먹어 배탈이 났다든지, 신경을 너무 써 위장병이 생겼다든지, 운동부족이나 비만으로 인해 심혈관 질환이 생겼다든지 등 각종 병의 원인을 합리적으로 판단하여 그 원인을 밝히려 한다. 여기에 담당 의사의 결정적 한마디는 최종 결론이 된다. 그런 연후에는 의사의 지시에 따라 치료를 시작하고, 대개는 병에서 회복한다.

그러나 이런 식으로 질병의 원인을 밝히고 치료하는 것은 사실상 기독교의 치유와는 상관없다. 그것은 단지 치료일 뿐이다. 기독교의 치유는 신앙 활동이다. 즉 하나님과의 관계 속에서 믿음이 매개가 되어 신앙고백의 차원으로 승화되는 것이 치유다. 여기서는 병이 낫고 안 낫고의 문제가 아니라 병을 극복하는 차원이다. 주께서 죽음을 이기고 부활하셨다는 것을 믿는다는 것은 우리가 병에 걸리지도 않고, 죽지도 않는다는 것이 아니다. 우리의 삶과 신앙 속에서 질병과 죽음이 더 이상 우리를 어찌할 수 없는 차원으로 옮겨졌다는 것이다. 이처럼 치유도 질병의 고통과 괴롭힘으로부터 벗어나 더 이상 아프지 않게 되었다는 것이 아니라, 질병이 우리를 어찌할 수 없는 차원으로 우리의 삶과 신앙이 승화되었다는 것이다. 이것이 기독교의 치유다. 따라서 치유에서 질병의 원인을 말할 때는 의사와 같은 식의 말을 해서는 안 된다.

왜 인간에게 병이 오는가? 질병의 원인은 무엇인가? 이 물음에 대해 전통적으로 대략 세 가지의 대답이 있다. 첫째는 질병의 원인을 죄로 설명하는 것이며, 둘째는 귀신이 그 원인이라는 것, 셋째는 하나님이 질병을 주기도 하시고 고치기도 하신다는 것이다. 이제부터 하나씩 검토해 보자.

1) 질병의 원인은 인간의 죄 때문이다

질병의 원인이 인간의 죄에 있다는 최초의 증언은 이른바 타락 이야기에 있다.(창 3장) 하나님은 에덴동산을 만드시고 아담과 하와를 거기에서 살게 하셨다. 그리고 선과 악을 알게 하는 나무의 실과를 먹어서는 안 된다고 명령하셨다. 아담과 하와는 하나님처럼 된다는 뱀의 유혹에 넘어가 명령을 어기고 선악과를 따 먹게 된다. 하나님의 명령에 불순종하여 죄를 지은 결과 아담과 하와에게는 수고와 고통이 임하게 되었다. 하나님과 인간, 인간과 인간, 인간과 자연 사이에 부조화가 생겨났고, 고통과 갈등, 저주와 수고로 인한 불편함이 나타났다.[1] 그의 아들들인

---

1 창 3:14-19 "여호와 하나님이 뱀에게 이르시되 네가 이렇게 하였으니 네가 모든 가축과 들의 모든 짐승보다 더욱 저주를 받아 배로 다니고 살아 있는 동안 흙을 먹을지니라. 내가 너로 여자와 원수가 되게 하고 네 후손도 여자의 후손과 원수가 되게 하리니, 여자의 후손은 네 머리를 상하게 할 것이요, 너는 그의 발꿈치를 상하게 할 것이니라 하시고, 또 여자에게 이르시되 내가 네게 임신하는 고통을 크게 더하리니 네가 수고하고 자식을 낳을 것이며, 너는 남편을 원하고 남편은 너를 다스릴 것이니라 하시고, 아담에게 이르시되 네가 네 아내의 말을 듣고 내가 네게 먹지 말라 한 나무의 열매를 먹었은즉, 땅은 너로 말미암아 저주를 받고 너는 네 평생에 수고하여야 그 소산을 먹으리라. 땅이 네게 가시덤불과 엉겅퀴를 낼 것이라. 네가 먹을 것은 밭의 채소인즉, 네가 흙으로 돌아갈 때까지 얼굴에 땀을 흘려야 먹을 것을 먹으리니, 네가 그것에서 취함을 입었음이라. 너는 흙이니 흙으로 돌아갈 것이니라 하시니라."

가인과 아벨에게도 이 죄의 속성은 그대로 전달된다.

가인과 아벨이 하나님께 제사를 드릴 때, 하나님은 아벨의 제사만 받으셨다. 그러자 가인은 몹시 화를 내며 얼굴색이 달라진다. 그때 하나님은 가인에게 이렇게 말씀하신다. "어찌하여 네가 화를 내느냐? 얼굴빛이 달라지는 까닭이 무엇이냐? 네가 올바른 일을 하였다면, 어찌하여 얼굴빛이 달라지느냐? 네가 올바르지 못한 일을 하였으니, 죄가 너의 문에 도사리고 앉아서, 너를 지배하려고 한다. 너는 그 죄를 잘 다스려야 한다."(창 4:6-7, 새번역) 하지만 가인은 죄의 지배를 벗어나지 못하고 동생 아벨을 죽인다.

이처럼 죄의 결과가 인간에게 고통, 수고, 갈등, 시기, 미움, 살인 등과 같은 질병으로 나타난다. 인간의 모든 죄의 행위 즉 욕심, 불순종, 교만, 우월의식, 시기, 이기심 등이 결국 인간을 병들게 하고 고통스럽게 만든다. 그러므로 모든 질병의 원인은 인간의 죄에 있다고 하는 것은 지금 내가 당하는 고통이나 질병은 멀든 가깝든 과거에 행한 내 죄의 결과다. 그러므로 달리 표현하자면 자업자득이요 인과응보다.

질병과 고난의 원인이 죄에 있다는 것은 병의 원인을 인간 자신에게서 찾는 시도를 말한다. 모든 문제는 결국 나에게 있는 것이다. 이것은 신앙의 출발점이 된다. 나의 병과 문제를 가지고 주님 앞으로 나가도록 한다. 그러므로 인간의 죄가 병의 원인이라고 할 때, 병은 그다지 생각보다 나쁜 것이 아니다. 물론 병이 주는 고통은 참기 힘들지만 우리는 그 병 때문에 오히려 주님을 만나는 기회를 잡게 되기에 병은 유익한 것이 될 수 있다. 이것은 병 자체가 반드시 나쁜 것이라는 판단을 해서는 안 된다는 것을 우리에게 알려준다. 모든 최종 판단은 반드시 하나님의 몫이다. 하나님의 판단을 기다리는 것, 그 판단의 결과가 항상 선하심을 믿고 은혜의 보좌 앞으로 나가는 것이 치유의 시작이다.

　병의 원인이 죄 때문이라고 할 때는 그 병을 어떻게 처리하느냐가 치유의 중요한 관건이 된다. 그러므로 모든 병의 원인이 바로 자신에게 있다는 고백, 즉 회개가 치유의 전제가 된다. 인간의 죄로 인한 질병을 치유하는 길은 단 하나, 회개밖에 없다. 죄의 길에서 떠나 하나님께로 돌아오는 것, 자신이 지은 죄를 낱낱이 고백하고 용서를 구하는 회개다. 회개할 때 주님의 치유의 능력이 임하여 낫게 된다. 이 치유의 능력은 달리 말하면 죄 사함의 능력이다. 죄로부터의 해방이 바로 병 나음이다. 그러므로 치유와 죄 사함, 치유와 구원은 항상 동의어다.

　주님께서도 들 것에 실려 온 중풍병자를 치유하실 때 죄 사함을 선언하시며 그의 병을 고치셨다.(막 2:2-12) 역시 치유와 죄 사함은 같은 말이다. 초대 교회의 야고보도 죄를 고백하고 합심하여 기도함으로 병을 고칠 수 있음을 증언하고 있다.[2] 죄의 결과요 자업자득이라고 포기하지 말고, 우리의 연약함을 아시고 불쌍히 여기시는 주님의 긍휼하심의 은혜를 따라 치유하시는 은혜의 보좌 앞으로 담대히 나가야 한다.[3] 은혜의 보좌에서 흘러나오는 능력이 우리를 고치신다. 그러나 회개하지 않는 자는 오히려 그를 병상과 환란 속에 던지신다.[4]

　현대인들이 죄가 병의 원인이라는 것에 거부감을 갖고 있는 것이 사

---

2 약 5:16 "그러므로 여러분은 서로 죄를 고백하고, 서로를 위하여 기도하십시오. 그러면 여러분은 낫게 될 것입니다. 의인이 간절히 비는 기도는 큰 효력을 냅니다."(새번역)
3 히 4:15-16 "우리에게 있는 대제사장은 우리의 연약함을 동정하지 못하실 이가 아니요, 모든 일에 우리와 똑같이 시험을 받으신 이로되 죄는 없으시니라. 그러므로 우리는 긍휼하심을 받고 때를 따라 돕는 은혜를 얻기 위하여 은혜의 보좌 앞에 담대히 나아갈 것이니라."
4 계 2:21-22 "또 내가 그에게 회개할 기회를 주었으되 자기의 음행을 회개하고자 하지 아니하는도다. 볼지어다 내가 그를 침상에 던질 터이요 또 그와 더불어 간음하는 자들도 만일 그의 행위를 회개하지 아니하면 큰 환난 가운데에 던지고."

실이다. 병에 걸렸을 때, 회개하지 않아도 병원에 가서 치료를 받으면 낫기 때문일 것이다. 그것은 앞서 말했듯이 기독교의 치유와는 상관없는 일이다. 기독교의 치유는 반드시 자신이 또는 자신의 죄가 병의 원인임을 고백하는 믿음의 회개가 선행될 때 일어난다. 그리고 그 회개를 통해 죄 사함과 은혜가 임함으로 치유된다는 것을 믿고 고백하는 것이 기독교의 치유다.

회개에 대해 한마디 덧붙이자면 회개는 죄의 흔적 자체까지 없애는 것이다. 이를 불로 비유해 보자. 불이 났을 때, 우리가 불을 끄는 방법에는 여러 가지가 있다. 소화기를 사용하여 불을 끄든가, 물을 뿌려 불을 끄든가 한다. 그러나 이러한 방법은 회개가 될 수 없다. 그것은 불을 끄더라도 그 찌꺼기가 남기 때문이다. 언젠가 조건이 맞으면 다시 불이 붙을 수도 있다. 이것은 회개하더라도 죄의 흔적이 남아 언젠가는 다시 우리에게 죄의 고통을 되살릴 수 있다는 말이다. 그러므로 회개는 죄의 흔적조차 남지 않을 때까지 하는 것이다. 그러려면 한 가지밖에 없다. 그것은 탈 것이 없을 때까지 완전히 타버리는 것이다. 즉 성령의 불로 우리의 죄를 완전히 소멸시키는 것이다. 그 죄가 우리를 더 이상 괴롭히지 않을 때까지, 하나님도 기억하지 않으실 때까지 완전히 회개하는 것이다.[5] 성령 안에서의 회개만이 이를 가능하게 한다.

---

5 사 43:25 "나 곧 나는 나를 위하여 네 허물을 도말하는 자니 네 죄를 기억하지 아니하리라." 사 1:18 "여호와께서 말씀하시되 오라 우리가 서로 변론하자 너희의 죄가 주홍 같을지라도 눈과 같이 희어질 것이요 진홍 같이 붉을지라도 양털 같이 희게 되리라."
히 12:29 "우리 하나님은 소멸하는 불이심이라."

2) 인간의 질병과 고통의 원인은 귀신이다[6]

인간의 모든 질병은 죄 때문에 온다고 하는 이러한 정의는 신앙의 성장과 풍부한 성서적 근거가 있어 질병을 설명하는데 매우 유익한 장점을 가지고 있다. 하지만 이 정의에는 약점이 있다. 예를 들면 지진이나 홍수와 같은 자연재해로 인한 질병, 또는 욥처럼 까닭 없이 당하는 고통이나 질병 등은 설명해주지 못한다. 질병의 원인을 알 수 없는 경우에 우리는 그 원인을 귀신에게서 찾으려 한다. 이것은 질병의 원인을 하나님께 두기에는 우리의 신앙이 허락하지 않기 때문이며, 우리가 당하는 고난의 원인을 외부에서 찾으려는 시도다. 그러나 귀신을 질병의 원인으로 지목하는 것에는 장점과 단점이 동시에 존재한다.

장점을 보자. 첫째, 예수께서 질병을 치유하실 때 귀신을 그 원인으로 지목하고 귀신을 쫓아냄으로 병을 고치신 사례가 성경에는 많이 나온다.[7] 그러므로 귀신을 질병의 원인 중 하나로 보는 것은 성경에 기초한 분명한 이유가 된다. 또한 예수께서는 그의 제자들에게 귀신을 제어하고 쫓아낼 수 있는 능력을 주시면서 이스라엘의 각 고을로 파송하셨다.[8] 그리고 귀신을 쫓아내는 것을 하나님 나라의 도래로 선언하셨

---

6 귀신에 대해서는 축사 사역 부분을 참고하라.

7 마 8:16 "저물매 사람들이 귀신 들린 자를 많이 데리고 예수께 오거늘, 예수께서 말씀으로 귀신들을 쫓아내시고 병든 자들을 다 고치시니." 이외에도 마가복음에 기록된 귀신 축출 기사는 거라사 광인의 치유(막 5:1-13), 수로보니게 여인의 귀신 들린 딸의 치유(막 7:25-30), 벙어리 귀신 들린 아들의 치유(막 9:16-27) 등이다. 그리고 부활의 첫 증인이 된 막달라 마리아는 일곱 귀신을 쫓아내어 주신 여인이었다(막 16:9).

8 눅 9:1-2 "예수께서 열두 제자를 불러 모으사 모든 귀신을 제어하며 병을 고치는 능력과 권위를 주시고, 하나님의 나라를 전파하며 앓는 자를 고치게 하려고 내보내시며."
눅 4:18-19 "주의 성령이 내게 임하셨으니, 이는 가난한 자에게 복음을 전하게 하시려고 내게 기름을 부으시고 나를 보내사 포로 된 자에게 자유를, 눈 먼 자에게 다시 보게 함을 전파하며, 눌린 자를 자유롭게 하고, 주의 은혜의 해를 전파하게 하려 하심이라 하였더라."

다.[9] 바울을 비롯하여 사도들도 귀신을 쫓아냈다.[10] 그러므로 귀신이 각
종 질병의 원인이라고 하는 것은 성서적으로 분명하게 증명되는 장점
이 있다.

둘째, 질병의 원인을 설명하는데 상당한 편리함을 준다는 것이다. 신
앙인이 중병에 걸리면 많은 생각을 하게 된다. 자신이 잘못한 일을 떠올
리고 회개를 하게 된다. 그래도 병이 낫지 않으면 병의 원인을 외부에서
찾게 되고, 자연히 귀신의 영향을 생각하게 된다. 이때 귀신이 병의 원
인이라고 진단해 주면 쉽게 설명이 된다. 물론 귀신이 왜 들어왔는지에
대한 설명이 첨가되어야 한다. 쓰레기에 쥐가 몰려오는 것처럼 귀신은
더러운 곳에 들어온다. 그러므로 자신의 생각, 마음, 행동의 더러운 것
들을 회개하여 몰아내는 일을 해야 한다. 그러나 이것은 절반의 대답이
다. 왜냐하면 예수께서는 귀신이 깨끗이 청소된 곳에 들어온다고 말씀
하셨기 때문이다.[11] 그러므로 귀신이 우리의 더러운 생각이나 행동으로
말미암아 들어온다는 말도 맞지만, 오히려 성령으로 충만하지 않으면
귀신이 들어온다고 해야 더 정확할 것이다. 따라서 질병의 원인으로 귀
신을 지목하는 것은 설명의 편리함을 주는 장점이 있다.

---

9 눅 11:20 "그러나 내가 하나님의 능력을 힘입어 귀신들을 내쫓으면, 하나님 나라가 너희
　에게 이미 온 것이다."
10 행 8:7 "많은 사람에게 붙었던 더러운 귀신들이 크게 소리를 지르며 나가고 또 많은 중
　풍병자와 못 걷는 사람이 나으니."
　행 16:18 "이같이 여러 날을 하는지라 바울이 심히 괴로워하여 돌이켜 그 귀신에게 이
　르되, 예수 그리스도의 이름으로 내가 네게 명하노니 그에게서 나오라 하니 귀신이 즉
　시 나오니라."
11 마 12:43-45 "더러운 귀신이 사람에게서 나갔을 때에 물 없는 곳으로 다니며 쉬기를 구
　하되 쉴 곳을 얻지 못하고, 이에 이르되 내가 나온 내 집으로 돌아가리라 하고 와 보니
　그 집이 비고 청소되고 수리되었거늘, 이에 가서 저보다 더 악한 귀신 일곱을 데리고 들
　어가서 거하니 그 사람의 나중 형편이 전보다 더욱 심하게 되느니라. 이 악한 세대가 또
　한 이렇게 되리라."

셋째, 동시에 치유 사역을 매우 편리하고 단순하게 해준다. 귀신을 병의 원인으로 국한하여 규정하게 되면 치유는 단순하게 귀신을 쫓아내기만 하면 된다. 병자가 자신의 병의 원인이 귀신이라고 믿게 되는 것을 심리학에서는 투사Projection라고 한다. 투사는 아마도 자신의 병을 인격화시켜 귀신의 존재라고 믿는 것이다. 그렇게 되면 병자는 자신에게 들어온 귀신을 쫓아내기를 소망하게 된다. 이에 대한 치유는 축사 사역을 통해 귀신을 몰아내면 자연 병이 낫는다. 실제로 치유 사역을 하다보면 감기도 귀신이 들려서 그렇다고 말하고 축사 선언, 예를 들면 "귀신은 떠날지어다."라고 선언하면서 안수할 때 악취를 풍기면서 귀신이 떠나가고 동시에 감기가 낫는 것을 경험하였다. 그러니 다른 병이야 더 말할 것이 있겠는가? 그러므로 귀신을 병의 원인이라고 하는 것은 설명뿐 아니라 사역을 단순하고 편리하게 해준다는 장점이 있다.

그러나 장점 못지않게 단점도 많다. 첫째, 기독교의 근간이 되는 유일신 신앙과 잘 어울리지 않는다는 것이다.[12] 이스라엘 왕정 초기에는 귀신이나 사탄을 독립된 신적인 존재가 아니라 하나님의 수하에 있는 영적 존재로 보았다.[13] 그러나 근동 종교의 영향을 받은 포로기 이후와 묵시문학에서는 하나님께 대적하는 독립된 실체로서의 사탄과 그의 지

---

12 신 4:39 "그런즉 너는 오늘 위로 하늘에나 아래로 땅에 오직 여호와는 하나님이시요 다른 신이 없는 줄을 알아 명심하고."
사 37:19-20 "그들의 신들을 불에 던졌사오나 그들은 신이 아니라 사람의 손으로 만든 것일 뿐이요 나무와 돌이라. 그러므로 멸망을 당하였나이다. 우리 하나님 여호와여 이제 우리를 그의 손에서 구원하사 천하 만국이 주만이 여호와이신 줄을 알게 하옵소서 하니라."
렘 51:17 "사람마다 어리석고 무식하도다. 금장색마다 자기가 만든 신상으로 말미암아 수치를 당하나니, 이는 그 부어 만든 우상은 거짓이요 그 속에 생기가 없음이라."
13 삼상 16:14 "사울에게서는 주님의 영이 떠났고, 그 대신에 주님께서 보내신 악한 영이 사울을 괴롭혔다." 이외에도 욥 1-2장, 왕상 22:15-23을 참고하라.

시를 받는 귀신의 존재를 말한다.[14] 그러나 근동 종교의 이원론과는 달리 묵시문학에서는 사탄이나 그의 하수인인 귀신들도 천사들처럼 하나님의 피조물로 본다.[15] 귀신의 기원에 대한 일치된 이론은 물론 명확한

---

14 사탄은 더 이상 하나님의 수종자나 하나님의 의지를 집행하는 종속적 존재가 아니라 하나님을 대적하고 반기를 들며 세상을 그의 손아귀에 집어넣은 악의에 찬 하나님의 원수로 등장한다. 사탄은 세상을 탈취하여 그와 하수인들의 왕국으로 삼았고 세상을 전적으로 타락한 죄와 악의 세계로 만들었으며, 이러한 악한 사탄의 세계 속에서 의인들은 수많은 고난과 박해를 받는 것으로 이해한다. 이스라엘의 의인들은 고난 속에서 율법을 의지하고 하나님 나라와 메시아를 대망하며 악한 지금의 세대*aion*와 세상의 통치자인 사탄 및 악인들의 멸망을 학수고대한다. 사탄은 이제 이러한 이원론적 사고구조 속에서 이해되고 있고(제1 에녹서 19장; 희년서 10장; 1QS 3:21 이하), 그의 하수인들인 귀신·악령에 대해서도 훨씬 구체적인 진술들이 대두된다. 70인역에서 디아볼로스(대적자·악마)로 번역되는 사탄은 타락한 천사, 루시퍼(묵시문학), 벨리알(쿰란 문헌) 또는 바알세불(귀신의 우두머리)이란 별명 외에도 원수 천사(1QM 13:11; CD 16:5), 마스테마(귀신두목, 희년서 10:8; 11:5 ; 17:16)로 불리기도 하며(집회서 21:27; Test Dan 3:6) 그와 대적하여 싸우는 상대자는 선한 천사의 우두머리 '미카엘'로 나타난다. 많은 유대교 문헌들이 세상 마지막 때 하나님에 의해 사탄과 그의 하수인들의 멸망을 기록하고 있다.(1QS 3:24; 4:20-22; 1QH 3:18; 1QM 1:10)
사탄의 지배 아래에서 하수인 역할을 하는 귀신·악령에 대한 기록도 다양하다. 그들은 주로 더러운 영(희년서 10:1; Tese Sim 4:9; Test Ben 5:2), 해 끼치는 영, 파괴자(제1 에녹서 15:11; 희년서 10:5), 고통 주는 영, 악한 영 등으로 불리고 있다. 귀신들은 영적인 존재이기 때문에 우리 눈에 보이지는 않지만 날개를 지녔고 그들도 먹고 마시는 것을 필요로 하며 사람처럼 후손을 낳고 일정한 때가 되면 죽는다. 귀신들이 사는 장소로는 일반적으로 땅, 공중이 언급되고 그들의 활동 장소로는 주로 집, 들판, 광야, 폐허, 더러운 장소, 물가 그리고 특정한 나무와 덤불 주변을 들고 있다. 귀신들의 활동 시간은 주로 밤이 되지만 그 밖의 시간에도 활동할 수 있다.(밤의 어둠 속에서 활동하는 악령, 그림자 귀신, 밤의 유령 외에도 새벽 귀신, 낮 귀신에 대한 언급도 있다.) 대부분의 자료는 귀신을 사탄의 지배 아래 있는 악한 영으로 이해한다.
귀신은 인간에게 온갖 고통과 상해를 일으키고 질병을 통해 건강을 해치며 인간의 재산과 소유물을 파손시켜 가난을 불러오고, 죄로 유혹하여 영혼을 망치며 그들의 손아귀에 떨어진 영혼을 사망 후에도 괴롭힌다. 이러한 다양한 유대교 자료들은 이스라엘 민중 신앙 속에서 사탄과 그의 하수인인 귀신·악령에 대한 두려움과 공포가 얼마나 깊이 뿌리내리고 있었는가를 잘 보여주고 있다. 이러한 공포와 두려움은 사탄과 귀신 시대의 결정적 종말을 가져오고 의인들의 승리를 실현시켜 주리라 기대된 메시아 시대(구원 시대)의 출현에 대한 뜨거운 열망으로 표출되고 응집된다.
15 묵시문학서인 희년서에 의하면, 악령은 창세기 6:1-4에 나오는 타락한 천사의 자손이다. 나쁜 제령의 두목이 마스테마인데, 그는 인간을 죄로 유혹하여 참소하고, 심판의 사자使者 역할을 다할 뿐만 아니라, 거기서는 하나님의 지배에 대적하는 반신적 존재로 되고 있다. 사탄은 가장 훌륭한 천사에 속하여 있었던 것과 더구나 모든 천사의 수령이

기준은 성경 안에서조차 찾기가 쉽지 않다. 그것은 성경이 오직 유일하신 하나님께 집중하기 때문이다. 문제는 귀신을 축출함으로서 치유하는 사역자들이 너무나도 쉽게 이원론적으로 귀신의 문제에 접근한다는 것이다. 그렇게 되면 자칫 유일신 신앙이 모호해진다는 문제가 발생한다. 이러한 단점 때문에 귀신이 병의 원인이라는 것은 조심스럽게 다뤄야 할 것이다.

둘째, 신학적인 저항이 있다는 단점이다. 카를 바르트Karl Barth와 루돌프 카를 불트만Rudolf Karl Bultmann으로 대변되는 신정통주의 신학의 틀에서는 귀신이 존재할 공간이 없다. 이는 신정통주의 신학이 아리스토텔레스의 일원론에 입각한 스콜라 철학에 근간을 두기 때문이다.[16] 바르트는 귀신을 'nothing'이라고 불렀다. 이는 현상은 있지만 실체가 없는 비존재라는 뜻이다. 따라서 귀신을 실체로 인정하고 이를 축출함으로써 병을 고치는 사역은 신정통주의 신학에서 우호적인 지원군을 찾기 쉽지 않다. 물론 이것은 신학자들의 책임도 있다. 자신들의 신학적 틀에 갇혀 귀신을 분석, 평가하기 때문이다.

셋째, 윤리적인 문제가 있다는 점이다. 고난이나 병의 원인을 귀신이라고 한다면 그 해결방법은 당연히 귀신을 쫓아내는 것이다. 즉 나는 문제가 없고 다만 귀신이 들어와 문제를 일으킨 것이다. 이렇게 되면 자신의 행위나 생각의 문제에 대한 반성은 없고 귀신을 쫓아내는 일에만 열중하게 될 수밖에 없다. 우리는 질병이나 고난으로부터 자신을 돌아보고, 회개함으로 보다 성숙해지는 교훈을 얻게 되는데, 귀신이 그 원인이

었으나 결정적인 시기에 하나님께 대적하여 하나님과 동등하게 되려고 한 교만 때문에 다른 천사들과 같이 하늘에서 추방되었다.
16 이에 대해서는 최홍석, "치유에 대한 신학적 이해," 「신학지남」 240호(1994년 여름호)를 참고하라.

라고 한다면 삶의 변화라고 하는 신앙윤리는 퇴색할 수밖에 없다. 구원은 인간의 변화에 있는 것인데, 구원을 단지 귀신축출로 오도할 위험이 다분히 있다. 엄밀히 말해 이런 신앙행위는 다신론적인 또는 무속적인 신앙형태다. 이것은 또한 악에서 선이 나온다는 윤리학의 기본 명제를 도외시하기 때문이다. 사탄이나 귀신은 죄를 짓도록 하는 유혹자 또는 선을 행하지 못하게 하는 훼방자이지, 죄 그 자체이거나 죄를 짓는 주체는 아니다.

마지막으로, 과학적이고 합리적인 사고를 가지고 있는 현대인들에게 귀신이 질병의 원인이라는 것은 쉽게 받아들이기 어렵다는 단점을 가진다. 집에서 모든 것이 가능한 첨단 인터넷 시대에 내 안에 귀신이 있다는 것을 믿고 받아들일 수 있는 사람이 얼마나 있을까? 또한 축사 의식에도 여전히 원시 종교의 형태가 나타난다.[17] 고대 종교의 형태 중 이제까지 남아있는 것 중 하나가 축사 의식이다. 지금도 정도의 차이이지만 일부 축사 현장에서는 사람이 아닌 귀신에게 하는 것이라는 미명하에 막말과 고성, 비인간적인 구타, 심지어 쇠사슬로 묶어놓고 감금하고, 강제로 금식을 강요하는 등 상식 이하의 일들이 행해지고 있다. 이런 일들이 가끔 언론에 보도되어 사회적 물의를 일으키곤 한다. 무속에서도 귀신을 축출하는데 구타법을 쓴다. 동쪽으로 뻗은 복숭아나무 가지로 귀신 들린 사람을 때리면 귀신이 아파서 못 견디고 나간다는 것이다. 무속화된 기독교로밖에 볼 수 없지 않은가? 이런 문제들이 사람들로 하여금 귀신이 병의 원인이라는 것을 인정하기 힘들게 한다.

이제까지 귀신을 질병의 원인으로 보는 것에 대한 장점과 단점을 대

---

17 귀신을 쫓아내기 위한 기도나 도유식과 같은 제반 의식을 축사 의식이라고 부른다. 또한 귀신을 쫓아내는 사역을 축사 사역이라고 한다.

략 살펴보았다. 귀신에 대해서는 워낙 찬반에 대한 긴장이 팽팽하므로 쉽게 결론나지도 않지만 쉽게 결론 내려서도 안 될 것이다. 분명한 것은 성경은 귀신을 질병의 원인으로 지목하고 있다는 것이다. 따라서 귀신은 질병의 원인이 된다. 부연하자면 귀신 축출은 예수께서도 행하시고 성경의 증언이 분명하기 때문에 신학적 입장을 들어 부정하는 태도도 적절하지 않다. 그렇다고 자신들의 경험을 과도하게 적용시켜 성경에도 없는 것을 확신 있게 주장하는 것 등도 바람직하지 않다. 다만 귀신축출에 대한 성경의 사건을 인정하고 현대인들이 수용할 수 있는 축사 방법과 이론 체계를 세워야 할 것이다.[18]

3) 하나님이 질병의 원인이다[19]

거룩하시고 사랑이 충만하신 하나님이 어떻게 인간에게 고통을 주실 수 있는가? 하나님이 눈 하나 깜박하지 않고 어찌 인간에게 끔찍한 고통과 고난을 주실 수 있는가? 오히려 하나님은 인간이 질병 가운데 고통스러워 할 때 다가오셔서 손 내미시고, 사랑으로 치유하시는 분이시지 않는가? 우리의 고통과 질병의 원인이 하나님이라고 하는 것은 참으

---

18 귀신 들린 사람에 대한 실제 사역에 대해서는 뒤에 나오는 귀신 들린 사람의 치유를 보라.
19 하나님을 질병의 원인으로 보는 것에 대해 부정적인 치유 사역자들이 많다. 이는 질병을 섭리론적으로 보는 것에 대한 거부감이다. 이 문제는 결국 악의 문제로 연결되어 신정론theodicy에서 다룰 문제들이다. 질병을 악으로 볼 수 있는가? 그렇다면 악이란 무엇인가? 등 수많은 물음들을 야기한다. 이런 문제까지 여기서 다루는 것은 글의 범위가 너무 확대되기에 다루지는 않는다. 다만 악을 반드시 극복해야만 하는 대상으로 볼 것인가? 아니면 악을 하나의 섭리로 볼 것인가의 문제에 대해서는 전통적으로 두 가지 견해가 있다. 아우구스티누스 류에서는 악을 극복해야 할 대상으로 본다. 그러므로 종국에는 영생과 영벌이라는 두 가지 심판론으로 결론짓는다. 그러나 오리게네스나 이레나이우스 등과 같은 초기 교부들은 악을 하나의 섭리로 보며, 종국에는 모두가 하나님의 구원하심 속에 대화해가 이루어진다고 본다. 즉 만유화해론으로 결론짓는 것이다. 섭리론에 대해 부정적인 사역자들은 아우구스티누스 류의 신학에 기초하고 있기 때문이다.

로 우리를 곤혹스럽게 한다. 그러나 성경은 분명하게 말한다. 하나님은 치료하시는 분이시면서 동시에 질병을 내리시는 분이시다.[20] 하나님은 우리를 찢으시기도 하시고 싸매기도 하시며, 상처를 내시기도 하시고 다시 아물게도 하신다.[21] 하나님이 우리의 고통과 질병의 원인이 되신다는 말씀은 신명기와 예언서에 무수히 나온다.

그렇다면 왜 하나님은 우리에게 질병을 내리시는가. 그것은 질병 그자체가 목적이 아니라 질병을 통해 무엇인가를 이루시려는 의도 때문이다. 하나님의 의도를 대략 세 가지로 나누어 볼 수 있다.

첫째, 우리를 구원하시기 위한 의도다. 하나님은 우리에게 고통을 주시기 위해 창조하시지 않았다. 즉 심판이 아니라 구원이 목적이다. 그러므로 성경은 질병이나 고통도 하나님의 구원사역의 일환으로 증언하고 있는 것이다.[22] 이는 질병의 원인이 인간의 죄 때문이라는 첫 번째 원인으로 회귀한다. 즉 하나님은 우리가 죄를 짓고도 돌이키지 않음으로 인해 우리에게 질병도 내리시고 고통과 실패를 경험하게 하신다. 에스라기와 느헤미야기를 비롯하여 모든 예언서들이 이를 주제로 삼고 있다. 하나님은 질병의 고통 속에서 회개하고 하나님께로 돌아오기를 원하신

---

20 출 15:26 "주님께서 말씀하셨다. 너희가, 주 너희 하나님인 나의 말을 잘 듣고, 내가 보기에 옳은 일을 하며, 나의 명령에 순종하고, 나의 규례를 모두 지키면, 내가 이집트 사람에게 내린 어떤 질병도 너희에게는 내리지 않을 것이다. 나는 주 곧 너희를 치료하는 하나님이다."(새번역)

21 호 6:1 "이제 주님께로 돌아가자. 주님께서 우리를 찢으셨으나 다시 싸매어 주시고, 우리에게 상처를 내셨으나 다시 아물게 하신다."(새번역)
시 50:21-22 "네가 이 일을 행하여도 내가 잠잠하였더니 네가 나를 너와 같은 줄로 생각하였도다. 그러나 내가 너를 책망하여 네 죄를 네 눈 앞에 낱낱이 드러내리라 하시는도다. 하나님을 잊어버린 너희여 이제 이를 생각하라. 그렇지 아니하면 내가 너희를 찢으리니 건질 자 없으리라."

22 요 3:17 "하나님이 그 아들을 세상에 보내신 것은 세상을 심판하려 하심이 아니요 그로 말미암아 세상이 구원을 받게 하려 하심이라."

다. 우리가 돌아오면 하나님은 구원하시고 다시 우리를 고치신다.[23]

둘째, 교훈과 교육의 의도다. "주님께서 땅을 심판하실 때에, 세상에 사는 사람들이 비로소 의가 무엇인지 배우게 될 것입니다. 비록 주님께서 악인에게 은혜를 베푸셔도, 악인들은 옳은 일 하는 것을 배우려 하지 않습니다."(사 26:9-10)는 말씀처럼 하나님의 의에 대한 교육을 위해 심판의 고통이나 병을 내리신다. 하지만 악인은 하나님께서 은혜를 베푸셔도 옳은 일 하는 것을 배우려하지 않는다. 그러므로 우리는 질병의 고통 속에 숨겨진 하나님의 의도를 잘 살펴 그것을 통해 하나님과 그리스도를 배우고 알아야 한다.[24] 그럴 때 우리는 주님의 충만함 속에 들어가게 된다.

셋째, 우리의 신앙을 보다 높은 차원으로 이끄시기 위함이다. 이는 질병으로 인한 고통이 연단의 의미를 갖는다는 말과 같다. 성령 충만을 위해 성령께서 거하시는 전인 우리의 몸을 정결하게 하시는 과정이 연단이다. 바울은 연단을 통하여 소망을 이룬다고 하였다.[25] 그 소망은 그리스도로 말미암아 하나님과 화목을 이루고 종국에는 영생에 이르는 것이다.[26] 또한 질병의 고통의 연단을 통하여 우리가 이 세상에서 그리스

---

23 호 6:1 "이제 주님께로 돌아가자. 주님께서 우리를 찢으셨으나 다시 싸매어 주시고, 우리에게 상처를 내셨으나 다시 아물게 하신다."(새번역)
24 엡 3:16-19 "그의 영광의 풍성함을 따라 그의 성령으로 말미암아 너희 속사람을 능력으로 강건하게 하시오며, 믿음으로 말미암아 그리스도께서 너희 마음에 계시게 하시옵고, 너희가 사랑 가운데서 뿌리가 박히고 터가 굳어져서 능히 모든 성도와 함께 지식에 넘치는 그리스도의 사랑을 알고, 그 너비와 길이와 높이와 깊이가 어떠함을 깨달아 하나님의 모든 충만하신 것으로 너희에게 충만하게 하시기를 구하노라."
25 롬 5:3-4 "다만 이뿐 아니라 우리가 환난 중에도 즐거워하나니 이는 환난은 인내를, 인내는 연단을, 연단은 소망을 이루는 줄 앎이로다."
26 롬 5:11 "그뿐 아니라 이제 우리로 화목하게 하신 우리 주 예수 그리스도로 말미암아 하나님 안에서 또한 즐거워하느니라."
롬 5:21 "이는 죄가 사망 안에서 왕 노릇 한 것 같이 은혜도 또한 의로 말미암아 왕 노릇 하여 우리 주 예수 그리스도로 말미암아 영생에 이르게 하려 함이라."

도의 장성한 분량에까지 성숙해지도록 하기 위함이다.[27] 세상에 져서 헤매는 어린아이와 같은 신앙에서 벗어나 그리스도의 인격을 발휘하고 그리스도의 향기를 발하는 그리스도의 온전함에 이르는 성숙한 성도가 되도록 우리의 차원을 높이기 위함이다. 그 연단의 고통을 우리가 병이라고 말하는 것이다.

하나님이 질병의 원인이라고 하는 것은 질병이 우리에게 기회가 된다는 말과 같다. 질병으로 인해 자신을 돌아보고, 그간의 삶을 회개하고, 하나님께 더 가까이 갈 기회를 얻은 것이다. 병이 가져다주는 고통이 힘들어서 그렇지 병이라는 기회를 잘 활용하면 우리는 보다 높은 차원으로 영적 성숙을 이루게 된다. 내 인생을 향한 하나님의 섭리와 계획을 발견하고 그 길을 갈 수 있는 기회를 잡게 된다. 그럼에도 불구하고 병이 들었음에도 자신의 삶을 돌아보지도 않고, 회개하지도 않고, 하나님을 찾아 만나지 못한다면 자신이 하나님의 자녀라는 사실에 대해 깊이 고민해 봐야 한다.

2. 질병의 기준

어디가 어떻게 아파야 병인가? 어느 정도 아파야 병이라 판단하고 병원에 가는가? 정상적으로 살아가기 불편할 때, 질병이 주는 통증이 일상생활을 방해할 때, 우리는 병에 걸렸다고 한다. 이는 육체적인 병만을 말

---

27 엡 4:13-15 "우리가 다 하나님의 아들을 믿는 것과 아는 일에 하나가 되어 온전한 사람을 이루어 그리스도의 장성한 분량이 충만한 데까지 이르리니, 이는 우리가 이제부터 어린 아이가 되지 아니하여 사람의 속임수와 간사한 유혹에 빠져 온갖 교훈의 풍조에 밀려 요동하지 않게 하려 함이라. 오직 사랑 안에서 참된 것을 하여 범사에 그에게까지 자랄지라. 그는 머리니 곧 그리스도라."

하는 것은 아니다. 누구나 우울증은 걸린다. 그러나 그것으로 인해 잠을 자지 못하고, 죽음을 생각하고, 일상적인 생활을 영위하기 힘들면 정신과를 찾는다. 영적으로도 마찬가지다. 기도가 안 되고, 의심이 물밀듯 찾아오고, 교회에 다니는 것조차 싫어질 때, 담임목사나 기도원을 찾는다.

몸과 마음이 어느 정도 아파야 하는가? 어느 정도 우울해야 하는가? 믿음이 어느 정도 낮아져야 영적 질병인가? 혈압을 예를 들어보자. 정상 혈압을 80-120mmHg이라고 한다. 이보다 높으면 고혈압이고 낮으면 저혈압이다. 고혈압인 사람은 뇌출혈이나 각종 심혈관 질환에 걸리기 쉽다. 그러나 이것도 확률의 문제다. 저혈압인 사람이 뇌출혈로 죽는 경우도 많다. 따라서 질병에 대한 기준은 매우 주관적일 수밖에 없다. 결국 사람마다, 체질마다 다르다. 느끼는 아픔이나 감정, 또는 영적 예민함의 정도에 따라 다르다.

의사들은 과학기술의 힘을 빌려 병을 수치화하고 객관적인 기준을 삼으려 하지만, 실제 병은 사람이 앓는 것이고, 아프다고 판단해야 병원에 가는 것이다. 검사 수치상으로는 많이 아파야 하는데, 자신이 그런 질병에 걸렸다는 것조차 모르고 정상적으로 살아가는 사람도 많다. 이것은 질병이 꼭 그렇다는 객관적인 기준에 따르는 것이 아니라는 말이다. 영·혼·육의 아픔의 정도를 주관적으로 판단하여 병이라고 결론짓는 것이다. 따라서 병은 다분히 주관적인 개념이며, 이는 정도의 차이로 판단하는 것이다. 많이 아프냐, 또는 적게 아프냐, 참을 수 있을 정도냐, 그렇지 못하느냐의 정도의 차이다. 따라서 질병은 상태의 개념이다.

그러나 이런 식으로 질병의 기준을 삼는 것은 적어도 기독교의 치유에서는 적절하지 않다. 이런 기준은 병원에서 하는 것들이다. 성경은 의과대학 교과서처럼 질병을 말하지 않는다. 성경의 기준은 항상 하나님이다. 성삼위 하나님이 질병을 비롯한 모든 삶의 기준이다. 하나님을 사랑하느냐, 그렇지 못하느냐? 그의 말씀에 순종하느냐, 그렇지 않느냐? 마음이 주를 향하느냐, 그렇지 않느냐? 그리스도를 사랑하고 그에게 자신의 전 존재를 헌신하느냐, 그렇지 않느냐? 그리스도의 인격이 그의 삶을 통해 나타나느냐, 그렇지 못하느냐? 성령을 소멸하지 않고, 성령의 인도하심을 따라 사느냐, 그렇지 못하느냐? 이것이 질병의 기준이다.

비록 몸은 건강하지만 주를 믿지 않는다면 그 사람은 영적 질병에 걸린 것이다. 믿지 않는 것 자체가 죄이고, 죄는 질병의 원인이기 때문이다.[28] 모든 계명의 핵심은 사랑인데, 우리가 주를 사랑하고 이웃을 사랑하지 않는다면 그는 몸의 건강과 상관없이 병든 자다.[29] 주의 말씀에 순종하지 않는 것, 자신의 일부가 아닌 전부를 드리지 않는 것, 삶을 통해 그리스도를 드러내지 않는 것, 내 얼굴 표정에 그리스도의 인격이 나타나지 않는 것, 가난한 자를 돌보지 않는 것, 이웃의 말에 귀 기울이지 않고 자신의 말만 하는 것, 자신이 하기 싫은 일을 남에게 미루는 것, 봉사와 헌신의 기회가 왔는데도 핑계대고 도망하는 것, 할 수 있는 것을 하지 않는 태만, 무엇보다도 삶 속에 하나님 나라를 추구하지 않는 것 등, 이 모든 것이 병에 걸린 자들의 특징이다.

이와 반대로 자신의 몸이 불편함에도 불구하고 먼저 헌신하고 주를 위해 봉사하는 것, 그리스도의 삶을 자신의 삶 속에 드러내는 것, 주를

---

28 요 16:9 "죄에 대하여라 함은 그들이 나를 믿지 아니함이요."
29 막 12:30-31 "네 마음을 다하고 목숨을 다하고 뜻을 다하고 힘을 다하여 주 너의 하나님을 사랑하라 하신 것이요, 둘째는 이것이니 네 이웃을 네 자신과 같이 사랑하라 하신 것이라. 이보다 더 큰 계명이 없느니라."
요일 3:23 "그의 계명은 이것이니 곧 그 아들 예수 그리스도의 이름을 믿고 그가 우리에게 주신 계명대로 서로 사랑할 것이니라."

위해 손해 보는 것, 이웃을 마치 하나님 사랑하듯 사랑하는 것 등을 하는 사람은 몸만 불편할 뿐이지 정말로 건강한 사람이다. 의사는 병에 걸렸다고 말하지만 하나님은 건강하다고 하신다.

이처럼 성경이 말하는 병의 기준은 세상과 아주 다르다. 그 기준이 성삼위 하나님이시기 때문이다. 따라서 기독교의 치유는 의사처럼 병을 진단하고 고치는 것이 되어서는 안 된다. 모름지기 기독교의 치유는 하나님을 떠난 자를 돌아오게 하고, 죄에서 떠나 주께 돌아오게 하며, 믿음이 약한 자를 서로 권면하여 붙들어 주고, 항상 기도하고, 범사에 감사하도록 하며, 쉬지 말고 기도하도록 하는 것이다.[30] 또한 병든 자를 위해 그리스도의 십자가의 아픔과 사랑으로 서로 병 낫기를 위해 기도하는 것이 기독교의 치유다.[31] 그러므로 치유 사역자들은 의사와 같은 말을 그만하고, 이제는 모든 질병의 기준을 하나님과 우리 주 예수 그리스도와 성령으로 하여 그 기준에 따라 병을 고치는 일을 해야 할 것이다.

---

30 살전 5:12-23 "형제들아 우리가 너희에게 구하노니 너희 가운데서 수고하고 주 안에서 너희를 다스리며 권하는 자들을 너희가 알고, 그들의 역사로 말미암아 사랑 안에서 가장 귀히 여기며 너희끼리 화목하라. 또 형제들아 너희를 권면하노니 게으른 자들을 권계하며 마음이 약한 자들을 격려하고 힘이 없는 자들을 붙들어 주며 모든 사람에게 오래 참으라. 삼가 누가 누구에게든지 악으로 악을 갚지 말게 하고 서로 대하든지 모든 사람을 대하든지 항상 선을 따르라. 항상 기뻐하라, 쉬지 말고 기도하라, 범사에 감사하라, 이것이 그리스도 예수 안에서 너희를 향하신 하나님의 뜻이니라. 성령을 소멸하지 말며 예언을 멸시하지 말고 범사에 헤아려 좋은 것을 취하고, 악은 어떤 모양이라도 버리라. 평강의 하나님이 친히 너희를 온전히 거룩하게 하시고 또 너희의 온 영과 혼과 몸이 우리 주 예수 그리스도께서 강림하실 때에 흠 없게 보전되기를 원하노라."
31 약 5:15-16 "믿음의 기도는 병든 자를 구원하리니 주께서 그를 일으키시리라. 혹시 죄를 범하였을지라도 사하심을 받으리라. 그러므로 너희 죄를 서로 고백하며 병이 낫기를 위하여 서로 기도하라. 의인의 간구는 역사하는 힘이 큼이니라."

3. 질병의 정의

자, 이제까지의 논의를 바탕으로 질병이 무엇인지 정의를 내려 보자. 질병에 대한 정의는 한마디로 하나님 없음, 또는 그의 삶과 신앙 속에 성삼위 하나님이 부재하는 상태다. 이는 질병의 기준이 하나님이시기 때문이다. 물론 하나님의 부재나 없음은 가능한 말이 아니다. 하나님은 온 우주에 충만하신 분이시기 때문이다. 하나님 없음이란 말은 하나님 앞에서 하나님 없이 살아가는 상태를 말한다. 바울의 표현대로 하자면 하나님을 알되 하나님을 영화롭게도 아니하며 감사하지도 아니하는 것, 그 생각이 허망해지며 미련한 마음이 어두워진 상태요, 그 마음에 하나님 두기를 싫어하고, 하나님의 진리를 거짓으로 바꾸는 것들이라고 할 수 있다.[32]

또한 질병의 원인이라는 차원에서 정의하자면, 인간의 죄와 사탄과 귀신의 영향과 하나님의 섭리로 인해 인간에게 나타나는 각종 부조화, 불편함, 미성숙 등이 질병이라고 정의된다. 이를 관계와 차원으로 세분화하여 정의하고 설명하자면 다음과 같다.

모든 질병은 하나님과의 관계의 깨어짐, 부조화, 관계의 미성숙으로 정의된다. 성경은 인간의 모든 삶과 신앙을 하나님과의 관계로 설명한다. 인간사의 모든 문제도 결국에는 하나님과 연결되어 있다. 사람들은

---

32 롬 1:21 "하나님을 알되 하나님을 영화롭게도 아니하며 감사하지도 아니하고 오히려 그 생각이 허망하여지며 미련한 마음이 어두워졌나니."
  롬 1:25 "이는 그들이 하나님의 진리를 거짓 것으로 바꾸어 피조물을 조물주보다 더 경배하고 섬김이라 주는 곧 영원히 찬송할 이시로다. 아멘."
  롬 1:28 "또한 그들이 마음에 하나님 두기를 싫어하매 하나님께서 그들을 그 상실한 마음대로 내버려 두사 합당하지 못한 일을 하게 하셨으니."

하나님으로부터 자유로워지기를 바라지만, 최종적으로 죽음과 맞닥뜨리게 되면 결국에는 하나님밖에 없다. 병에 걸렸을 때도 처음에는 의사를 의지하지만 결국에는 하나님을 찾을 수밖에 없다. 인간의 모든 일의 궁극적 원인과 최종 결과는 하나님의 주권 하에 있다. 이 말은 인간의 시작부터 마지막까지의 모든 삶은 하나님 안에 있다는 것이다. 깨닫고 말고도 없지만 이것을 알면 은혜가 아닌 것이 없다는 고백을 하게 된다. 따라서 질병은 하나님과의 관계 속에서 정의될 수밖에 없는 것이다. 이를 개인적 차원과 사회적 차원, 그리고 기타 정치적, 국제적, 환경적 차원으로 나누어 보자.

첫째, 개인적 차원에서 질병은 영·혼·육의 부조화, 미성숙, 불편함이라고 정의된다. 하나님과의 관계가 조화롭지 못하거나 삶과 신앙 속에서 하나님이 불편하게 느껴지거나, 신앙과 삶의 차원이 미성숙한 상태가 된 것이 영적인 질병이다. 또한 혼 즉 우리의 심령이 성숙하지 못한 관계로 누구를 미워하거나 시기하는 것, 이웃 또는 자기 자신과 심리적으로 불편한 관계가 되어 서로 조화를 이루지 못하는 것 등이 혼적인 질병이다. 이를 중점적으로 치유하는 것이 내적 치유다. 이것도 하나님과의 관계로 설명된다. 즉 하나님을 사랑한다면 이웃이나 자기 자신을 미워할 수 없기 때문이다. 우리의 육체의 각 기관들 사이의 균형이 깨지고 조화를 이루지 못하거나 그 기능이 제대로 발휘되지 못하는 것이 육체의 질병이다. 우리는 우리의 영, 혼과 더불어 몸을 주님 오실 때까지 잘 보존해야 할 사명이 있다.[33] 그러므로 주님을 사랑하는 사람은 자신의 몸도 사랑으로 잘 보존해야 한다.

---

33 살전 5:23 "평강의 하나님이 친히 너희를 온전히 거룩하게 하시고 또 너희의 온 영과 혼과 몸이 우리 주 예수 그리스도께서 강림하실 때에 흠 없게 보전되기를 원하노라."

이뿐만 아니라 자신의 영·혼·육이 서로 조화를 이루지 못하는 것도 병이다. 감정과 행동 사이의 부조화와 불일치로 인한 갈등, 심령으로는 하나님을 섬기면서도 정작 직장이나 습관으로 인해 영적 생활을 제대로 못함으로 인해 오는 고통, 영적으로는 풍성한 주님의 은혜 가운데 있으면서도 여전히 마음 한구석에 남아있는 미움, 육신으로는 열심히 주의 일을 하지만 영적으로는 여전히 허전한 영적 공허감, 찬양을 할 때 뜨거운 눈물을 흘리면서 부르지만 일상으로 돌아가면 여전히 남을 속이고 거짓을 말하는 두 마음과 두 입술, 뜨거움 없는 봉사, 구제, 헌신 등 이 모든 것이 영·혼·육의 부조화로 인해 생기는 질병들이다.

이 외에도 영성의 차원에 들어가면 찾아오는 병도 있다. 주님의 은혜로 영적인 진보를 가져와 영적 차원이 달라졌을 때, 혼과 육도 함께 성장하고 성숙해져야만 한다. 그렇지 못할 경우 혼과 육에 병이 든다. 실제로 심각한 우울증에 시달리기도 하고, 가슴에 통증이 오는 등 몸이 아프다. 진짜로 죽을 것처럼 몸이 그렇다. 나는 지난해부터 지금까지 이것 때문에 고생을 하고 있다. 주님 자체가 아픔으로 다가오는 것에 대해 마땅히 설명할 길이 없다.[34] 영적 스승을 만나는 것이 도움이 될 수도 있지만, 근본적으로 영·혼·육의 부조화로 인한 고통은 삶의 변화를 통한 전반적인 차원이 변함으로 해결될 수 있다. 생각 없이 주님의 인도하심에 나를 맡기면 생명이 내 삶을 이끌어간다.

둘째, 사회적 차원의 질병은 사회구성원 간의 부조화, 미성숙으로 인해 오는 갈등이나 불편함이라고 정의한다. 빈부 차이 문제, 지역 갈등 문제, 노동자와 사용자 간의 문제들, 직장 상사와 부하 직원 간의 갈등

---

34 이에 대해서는 다음 책을 참조하라. 브라이언 콜로디척 엮음, 『마더 데레사: 나의 빛이 되어라』, 허진 옮김(서울: 오래된 미래, 2008).

문제, 이웃 간의 다툼과 갈등 등 사회 전반에 걸쳐 나타나는 병리적 문제들이 사회적 차원의 질병이다. 사회적 차원의 질병은 공공의 이익이라는 미명하에 자행되는 폭력으로 나타나기도 한다. 사실은 모두가 제로 섬 게임Zero Sum Game을 벌이는 과정에서 발생되는 것들이다. 내가 손해 보지 않으려는 욕심이 사회적 질병을 일으키는 주범이다. 역시 하나님 없음이 각종 사회적 질병을 일으킨다. 사회적 차원의 질병은 대부분 법과 제도의 틀 아래에서 생겨나는 구조적인 문제들이다. 그러므로 사회적 질병의 치유는 많은 시간과 노력이 필요한 어려운 문제들이다.

주님의 십자가가 나를 구원하셨다는 사실을 믿는 자, 주께서 자신을 나를 위해 아낌없이 내어주셨다는 것을 체험한 자라면 사회적 질병을 어떻게 치유해야 하는지를 안다. 그것은 나부터다. 한 알의 밀알이 되는 것이다. 하나가 변하면 전부가 변한다.[35] 내 것을 내놓으면 모두가 배불리 먹을 수 있다.[36] 사회적 질병은 주님을 믿는 믿음으로 성도 한 사람 한 사람이 주님처럼 살아갈 때 치유된다.

셋째, 기타 정치적, 국제적, 환경적 차원의 질병이다. 이것도 마찬가지로 각각의 차원에 부조화와 미성숙 등으로 불편한 관계가 되었을 때

---

[35] 요 12:24-25 "내가 진실로 진실로 너희에게 이르노니 한 알의 밀이 땅에 떨어져 죽지 아니하면 한 알 그대로 있고 죽으면 많은 열매를 맺느니라. 자기의 생명을 사랑하는 자는 잃어버릴 것이요 이 세상에서 자기의 생명을 미워하는 자는 영생하도록 보전하리라."
마 13:33 "또 비유로 말씀하시되 천국은 마치 여자가 가루 서 말 속에 갖다 넣어 전부 부풀게 한 누룩과 같으니라."

[36] 요 6:9-13 "여기 한 아이가 있어 보리떡 다섯 개와 물고기 두 마리를 가지고 있나이다. 그러나 그것이 이 많은 사람에게 얼마나 되겠사옵나이까. 예수께서 이르시되 이 사람들로 앉게 하라 하시니 그 곳에 잔디가 많은지라 사람들이 앉으니 수가 오천 명쯤 되더라. 예수께서 떡을 가져 축사하신 후에 앉아 있는 자들에게 나눠 주시고 물고기도 그렇게 그들의 원대로 주시니라. 그들이 배부른 후에 예수께서 제자들에게 이르시되 남은 조각을 거두고 버리는 것이 없게 하라 하시므로, 이에 거두니 보리떡 다섯 개로 먹고 남은 조각이 열두 바구니에 찼더라."

나타난다. 국내 정치든, 국가 간의 국제 정치든 정치의 문제는 이기주의가 그 주범이다. 심하게 말하자면 남보다, 다른 집단보다, 다른 나라보다 내가 좀더 잘 살고 잘 먹기 위해 공공의 이익, 국가 이익, 자국민의 이익 등을 내세우는 것이다. 집단이 커질수록, 이해관계가 복잡할수록 그 해결방법이 어려울 수밖에 없다. 톨스토이Lev Tolstoi가 쓴『바보 이반』이 그 해답이 될 수 있을 것이다. 주를 믿고 주님 안에서 바보가 되지 않는다면 파멸의 끝자락에서도 결코 멈추지 않을 것이다. 그 바보는 주님처럼 우직하게 십자가를 지고 죽는 사람이다.

　환경적 차원의 질병은 하나님이 만드신 이 세상을 돌봐야 할 책임을 저버렸기 때문에 생겨난다. 여호와 하나님께서 아담을 지으시고 그를 위해 에덴에 동산을 창설하셨다. 그리고 아담에게 사명을 주셨다. 그것은 하나님이 만드신 에덴을 잘 맡아서 돌보고 지키라는 것이다.[37] 이를 청지기라고 한다. 환경의 문제는 청지기가 자신의 본분을 망각하고 수탈자가 되었기 때문이다. 우리의 영과 혼과 육을 주님 오실 때까지 잘 보존해야 하는 것처럼 이 세상을 주님 오실 때까지 잘 돌봐야 할 사명이 우리에게 있는 것이다. 결국 하나님 잘 믿으면 환경 문제는 저절로 해결될 수밖에 없다. 환경적 차원의 질병은 믿음 위에서 우리에게 주신 하나님의 사명을 잘 감당할 때 치유가 일어난다.

---

37 창 2:15을 각각의 번역서로 보면 다음과 같다.
　"여호와 하나님이 그 사람을 이끌어 에덴 동산에 두어 그것을 경작하며 지키게 하시고."(개역개정판)
　"주 하나님이 사람을 데려다가 에덴 동산에 두시고, 그 곳을 맡아서 돌보게 하셨다."(새번역)
　"주 하느님께서는 사람을 데려다 에덴 동산에 두시어, 그곳을 일구고 돌보게 하셨다."(가톨릭 성경)
　여기서 '경작하다' 라는 말은 아바드abad로 '봉사하다', '경작하다', '보살피다' 라는 뜻이다. 그리고 '지키다' 라는 말은 샤마르shamar로 '보호하다', '책임지다' 라는 뜻이다.

2장 치유

    치유는 모든 질병으로부터 나음을 얻는 것이다. 치유는 항상 수동형이다. 낫는 것이 아니라 나음을 입는 것이다. 왜냐하면 치유의 주체는 하나님이시고, 우리는 단지 그 치유의 능력의 수혜자이기 때문이다. 우리는 낫고자 하는 자이고, 주님은 우리를 고치시는 분이시다.[1] 그가 찔림으로 우리가 나음을 입었다.[2] 그의 생명이 우리에게 생명을 준 것이다. 그의 아픔이 우리의 아픔을 치유하고 그의 생명이 우리의 생명을 살린다.

    이제까지 질병에 대해 살펴보았다. 지금부터는 본격적으로 치유에 대해 살펴보자. 여기서는 먼저 어떤 상태가 되어야 치유받았다고 할 수 있는가? 치유의 영역은 어디까지인가? 즉 치유의 기준과 영역부터 시작할 것이다. 그런 연후에 무엇이 치유인가 하는 치유의 정의에 대해 다각도로 검토할 것이다. 그 다음으로는 치유의 유형, 치유는 기적인가, 치유의 근본 원리로서의 사랑과 믿음에 대해, 마지막으로 병에 걸리면 어떻게 해야 하는가 등을 차례로 살펴볼 것이다.

---

1 요 5:6 "예수께서 그 누운 것을 보시고 병이 벌써 오래된 줄 아시고 이르시되 네가 낫고
  자 하느냐."(개역개정판)
  "예수님께서 그가 누워 있는 것을 보시고 또 이미 오래 그렇게 지낸다는 것을 아시고는,
  "건강해지고 싶으냐?" 하고 그에게 물으셨다."(가톨릭 성경)
  막 10:51-52 "예수께서 말씀하여 이르시되 네게 무엇을 하여 주기를 원하느냐. 맹인이
  이르되 선생님이여 보기를 원하나이다. 예수께서 이르시되 가라 네 믿음이 너를 구원하
  였느니라 하시니, 그가 곧 보게 되어 예수를 길에서 따르니라."
2 사 53:5 "그가 찔림은 우리의 허물 때문이요 그가 상함은 우리의 죄악 때문이라. 그
  가 징계를 받으므로 우리는 평화를 누리고 그가 채찍에 맞으므로 우리는 나음을 받았
  도다."

1. 치유의 기준과 영역

어디까지가 질병이고 어디서부터가 치유인가? 이렇게 묻는 것은 "아프다. 아니면 안 아프다."라는 말로 치유와 질병을 나누어서는 안 된다는 것을 말하기 위해서다. 물론 병원에서처럼 아프면 병에 걸린 것이고, 이제 더 이상 아프지 않으면 나은 것이라고 쉽게 말할 수 있다. 앞서도 말했지만 그것은 기독교의 치유와는 아무 상관없다. 이것은 의학적인 기준이 치유의 기준이 될 수 없으며, 되어서도 안 된다는 뜻이다. 그렇다면 기독교 치유의 기준은 무엇인가? 어떤 상태가 되어야 치유받았다고 말할 수 있는가?

질병의 기준이 성삼위 하나님이듯이 치유의 기준도 당연히 하나님이다. 병이 나았느냐, 낫지 않았느냐, 또는 아프냐, 안 아프냐가 아니라, 하나님을 향해 있느냐, 등 돌리고 있느냐, 내 안에 성령께서 거하시느냐, 그렇지 않느냐, 그리스도의 생명이 내 안에 있느냐, 그렇지 않느냐가 치유의 기준이다. '그렇다'라고 한다면 그는 치유받은 것이고, '그렇지 않다'라고 한다면 그는 병에 걸린 것이다. 이것을 영적 치유에 해당하는 말이라고 해서는 안 된다. 기독교의 치유는 본디 영적인 것에서 출발하여 영적인 것으로 끝나야 한다. 기독교 치유에서 영적이지 않은 것, 영이신 하나님과 관계되지 않은 것은 없다. 만약에 그렇다면 그것은 세속적인 치유에 불과할 뿐이다. 구약성서에 의사라는 단어가 한 번도 나오지 않는 이유가 이 때문이다.

우리의 육체에 병이 걸렸을 때, 하나님께 기도하지 않고 병원에 가는 것은 치료다. 그러나 그가 자신을 돌아보고 회개하여, 하나님과의 관계를 회복하여 하나님과 화목하게 되는 것이 기독교의 치유다. 귀신이 병의 원인이 되었을 때는 주의 이름으로 내쫓는 것이다. 그래도 병이 낫지 않으면 병원을 찾아가 의사의 도움을 빌려 고침을 받아야 한다. 의사도, 약도 하나님이 내신 것이기 때문이다. 그렇게 했는데도 낫지 않으면 하나님의 섭리에 순종하는 기도와 자세를 가져야 한다. 병 안에 감추어진 하나님의 섭리를 발견할 때까지 기도하며 기다려야 한다. 그 병이 죽음으로 종결된다 하더라도 감사와 기쁨으로 죽음을 맞이해야 한다. 죽음은 최상의, 최고의 치유이기 때문이다. 죽은 이후에는 더 이상 아프지도 않고 고통도 없다. 주님과 함께 영원복락을 누리는 시작이 죽음이다.

우리가 혼적인 질병, 즉 상한 감정으로 인한 고통에 처해 있어도 마찬가지다. 치유의 기준은 하나님이므로 하나님만 내 안에 오시면 된다. 상한 감정과 속상한 마음을 몰아내려고 할 필요가 없다. 그저 주님을 내심령 안에 모시면 된다. 내 안에 성령께서 거하시기만 하면 된다. 어둠을 몰아내려고 애쓰지 말고 스위치를 올려 불을 밝혀라. 그러면 어둠은 자연히 사라진다. 추위를 몰아내려고 애쓰지 마라. 보일러를 켜라. 그러면 따뜻해질 것이고, 따뜻해진 만큼 추위는 사라진다. 병을 고치려하지 말고, 주님을 좀더 가까이 하라. 마음이 따뜻해질 것이다. 주님을 좀더 사랑하려고 하라. 미움과 상한 마음은 자연히 사라질 것이다.

영적인 질병도 무슨 말이 더 필요하겠는가? 믿음이 흔들리고 마음에 의심이 들거나, 목사가 마음에 들지 않고 설교가 듣기 싫어질 때, 영적 공허감에 빠져 봉사와 헌신이 무의미하게 느껴질 때, 다람쥐 쳇바퀴 돌듯 습관적으로 신앙생활을 할 때, 감동 없는 찬양, 확신 없는 기도, 기쁨 없는 봉사, 무료한 성경읽기, 옆에 있는 집사나 권사가 까닭 없이 미워질 때, 이 모두가 영적 질병의 증세들이다. 이럴 때 힘을 쓰며 울고불고 하지 말고 주님을 찾아야 한다. 주님을 좀더 사랑하려고 애쓰며, 주님의 이름을 쉬지 말고 부르고, 주님 생각만 하라. 그러면 우리 주님이 찾아오실 것이고, 주님을 만나는 순간 병은 더 이상 찾으려야 찾을 수 없게 된다. 이것이 영적 치유다.

정치사회적 질병, 국제적인 문제들, 환경 문제 등 모든 것이 다 마찬가지다. 기독교는 개인구원에 머물지 않는다. 사회구원 또한 중요하다. 모이는 교회와 흩어지는 교회 모두 중요하다. 어느 것 하나 소홀히 해서는 안 된다. 그러나 정치집단이나, 사회봉사단체와 기독교의 사회운동은 차원이 다르다. 그것은 사회적 치유의 기준이 하나님이시기 때문이다. 이 세상에 하나님의 뜻을 실현해야만 하는 사명이 성도와 그 모임인 교회에 있다. 그러므로 구원받은 성도는 가만히 앉아있을 수 없다. 치유된 사회, 즉 하나님 나라를 이룩하기 위해 나서야 한다. 교회가 사회변혁에 앞장서야 하는 이유가 이것이다. 사회변혁의 기준은 오직 주 예수 그리스도다.

이상에서 성삼위 하나님을 치유의 기준으로 영·혼·육 그리고 사회적 질병에 대한 치유를 살펴보았다. 그러는 과정에서 치유의 영역이 자연히 드러났다. 치유의 영역은 인간사 모든 영역이다. 개인과 사회 전반에 걸쳐 모두가 치유의 대상이요, 모두가 치유의 영역이다. 기독교의 치유는 모든 인간사의 영역을 그 대상으로 하며, 모두가 영적 치유다. 하나님의 이름과 그 능력으로 치유되지 않는 것은 없다. 모두가 하나님이요, 모두가 치유다.

2. 치유의 정의

더 진도 나가기 전에 정리해두어야 할 것이 있다. 그것은 은사로서의 치유와 지금까지, 그리고 앞으로 논의할 치유와의 개념 차이다. 이것은 차이라고 말할 수 있는 성질의 것은 아니지만 구별은 해야 된다고 본다. 은사로서의 치유는 병 고치는 은사를 말한다.[3] 이는 각종 병을 고치는 성령의 능력으로 주께서 주시는 것이다. 주시기에 은사恩賜라고 하는 것이다. 2부와 3부에서 은사와 치유 사역의 원리를 말할 때는 이 은사로서의 치유에 대한 사역을 말할 것이다. 그러나 그것도 이론적인 바탕은 당연히 치유다. 치유를 위한 은사다.

성경 전반에 걸쳐 말하는 치유는 기본적으로 구원과 동일한 용어다.[4] 치유는 한 개인의 영·혼·육뿐 아니라 그의 삶 전부, 이 세상 전반에 인간과 관계된 모든 것을 그 대상으로 한다. 인간사 전반에 걸쳐 나타나는 고통, 질병, 문제, 갈등, 불편함과 부조화 등의 원인을 밝혀 그 원인을 제거함으로 하나님과 그리스도와 성령과 화목하게 하고, 하나 되게 하여 인간을 거듭난 새로운 피조물로 만드는 것이 치유다. 그러므로 치유는 구원이요, 거듭남이요, 새로운 피조물이 되는 것이다. 은사로서의 치유는 이를 위해 돕는 역할을 한다. 따라서 병 고치는 은사로서의 치유도

---

3 고전 12:9 "다른 사람에게는 같은 성령으로 믿음을, 어떤 사람에게는 한 성령으로 병 고치는 은사를."
4 마 9:21-22 "이는 제 마음에 그 겉옷만 만져도 구원을 받겠다 함이라. 예수께서 돌이켜 그를 보시며 이르시되 딸아 안심하라 네 믿음이 너를 구원하였다 하시니, 여자가 그 즉시 구원을 받으니라."
막 2:5 "예수께서 그들의 믿음을 보시고 중풍병자에게 이르시되 작은 자야 네 죄 사함을 받았느니라 하시니."
막 5:22-23 "회당장 중의 하나인 야이로라 하는 이가 와서 예수를 보고 발 아래 엎드리어, 간곡히 구하여 이르되 내 어린 딸이 죽게 되었사오니 오셔서 그 위에 손을 얹으사 그로 구원을 받아 살게 하소서 하거늘."
막 10:52 "예수께서 이르시되 가라 네 믿음이 너를 구원하였느니라 하시니, 그가 곧 보게 되어 예수를 길에서 따르니라."
눅 8:36 "귀신 들렸던 자가 어떻게 구원받았는지를 본 자들이 그들에게 이르매."

단지 의사처럼 병을 고치는 것에 국한되지 않고, 병의 치료를 통해 그의 혼과 영과 육, 그리고 그의 삶 전부를, 나아가 그가 속해 있는 사회 전반과 환경까지도 통전적으로 치유하는 것이다. 이를 주님의 표현대로 하자면 하나님 나라의 회복이며, 그 나라가 삶 속에 임하는 것이다.

이제 살펴볼 치유의 정의는 은사로서의 치유에 국한된 정의가 아니다. 통전적 의미의 치유에 대한 정의다. 먼저 우리가 흔히 치유는 전인적 치유라고 말하는데, 그에 대해 비판적으로 살펴보고, 둘째로 창조의 회복이라는 차원에서 치유를 정의해 보고, 마지막으로 하나님 나라의 회복이라는 측면에서 치유에 대한 정의를 내려 볼 것이다.

1) 전인적 치유

논의를 시작하기 전에 먼저 치유를 설명함에 있어 삼분설과 이분설에 대한 정리를 해야 할 필요가 있다. 인간의 몸이 영혼과 육체로 구성되어 있다는 이분설과 영·혼·육으로 구성되어 있다는 것이 삼분설이다. 물론 여기서는 이들에 대한 논의는 하지 않을 것이다. 개인적으로는 이분설이 보다 성서적이고 타당하다고 믿는다. 다만 치유에 있어서는 개인적 치유의 영역을 셋으로 나누어 설명하는 것이 매우 편리하다. 즉 인간의 육체의 질병, 정신심리학적인 마음의 질병, 심리적인 것과 구별되는 영적인 질병으로 나누어 설명하는 것이 여러모로 편리하다. 이를 굳이 삼분설이라고 규정할 필요는 없다. 이는 지극히 현실적인 설명방식일 뿐이다. 따라서 이 글의 진행방식을 놓고 삼분설이니, 이분설이니 하는 논의는 무의미하다. 적어도 나에게 있어서 이러한 신학적 논의는 일고의 가치도 없는 것들이다.

일반적으로 치유를 정의할 때 전인적 치유라고 한다. 전인적 치유는 인간의 몸을 영·혼·육으로 나누어서 각 부분이 독립되어 있는 것이 아니라, 유기적으로 연결되어 있다는 것을 전제로 한다. 그리하여 육을 치유하는 것은 단지 육에 국한된 것이 아니다. 영과 혼까지 모두 함께 통전적으로 치유된다. 상한 감정과 같은 마음의 질병도 마찬가지로 상한 감정만 치유되는 것이 아니라, 육도 영도 함께 치유된다. 불신이나 영적 공허감과 같은 영적 질병도 그 병이 치유되면 육도 마음도 전체적으로 치유된다.[5]

그것은 기독교의 치유가 세상에서 행하는 치료처럼 병든 부분만을 그 대상으로 삼지 않고 전 인격, 전체의 삶, 온몸을 대상으로 하기 때문이다. 무엇보다도 예수께서 행하신 치유 사역을 보면 치유의 과정, 결과가 병 고치는데 국한되지 않았음을 보게 된다. 육체적 질병의 치유를 통해 그의 전 인격과 삶까지 영·혼·육 모두를 함께 치유하셨다. 역시 치유는 구원과 동의어일 수밖에 없다. 그러므로 전인적 치유는 기독교의 치유의 원리와 그 결과를 잘 설명해주는 이론이다.

그러나 전인적 치유는 몇 가지 이유에서 약점을 가지고 있다. 첫째, 전인적 치유는 병이 나았을 때에는 아주 타당한 설명이지만, 병이 낫지 않는 경우에는 설명하기가 곤란하다는 약점이 있다. 전인적 치유는 병 고침을 전제로 한다. 병 고침이 병 난 부분만 치유하는 것이 아니라 그것을 통하여 영·혼·육 전체가 다 치유된다는 것이다. 그러나 병이 낫지 않았을 경우에는 설명할 길이 없다. 치유 사역자들은 믿고 기도하면 다

---

5 요삼 1:2 "사랑하는 자여 네 영혼이 잘됨 같이 네가 범사에 잘되고 강건하기를 내가 간구하노라."

  살전 5:23 "평강의 하나님이 친히 너희를 온전히 거룩하게 하시고 또 너희의 온 영과 혼과 몸이 우리 주 예수 그리스도께서 강림하실 때에 흠 없게 보전되기를 원하노라."

낫는다고 말하지만 현실은 그렇지 못하다. 실제로 병만 놓고 본다면 의사가 훨씬 잘 고친다. 그리고 사람이 죽을 때는 신체의 각 부분이 기능을 하지 못하기 때문이다. 그러므로 모든 사람은 다 병들어 죽는 것이다. 물론 죽음이야말로 최상의, 최고의 치유이지만 병 고침을 전제로 하는 전인적 치유에서는 죽어서는 안 된다. 이는 전인적 치유가 은사 차원에 머물러 있기 때문이다. 기독교의 치유는 은사 차원보다 상위의 개념인 구원의 차원이다. 이러한 논리적인 치명적 약점에도 불구하고 전인적 치유를 기독교의 치유의 전부인 것처럼 주장하는 것은 문제가 있다. 치유를 설명하는데 유용한 방법은 될 수 있지만 완전한 정의는 될 수 없다.

둘째, 전인적 치유라는 용어가 과연 기독교적인 것인가 라는 의심이 있다. 어제 오늘 일은 아니지만 건강에 대한 사람들의 관심이 매우 높은 것이 사실이다. 기독교뿐만 아니라 타종교나 대체의학, 생태학 등에서도 전인적 치유라는 말을 쓴다. 엄밀히 말하자면 전인적 치유라는 용어는 인문주의의 용어다. 그것을 미국의 치유론자들이 빌려 쓴 것으로 보인다. 그 후 그 영향을 받은 사람들이 무분별하게 전인적 치유라는 용어를 기독교의 치유에 적용하여 썼다. 기독교의 치유를 설명하고 규정하는 성경의 용어들이 있다. 이를테면 구원, 거듭남, 새로운 피조물, 하나님 나라의 회복 등의 용어가 그것이다. 치유를 설명하고 규정하는 성경의 풍부한 개념들이 있는데도 굳이 인문주의의 용어를 쓸 필요가 있겠는가? 따라서 전인적 치유라는 용어를 쓰는 것은 자칫 기독교의 치유의 개념을 모호하게 만들 소지가 충분하다.

셋째, 전인적 치유라는 정의가 개인의 영·혼·육만을 그 대상으로 하기에 무엇보다도 사회적 질병에 대해서는 설명 자체가 되지 않는다는 약점이 있다. 앞서 살펴본 바와 같이 치유는 인간사 전부에 해당된다. 개인과 사회, 국가, 환경의 문제까지 모두가 치유의 대상이다. 그러나 전인적 치유에는 개인의 질병에만 관심이 있지 사회적 치유나, 환경의 문제 등에는 침묵한다. 이는 개인의 질병과 치유를 설명하는데는 유용할 수 있지만 치유 전반을 정의하고 설명하는데는 적절하지 못하다.

넷째, 전인적 치유에는 치유에 대한 설명은 있지만 치유 이후에 대한 설명이 없다는 약점이 있다. 치유받은 자는 치유하는 자로 살아야 하는 사명이 주어진다. 성도가 사명을 감당하며 살아가는 삶을 기독교 윤리라고 하는데, 전인적 치유에는 이 윤리성이 없다. 그저 병 낫는 것으로 끝나는 것이다. 병 낫는 것으로 끝나면 이는 병 고침 이전의 상태, 건강했을 때로 되돌아가는 것뿐이다. 삶의 변화나 신앙의 성숙의 차원은 바랄 수 없다. 치유는 성령의 능력으로 받는 것이다. 성령께서 내 안에 들어오심으로 치유는 일어난다. 성령께서 병만 고치고 떠나시지는 않는다. 치유 이후에는 성령을 소멸하지 말고, 성령 충만한 삶을 살아야 한다. 성령께서 인도하시는 대로 그리스도의 인격을 발휘하며, 하나님 나라의 건설을 위해 살아가는 것이다. 이것이 치유의 목적이다. 그러나 전인적 치유는 이 부분에 대한 설명이 없다.

2) 창조의 회복

우리는 그 동안 전인적 치유의 이러한 약점이 있음을 간과한 채, 충분한 검토도 없이 그저 무분별하게 이 정의를 사용해 왔다. 따라서 성경에 부합되고 치유의 목적과 인간의 사회적 치유까지 모두 아우르는 새로운 정의를 도출해 내야 할 것이다. 그 첫 번째 시도는 창조의 회복으로 치유를 정의하는 것이다.

창조의 회복은 타락 이전으로의 회복을 말한다. 앞의 질병의 원인에서 말한 바와 같이 성경은 인간의 모든 고통, 질병, 문제 등이 선악과를 따 먹은 타락의 결과라고 말한다. 하나님이 직접 말씀으로 창조하시고 하나님 보시기에도 참 좋은 이 세상에 아픔과 고통과 수고와 애씀이 들어왔다. 다시 원상태로 되돌리려면 어떻게 해야 하는가? 눈에는 눈, 이에는 이, 창조에는 창조다. 타락의 결과 죄가 들어왔고, 죄의 결과 사망과 고통이 들어왔다면 원상태로 되돌아가는 길은 회개를 통해 죄 사함을 받는 길밖에는 없다. 또한 죄 사함은 피 흘림 없이는 불가능하다. 즉 생명은 생명으로 갚는 것이다. 그러므로 창조의 회복은 그리스도의 십자가의 은총을 받아 회개하고 그리스도의 생명을 덧입는 것뿐이다.[6] 그리스도와 함께 죽고 살아나는 것이 창조의 회복이다.[7]

그러나 치유를 창조의 회복으로 정의하는 것은 창조가 완전한 창조이냐, 아니면 창조의 완성이냐 라는 아직 해결되지 않은 신학적 논쟁에 휘말릴 요소가 있다. 완전한 창조라고 한다면 이제까지 설명한 것처럼 인간의 타락으로 인해 완전한 창조가 파괴되었고, 그러므로 다시 완전한 창조로 되돌리려면 그리스도의 십자가의 구속으로 가능하다는 말이다. 완전한 창조로의 회복이 치유다.

완전한 창조가 아니라 창조의 완성이라고 할 때는 그리스도의 재림과 더불어 새 하늘과 새 땅이 임하고 비로소 완성된 창조세계에서 영원

---

6 갈 3:27 "누구든지 그리스도와 합하기 위하여 세례를 받은 자는 그리스도로 옷 입었느니라."

7 갈 2:20 "내가 그리스도와 함께 십자가에 못 박혔나니, 그런즉 이제는 내가 사는 것이 아니요 오직 내 안에 그리스도께서 사시는 것이라. 이제 내가 육체 가운데 사는 것은 나를 사랑하사 나를 위하여 자기 자신을 버리신 하나님의 아들을 믿는 믿음 안에서 사는 것이라."

히 주님과 함께하는 것을 창조의 끝이라고 보는 것이다. 창조의 완성은 인간의 타락과 그 결과도 중요하지만 그것보다도 근본적인 문제를 제기하고 있다. 성경은 하나님이 세상을 창조하실 때 시간과 더불어 공간을 창조하셨다고 말한다. 이는 창조세계가 시공에 둘러싸여 있다는 뜻이다. 시공은 그 한계를 가지고 있다. 한계는 항상 우리로 하여금 고민하게 하고, 우리에게 고통을 주며, 좌절하도록 한다. 시공의 한계 자체가 고통이요 질병이다. 따라서 시공에 의해 주어진 인간의 고통과 질병을 치유하시기 위해 그리스도께서 오셨고 죽으셨다. 부활, 승천하시고 다시 오심으로 시공의 한계 속에 있는 이 세상이 아니라 더 이상 눈물과 아픔이 없는 새 하늘과 새 땅이 이룩된다. 이때가 창조의 완성의 때다.

치유를 창조의 회복이라고 할 때 하나님의 창조가 완전한 창조였다고 한다면 성경의 근거와 더불어 훌륭한 정의가 된다. 하지만 창조의 완성이라는 차원에서 본다면 부연되어야 하는 설명이 많아진다. 더군다나 전생이나 환생의 개념이 없는 기독교에서는 매끄럽게 설명하기가 쉽지만은 않다. 기회의 땅, 연옥까지 닫아버린 개신교에서는 오로지 완전한 창조에 매달릴 수밖에 없는 한계를 가진다. 따라서 창조의 회복이라는 차원에서 치유를 정의할 때에는 이러한 신학적인 성찰과 성경에 대한 충분한 검토를 해야 할 것이다.

창조의 회복이라는 차원에서 한 가지 덧붙일 것은 창조의 회복을 하나님 형상*Imago Dei*의 회복이라고 할 수도 있다. 왜냐하면 인간은 하나님의 형상으로 창조되었기 때문이다. 인간의 타락과 더불어 하나님의 형상이 파괴되었고, 따라서 치유는 파괴된 하나님의 형상을 회복하는 것이 된다. 여기서 형상은 동전에 주조된 얼굴이 아니라 마치 거울과도 같은 것이다. 즉 하나님의 *Imago*(image)는 겉으로 드러난 모습이 아니라 하나님의 성품, 속성, 인격 등을 의미한다. 따라서 치유는 하나님의 성품과 그리스도의 인격의 회복을 의미하며, 이는 윤리성을 가진다. 하나님의 성품, 그의 충만한 사랑 가운데 살아가는 것, 그리고 그리스도의 인격으로 살아가는 삶 자체가 치유다.

3) 하나님 나라의 회복

성경에서 유추한 정의인 전인적 치유와 신학적인 논란의 여지가 있는 창조의 회복으로서의 치유 외에 가장 성서적이고 신앙적인 정의는 무엇일까? 나는 치유를 하나님 나라의 회복이라고 정의하는 것이 가장 적합하다고 생각한다. 아마도 우리나라에서 연구 논문 중에 처음으로 치유를 하나님 나라의 회복으로 정의한 것은 나의 2000년도 박사학위 논문 "하나님 나라의 회복으로서의 치유 목회 연구"가 최초일 것이다. 무명의 목회자가 내세운 이론이라 알려지지 않았을 뿐이지만 우리 주님이 선포하신 복음의 핵심인 하나님 나라로 치유를 정의하고 설명하는 것이 가장 성서적이고 복음적이다.

논문을 쓸 당시 나도 처음에는 전인적 치유를 치유의 당연한 정의로 생각했었다. 그러나 앞서 지적한 대로 이 정의는 불완전하고 설명이 안 되는 부분도 많고, 무엇보다도 성경을 통해 유추한 용어이지 성서적 용어가 아니라는 점이 마음에 들지 않았다. 그러던 중 따뜻한 봄날 산에 올라가 생각 없이 쭈그리고 앉아 있었는데, 불현듯 예수께서 왜 사람들의 병을 고쳐주셨는가 하는 근본적인 물음이 들어왔다. 계속되는 사고의 여정을 거쳐 주님께서는 의사처럼 병 자체를 고치시기 위함이 아니라, 병 고침을 통해 차원 높은 그 무엇인가를 이루기 위함이시라는 결론에 도달했다. 그 무엇은 바로 예수의 복음 사역의 핵심인 하나님 나라다. 그러므로 치유 사역은 그 자체로 존재하는 것이 아니라 복음인 하나님 나라를 위함이다. 병이 치유되고, 귀신이 쫓겨나는 곳에 하나님 나라가 회복된다. 이것이 내가 치유는 하나님 나라의 회복이라고 주장하게 된 배경이다.

치유가 하나님 나라의 회복이라고 할 때, 그렇다면 하나님 나라는 어떤 나라인가? 현대신학의 오류 중의 하나가 하나님 나라를 '시간'이라는 패러다임을 사용하여 종말론으로 규정하였다는데 있다.[8] 그리하여 현재적 종말론, 미래적 종말론, 실현된 종말론, 철저종말론, 실존론적 종말론 등등 수많은 이론을 쏟아놓았다. 이는 시간 패러다임을 쓰기 때문에 뒤따라오는 필연적인 것이다. 왜냐하면 시간의 속성은 허무이기 때문에 허무를 극복할 새로운 설명들이 필요하기 때문이다. 그러나 시간을 매개로 해서 하나님 나라를 설명하는 것은 필연적으로 하나님 나라가 허무 속에 갇히든지, 아니면 시간과 상관없는 영원의 나라가 되든지 할 뿐이다. 시간을 패러다임으로 사용하는 한 하나님 나라는 '이미'와 '아직'의 긴장 사이에서 헤어나질 못할 것이다.

이에 반하여 성서학자들은 하나님 나라를 하나님의 통치가 이루어지는 곳으로 설명한다. 하나님의 통치라는 개념으로 하나님 나라를 설명하는 것은 하나님 나라가 어떤 장소의 개념이 아니라는 것을 말해준다. 성서학자들의 주장은 매우 간명하고 정확하다. 하나님 나라는 시간이나 장소의 개념이 아니다. 하나님 나라는 상태의 개념이다. 즉 하나님과 더불어 사는 상태, 하나님의 통치, 인도하심에 따라 살아가는 자유의 상태

---

8 이에 대해서 다음의 책을 보라. 위르겐 몰트만, 『오시는 하나님』, 김균진 옮김(서울: 대한기독교서회, 1997). 하나님 나라에 대한 자세한 설명은 염기석, 『치유란 무엇인가』(서울: 쿰란출판사, 2002), 부록 1 부분을 참고하라.

다. 진리를 아는 자가 진리 안에서 자유를 누리며 살아가는 상태다.[9] 진리는 그리스도다. 생명을 아는 자가 생명을 누리며 살아가는 상태다.[10]

성경 전반에 걸쳐 하나님 나라는 추구되어 왔다. 이스라엘이 소망하는 하나님 나라에 대한 시작은 아브라함 때부터다.[11] 아브라함에게 주시기로 약속된 땅이 하나님 나라의 원형이다.[12] 그 땅은 모세와 여호수아가 차지한다. 그곳에서 하나님은 이스라엘의 하나님이 되시고 이스라엘은 그의 통치를 받는 백성이 된다. 하지만 사사 시대와 왕정 시대의 모습을 보면 이스라엘은 끊임없이 하나님을 떠나려 하고, 하나님은 그러한 이스라엘을 외적의 침입과 심판으로 되돌리려 하였다. 하나님과 이스라엘 사이의 긴장의 연속의 시대다.

그러다 북 왕국 이스라엘이 아시리아에게 멸망당하고 뒤 이어 남 왕국 유다도 바빌로니아에 의해 멸망한다. 하나님이 주신 땅을 빼앗기고 나서야 그들은 하나님이 주신 땅에서 어떻게 사느냐가 중요하다는 것을 깨닫는다. 이는 예언자들이 줄기차게 주장했었던 내용이다. 포로기 이후 이들은 하나님의 말씀에 순종하는 삶을 살 때, 나라를 다시 하나님께서 회복시켜 주실 것이라는 믿음을 가지게 된다. 그리하여 에스라, 느헤미야를 중심으로 사회개혁과 신앙부흥 운동을 하게 되고, 이것이 율법 중심의 유대교가 된다.

---

9 요 8:32 "진리를 알지니 진리가 너희를 자유롭게 하리라."
10 요 14:6 "예수께서 이르시되 내가 곧 길이요 진리요 생명이니 나로 말미암지 않고는 아버지께로 올 자가 없느니라."
11 창 12:1, 4 "여호와께서 아브람에게 이르시되 너는 너의 고향과 친척과 아버지의 집을 떠나 내가 네게 보여 줄 땅으로 가라. 이에 아브람이 여호와의 말씀을 따라갔고 롯도 그와 함께 갔으며 아브람이 하란을 떠날 때에 칠십오 세였더라."
12 구약의 개념으로 보면 율법은 하나님 나라의 실천 윤리다. 출애굽은 하나님 나라의 시작이며 체험이다.

이스라엘은 장소로서의 하나님 나라를 포기해 본 적이 없다. 유대인들은 율법대로 살아가면 언젠가는 하나님이 다시 회복시켜 주시리라 믿었다. 그 믿음은 지금까지도 계속된다. 율법은 하나님의 통치 기준인 법령으로 개인뿐 아니라 사회 전반에 걸쳐 규정되어 있다. 율법을 잘 지키는 것이 하나님의 통치에 부합되게 살아가는 것이다. 그러나 율법주의가 간과하는 것이 있다. 그것은 모든 행위에 대한 규정은 필연적으로 형식주의에 빠질 수밖에 없다는 것이다. 신앙의 형식주의에 대한 경고가 예언자 운동이다. 예언자들은 율법의 형식이 아닌 가슴으로 하나님 말씀에 순종해야 함을 가르쳤다.[13] 돌에 새긴 율법이 아닌 마음에 새긴 율법이다.[14] 그러나 이 마음에도 한계는 있다. 그것은 작심삼일이라고 마음먹은 대로 되지 않는 것이 인간이기 때문이다.

그리하여 예수께서는 마음이 아닌 은혜와 성령으로 거듭나야 한다고 말씀하셨다. 사람이 성령으로 아예 새롭게 태어나야 한다. 신 인간New Man을 가르치신 것이다. 하나님 나라는 이 땅에 공간으로서 존재하는 나라가 아니다.[15] 거듭난 사람이 진리 안에서 성령의 인도하심에 따라

---

13 렘 24:7 "내가 여호와인 줄 아는 마음을 그들에게 주어서 그들이 전심으로 내게 돌아오게 하리니 그들은 내 백성이 되겠고 나는 그들의 하나님이 되리라."
  욜 2:13 "너희는 옷을 찢지 말고 마음을 찢고 너희 하나님 여호와께로 돌아올지어다. 그는 은혜로우시며 자비로우시며 노하기를 더디하시며 인애가 크시사 뜻을 돌이켜 재앙을 내리지 아니하시나니."
14 렘 31:33-34 "그러나 그 날 후에 내가 이스라엘 집과 맺을 언약은 이러하니 곧 내가 나의 법을 그들의 속에 두며 그들의 마음에 기록하여 나는 그들의 하나님이 되고 그들은 내 백성이 될 것이라. 여호와의 말씀이니라. 그들이 다시는 각기 이웃과 형제를 가리켜 이르기를 너는 여호와를 알라 하지 아니하리니, 이는 작은 자로부터 큰 자까지 다 나를 알기 때문이라. 내가 그들의 악행을 사하고 다시는 그 죄를 기억하지 아니하리라. 여호와의 말씀이니라."
15 요 18:36 "예수께서 대답하시되 내 나라는 이 세상에 속한 것이 아니니라. 만일 내 나라가 이 세상에 속한 것이었더라면 내 종들이 싸워 나로 유대인들에게 넘겨지지 않게 하였으리라. 이제 내 나라는 여기에 속한 것이 아니니라."

살아가는 나라가 바로 하나님 나라다. 시간의 허무 속에 빠지는 나라가 아니기에 하늘로부터 내려오는 나라다.[16] 시간과 공간 속에서 날로 쇠락해져가는 겉사람과는 달리 날로 새로워지는 속사람의 나라다.[17] 거듭난 자의 삶 속에 하나님 나라가 이루어지고 그러면 그 나라는 점차로 번져나가 주위의 사람들까지도 변화되어 함께 살아가는 나라다.[18] 시간과 공간의 차원이 아닌 그 '어떤'의 상태다. 그리스도의 생명이 우리의 생명을 이끌어가고, 한계에 의한 아픔이 없는 자유로움의 상태다. 질병의 고통이 우리를 구속하지 못하는 안락함, 그리고 갈등이 없는 것이 아니라 사라지는 평화가 편만하게 흐르는 상태가 하나님 나라다.

이 하나님 나라가 우리의 육체에 임하면 우리 육체에 아픔과 고통을 넘어선 평화가 이루어진다. 이를 육체적 질병의 치유라고 말한다. 우리의 혼, 즉 마음에 그의 나라가 임하면 참된 평안과 사랑과 여유로움이 생겨나 나 자신이나 이웃을 더 이상 미워하려야 할 수 없다. 서로 비교하지 않기에 시기와 질투, 다툼이 일어나지 않는다. 이를 혼의 치유라고 한다. 또한 우리의 영에 하나님 나라가 임하면 하나님과 화목하게 된다. 의심과 죄로 인한 고통은 사라지고, 까닭 모를 기쁨이 충만한 상태가 된다. 심령의 내면에 깊은 고요와 침묵 속에서 피어나는 희열에 시간의 흐

---

16 벧후 3:13 "우리는 그의 약속대로 의가 있는 곳인 새 하늘과 새 땅을 바라보도다."
   계 21:1-2 "또 내가 새 하늘과 새 땅을 보니 처음 하늘과 처음 땅이 없어졌고 바다도 다시 있지 않더라. 또 내가 보매 거룩한 성 새 예루살렘이 하나님께로부터 하늘에서 내려오니 그 준비한 것이 신부가 남편을 위하여 단장한 것 같더라."
17 고후 4:16 "그러므로 우리가 낙심하지 아니하노니 우리의 겉사람은 낡아지나 우리의 속사람은 날로 새로워지도다."
18 마 13:31-33 "또 비유를 들어 이르시되 천국은 마치 사람이 자기 밭에 갖다 심은 겨자씨 한 알 같으니, 이는 모든 씨보다 작은 것이로되 자란 후에는 풀보다 커서 나무가 되매 공중의 새들이 와서 그 가지에 깃들이느니라. 또 비유로 말씀하시되 천국은 마치 여자가 가루 서 말 속에 갖다 넣어 전부 부풀게 한 누룩과 같으니라."

름이 멈춘다. 이것이 영적 치유요, 그로 인해 들어가게 되는 영성의 세계다. 이 세계는 하나님 나라 안에 있다. 거듭 말하지만 치유는 하나님 나라의 회복이다.

마지막으로 하나님 나라는 윤리성을 가진다. 치유받은 자는 치유하는 자로서의 사명을 가진다.[19] 사명은 의무가 아니다. 자연스러움이다. 거듭난 자는 거듭난 자로서의 삶을 살아간다. 송충이는 솔잎을 먹지만 나비는 꿀을 먹는다. 누가 가르쳐주지 않는다. 나비가 되면 자연히 그렇게 된다. 어둠 속에 있는 자가 빛을 찾는 것이지 빛 가운데 있는 자는 어둠을 밝히기 위해 불을 켜지 않는다. 그저 빛 가운데 살아가는 것이다. 영에 속한 자는 영의 일을 하는 것이다.[20] 바로 바울이 말한 이 영의 일이 하나님 나라의 일 또는 그 안에서의 삶이다. 그 일은 모든 이에게 생명과 평안을 준다. 이 생명은 곧 그리스도이시다. 그러므로 생명을 나누는 일이 전도요, 봉사요, 예배의 삶이며, 이를 위해 자신을 내어놓는 것이 헌신이다.

3. 치유의 다섯 가지 유형

왜 어떤 사람은 낫고 어떤 사람은 낫질 않는가? 고침을 받은 사람들에게는 문제가 되지 않지만 기도받아도 고침받지 못할 때에 이 물음은

---

19 막 5:18-20 "예수께서 배에 오르실 때에 귀신 들렸던 사람이 함께 있기를 간구하였으나, 허락하지 아니하시고 그에게 이르시되 집으로 돌아가 주께서 네게 어떻게 큰 일을 행하사 너를 불쌍히 여기신 것을 네 가족에게 알리라 하시니, 그가 가서 예수께서 자기에게 어떻게 큰 일 행하셨는지를 데가볼리에 전파하니 모든 사람이 놀랍게 여기더라."
20 롬 8:5-6 "육신을 따르는 자는 육신의 일을, 영을 따르는 자는 영의 일을 생각하나니, 육신의 생각은 사망이요 영의 생각은 생명과 평안이니라."

치유 사역자들을 당혹하게 한다. 동시에 하나님의 능력으로 치유받고자 하는 사람들에게 좌절을 가져다준다. 믿는 자에게는 능히 하지 못할 일이 없다고 말씀하셨는데(막 9:23), 바울은 내게 능력 주시는 자 안에서 모든 것을 할 수 있다고 공언했는데(빌 4:13), 현실은 왜 그렇지 못할까? 왜 그럴까? 성경이 잘못된 것일까? 아니면 하나님의 능력이 생각만큼 대단한 것이 못되어서 그럴까? 결국 이 물음은 치유에 대한 본질을 생각할 수밖에 없게 한다.

누구는 낫고, 누구는 낫지 않는가? 어떤 병은 낫고, 또 어떤 병은 낫지 않는가? 이것은 치유가 병 낫는 의료 행위와 구별된다는 것을 말해 준다. 즉 치유는 의료 행위가 아니라 그보다 차원 높은 그 어떤 것일 수밖에 없다는 것이다. 죽을병에 걸린 모든 사람이 다 고침받아 살아난다면 죽는 사람은 누구이겠는가? 지금 이 순간에도 여전히 사람들은 병들고 죽는다. 또한 성경을 보더라도 예수께서 병을 고쳐주신 사람도 다 죽었으며, 심지어 다시 살린 나사로나 나인성 과부의 아들도 죽었다. 사실 신앙 안에서 죽음은 문제가 되지 않는다. 우리는 살아도 주를 위해 살고, 죽어도 주를 위해 죽는 것이기 때문이다.[21] 주 안에서의 죽음은 우리가 이 땅에서 누릴 수 있는 최후의 행복이자, 최고의 행복이다. 따라서 치유는 죽음을 유보시키거나 육체적 건강을 회복하는 병 고침의 문제가 아니라, 그것보다 차원 높은 영역에 속한 것이다.

이제까지의 논의를 통해 우리는 치유를 하나님 나라의 회복이라고

---

21 롬 14:8 "우리가 살아도 주를 위하여 살고 죽어도 주를 위하여 죽나니, 그러므로 사나 죽으나 우리가 주의 것이로다."
갈 6:14 "그런데 내게는 우리 주 예수 그리스도의 십자가 밖에는, 자랑할 것이 아무것도 없습니다. 그리스도로 말미암아, 내 쪽에서 보면 세상이 죽었고, 세상 쪽에서 보면 내가 죽었습니다."(새번역)

정의하였다. 치유는 육체적이든, 정신적이든, 영적이든 간에 우리의 몸 전체가 하나님 나라로 회복되는 것이다. 또한 우리의 삶 전체, 모든 사람들의 삶 전체, 사회와 국가, 온 우주가 하나님 나라로 회복되어 온전함과 건강함과 하나님의 거룩함으로 나아가는 과정이며, 최종 도착점이 치유다.

하나님 나라의 회복이라는 관점에서 치유를 볼 때 치유는 다섯 가지 유형으로 나누어서 볼 수 있다. 첫째는 병에 걸림으로 치유받은 유형, 둘째는 병이 낫지 않음으로 인해 치유받은 유형, 셋째는 병이 나음으로 치유받은 유형, 넷째는 병이 낫고도 치유받지 못한 유형, 다섯째는 죽음으로 치유를 완성하는 유형 등이다. 우리가 보통 치유라 함은 셋째 유형을 가리켜 말하나 성경은 그렇게 말하지 않는다. 성경은 이 다섯 가지 유형 모두를 차별 없이 진술하고 있다.

성경을 중심으로 한 가지씩 살펴보기로 한다. 한 가지 분명히 해 둘 것은 앞서 살펴본 바와 같이 질병은 인간의 개인적, 사회적, 환경적으로 발생하는 모든 불편함, 부조화, 미성숙 등이지만, 여기서 '병'(또는 질병)은 살아 있는 인간이기 때문에 생겨나는 영적, 정신적, 육체적인 문제와 불편함으로 정의하여 사용하였다. 즉 개인적인 질병에 국한하여 논의를 진행하기에 협의의 개념으로 사용하였음을 밝힌다. 그리고 전인적 치유라는 정의가 갖는 한계로 인해 여기서는 물론 앞으로도 치유는 하나님 나라의 회복이라는 차원에서 논의하게 될 것이다.

1) 병에 걸림으로 치유받은 유형

모든 치유는 일단 병에 걸림으로부터 시작된다. 육체적이든 정신적이든, 아니면 영적이든 관계적이든 간에 병에 걸린 사람은 선택을 해야 한다. 하나님의 치유를 받아들일 것인가, 아니면 거부할 것인가? 하나님의 치유를 수용하는 것 자체가 치유의 시작이며 치유의 전부다.

병에 걸렸기 때문에 치유받은 예는 성경 속에 많이 나온다. 병에 걸렸기 때문에 하나님 앞에 무릎 꿇고 기도하게 된 사람은 누구나 병 때문에 치유받는 사람이라고 할 수 있다. 이는 질병과 치유의 기준이 하나님이시기 때문이다. 하나님으로부터 멀어진다면 질병이요, 가까워진다면 치유다. 하나님께 등 돌리고 있으면 질병이요, 하나님을 향해 돌아서면 치유다.

병에 걸렸기 때문에 자기 자신과 하나님 앞에서 진실해졌다면 그는 병든 것을 오히려 감사해야 한다. 건강하기 때문에 하나님보다는 세상을 찾아 즐기는 사람에게 건강은 하나님의 축복이 아니라 저주다. 하나님 앞에서의 건강함이란 육체적인 몸의 건강을 말하는 것이 아니라, 하나님만을 바라는 진실함이 그 기준이 된다. 얼마나 진실하게 하나님을 사랑하는가? 얼마나 솔직한 기도를 하는가? 그 행위가 하나님 앞에서 하나님과 더불어 살아가는가? 하는 것들이 건강의 기준이 된다.

예수께서도 말씀하시기를 "만일 네 손이나 네 발이 너를 범죄하게 하거든 찍어 내버리라. 장애인이나 다리 저는 자로 영생에 들어가는 것이 두 손과 두 발을 가지고 영원한 불에 던져지는 것보다 나으니라. 만일 네 눈이 너를 범죄하게 하거든 빼어 내버리라. 한 눈으로 영생에 들어가는 것이 두 눈을 가지고 지옥 불에 던져지는 것보다 나으니라."(마 18:8-9)라고 하셨다.[22] 이 말씀은 건강의 기준이 우리와 성경이 서로 다르다는

---

22 본문에서 '영생'을 현대인의 성경에서는 '하나님 나라'라고 번역하였다.
　"네 손이나 발이 너를 죄 짓게 하면 잘라 버려라. 두 손이나 두 발을 가지고 영원히 불타는 지옥에 들어가는 것보다는 절뚝발이나 불구자로 영원한 생명을 누리는 하늘 나라에

것을 단적으로 말해준다. 따라서 병이 들었다고 낙심하지 말고 구원의 주이신 하나님을 바라보아야 한다. 그리고 병이 들었기 때문에 하나님을 바라보고 하나님을 만났다면 그것이 바로 치유인 것이다.[23]

우리는 병이 들었기 때문에 하나님을 바라보고 치유받은 예를 히스기야에게서 찾을 수 있다. 히스기야가 병이 들었다. 하나님은 이사야 예언자를 통해 죽을 준비를 하라고 말씀하셨다. 그러자 그는 벽을 향하고 하나님께 심히 통곡하며 기도한다. 하나님 앞에서 진실해졌다. 오직 하나님의 긍휼히 여기시는 은총만 바라고 기도하였다. 그때 하나님이 응답하셨다. 그리고 병을 고쳐 수명을 15년간 연장시켜 주심은 물론, 나라를 아시리아의 손에서 건져주셨다. 그가 살아있는 날 동안 하나님은 평화를 주셨다.(왕하 20:1-7; 20:19) 히스기야는 병이 들었으므로 오히려 하나님 앞에서 진실해졌고, 그 때문에 수명의 연장과 나라의 평화를 가져왔다. 이는 병들었기 때문에 병 고침과 더불어 치유받고 축복받은 예다.

고등학교 때의 일이다. 당시에 다니던 원주제일감리교회 고등부에서 지금은 없어진 성광원이라는 시각장애인들이 모여 사는 마을에 봉사를 나갔던 적이 있었다. 가기 전에 나는 그들에게 "내가 무슨 말을 할 것인가? 어떻게 말을 걸어야 하는가?" 등 많은 고민을 하였다. 나는 그들이 앞을 못 보는 사람들이니 인생에 대한 좌절과 실의에 빠져 살아가는 줄만 알았던 것이다. 하지만 그들은 내 생각과는 전혀 다른 삶을 살고 있

들어가는 것이 더 낫다. 네 눈이 너를 죄 짓게 하면 빼어 버려라. 두 눈을 가지고 불타는 지옥에 들어가는 것보다는 외눈으로 하나님 나라에 들어가는 것이 더 낫다."(현대인의 성경)

23 시 42:11 "내 영혼아 네가 어찌하여 낙심하며 어찌하여 내 속에서 불안해 하는가. 너는 하나님께 소망을 두라. 나는 그가 나타나 도우심으로 말미암아 내 하나님을 여전히 찬송하리로다."

었다. 그들은 주님을 정말로 믿는 사람들이었다. 보통 사람들보다 더 유머 감각이 뛰어난 사람들이다. 그들은 가난하게 살고 있었지만 누구보다도 잘 웃는 사람들이었다. 나는 "내가 시각 장애인이라면 어떠했을까? 과연 그들처럼 살 수 있을까?" 하며 한 동안 고민 아닌 고민을 했던 적이 있었다.

또 하나의 비슷한 경우도 있었다. 역시 지금은 없어진 경천원이라는 나병환자 촌이 있었다. 고등부 때 성탄절 즈음에 그곳 교회에 가서 성탄 축하 예배를 함께 드렸다. 준비해 간 공연을 마치고 모두 모여 함께 다과를 나누는데 양계를 주업으로 하는 곳이라 삶은 달걀을 내왔다. 그러나 나는 먹을 수가 없었다. 얼굴 생김새가 흉하게 일그러진 사람들이 먹으라고 권하는데 꺼림칙하여 도저히 먹지 못하다가 겨우 한 개를 먹고 온 기억이 있다. 그런데 아직도 뇌리에 생생한 것은 그들의 얼굴이 참 밝다는 것이었다. 진정 성탄의 기쁨을 누리고 있는 것 같았다.

시각 장애인이며, 여전히 공중목욕탕에도 못 가는 나환자들이었지만 그들은 그리스도의 사랑을 알고 웃고 사는 사람들이었다. 그들은 치유 받은 사람들이었다. 오히려 그들에게 마음으로 다가가지 못한 내가 치유받아야 할 사람이었던 것이다. 이처럼 치유는 병이 나았기 때문에 치유받은 것이 아니라 병에 걸림으로 하나님을 찾았다면 이미 치유받은 것이다. 움푹 파여진 눈을 가린 검은 안경도, 일그러진 그들의 얼굴도 그들의 인생을 정복하지 못했다. 오히려 그들의 인생을 정복한 것은 그리스도의 사랑이었다. 그 사랑이 그들을 치유하였고, 그래서 그들은 웃으며 살아간다.

2) 병이 낫지 않아도 치유받은 유형

두 번째 치유의 유형은 병이 낫지 않아도 치유받은 유형이다. 우리는 병에 걸렸을 때, 진심으로 자신을 돌아보고 회개하며 하나님께 낫기를 위해 기도하면 병이 나아야 한다고 믿는다. 그러나 병이 낫지 않는 경우도 많다. 그럴 때면 우리는 믿음에 상처를 받고 좌절할 수도 있다. 아마도 믿음의 상처를 받을 것이 두려워서 "주님, 꼭 고쳐주실 줄 믿습니다."라고 기도하지 못하고, "주님의 뜻이라면 내 병을 고쳐주세요."라고 기도하는 것 같다. 만약에 그런 의미에서 주님의 뜻을 운운하며 기도하는 것이라면 그것은 치유를 위한 기도가 아니다. 엄밀히 말하자면 그건 기도도 아니다.

기도는 자신의 문제로부터 시작해 점차로 하나님의 의도와 계획에 순종하는 방향으로 나가는 것이다. 구체적인 것에서 출발하여 막연한 것으로 흘러가는 것이 기도다. 병이 든 사람은 무조건 "주님, 꼭 고쳐주실 줄 믿습니다."라는 기도부터 시작해야 한다. 진실로 믿고 매달리면 기도의 그 다음은 주님이 이끌어 가신다.

우리는 병이 낫지 않았음에도 치유를 받은 예를 바울에게서 찾아볼 수 있다. 바울은 안질이라고 전해지는 지병이 있었다. 그는 자신을 괴롭히는 병을 낫게 해달라고 하나님께 세 번 기도했다고 하였다. 그런데 하나님은 고쳐주시지 않았다.(고후 12:1-10) 하나님께서는 바울에게 놀라운 기적을 행할 수 있는 능력을 주셨다. 심지어 바울의 손수건이나 작업 때 쓰는 앞치마를 가져다가 병든 자에게 얹으면 병이 떠나가고 악귀가 물러가는 능력이 나타났다.[24] 그런데도 자신의 병은 고쳐지지 않았다. 왜

---

24 행 19:11-12 "하나님이 바울의 손으로 놀라운 능력을 행하게 하시니, 심지어 사람들이

그럴까?

하나님이 기도했는데도 왜 고쳐주시지 않았는가 하는 물음에 대한 해답은 바울의 말속에 들어 있다. 첫째로 "이는 나를 쳐서 너무 자만하지 않게 하려 하심이라"는 것과 둘째로 "이는 내 능력이 약한데서 온전하여짐이라 하신지라"는 것이다.[25]

바울의 병을 통한 하나님의 의도는 바울로 하여금 교만하지 않고 그의 연약함을 통하여 하나님의 강함이 나타나게 하기 위함이다. 이 하나님의 섭리를 깨달은 바울은 이제 "그러므로 도리어 크게 기뻐함으로 나의 여러 약한 것들에 대하여 자랑하리니 이는 그리스도의 능력이 내게 머물게 하려 함이라"라고 화답할 수 있게 되었다. 이것은 분명히 바울이 치유된 모습이다. 비록 육체적 질병이 낫지 않았다 할지라도 그는 하나님의 뜻을 발견함으로 질병을 이겼다. 이제 질병이 바울에게는 아무런 문제가 되지 않고 오히려 기쁨과 자랑거리가 된 것이다.

존 터너John Turner는 믿음을 가진 사람이 모두 병이 낫지는 않지만 치유될 수 있다는 사실에 대한 예화를 다음과 같이 전한다.

몇 년 전 한 젊은이를 도와준 적이 있다. 그녀를 위해 안수 예배를 보았다. 그녀의 건강이 회복되리라고 기대했었으나 그렇지 못했다. 수

바울의 몸에서 손수건이나 앞치마를 가져다가 병든 사람에게 얹으면 그 병이 떠나고 악귀도 나가더라."

25 고후 12:7-9 "여러 계시를 받은 것이 지극히 크므로 너무 자만하지 않게 하시려고 내 육체에 가시 곧 사탄의 사자를 주셨으니, 이는 나를 쳐서 너무 자만하지 않게 하려 하심이라. 이것이 내게서 떠나가게 하기 위하여 내가 세 번 주께 간구하였더니, 나에게 이르시기를 내 은혜가 네게 족하도다. 이는 내 능력이 약한 데서 온전하여짐이라 하신지라. 그러므로 도리어 크게 기뻐함으로 나의 여러 약한 것들에 대하여 자랑하리니, 이는 그리스도의 능력이 내게 머물게 하려 함이라."

주일 후에 그 여자는 죽었다. 그러나 놀라운 일이 일어났다. 예배 보기 전에 그 여자는 화가 나 있었고 안달하며 거의 반항적이었다. 잠을 잘 자지 못했었고 가족들에게 화가 나 있었다. 예배드리는 동안 놀라운 평화가 그의 마음에 임했다. 그녀는 무슨 일이 일어나든지 자신과 자신을 사랑하는 사람들을 위해 좋은 일이 될 것이라는 느낌을 갖게 되었다. 흥미 있는 일은 예배를 드린 그날부터 그 여자는 잠을 잘 자게 되었고, 하나님이 자신과 함께 계신다는 느낌을 결코 잃지 않았다. 병이 낫지는 않았지만 그 여자는 치유함을 받은 것이다.[26]

병이 낫지 않고도 치유받은 유형은 하나님의 의도가 숨어 있는 교훈적인 의미를 가지고 있다. 다시 말하자면 기도해도 병이 낫지 않는 경우에는 그 질병을 통하여 우리에게 주시고자 하시는 하나님의 섭리와 계획이 내포되어 있다는 것이다. 모든 유형이 다 그렇기는 하지만 이 유형은 특히 그렇다. 이것은 병의 문제가 아니라, 그보다 높은 차원의 문제다.

다른 사역자들도 그렇겠지만 나는 병자에게 손을 얹어 보면 대충은 알 수 있다. 치유의 능력이 들어가는 것을 느끼면서 이 정도 능력이면 어떻게 될 것인지를 안다. 그리고 하나님이 치유하시는 것을 보면서 치유의 정도를 알게 된다. 그런데 처음 사역할 때에 당혹해 했던 것 중의 하나는 능력이 들어가면 병자 자신이 느낄 수 있고 그 느낌에 따라 반응을 하게 되는데, 능력이 들어가 하나님이 역사하시는 데도 정작 본인은 모르거나 차도가 없다는 것이다. 그럴 때면 그 원인이 무엇인지를 기도로 하나님께 여쭤보게 되는데 하나님은 그 원인이 무엇인지 가르쳐 주

---

26 존 터너, 『치유하는 교회』, 김선도 옮김(서울: 도서출판 광림, 1986), 56-57.

신다. 그 원인이 해결되면 치유가 급속히 진행됨은 물론이다. 설사 병이 낫지 않더라도 본인에게 그 질병은 더 이상 문제가 되지 않게 된다.

병이 낫지 않을 때에는 항상 그 원인이 있다. 그리고 그 원인이 교훈적이라는 의미는 병자가 하나님이 원하시는 대로 살지 않았던 것들이 고쳐지기를 원하시기 때문이다. 다시 말하지만 치유는 의료 행위가 아니다. 치유는 질병이라는 것을 통하여 자신을 돌아보고 하나님의 형상을 회복한 참 인간으로 거듭나는 것이며, 삶과 몸속에 하나님 나라가 회복되는 것이다. 질병의 고침을 뛰어넘어 질병으로부터 자유로움을 얻어 하나님의 온전함과 건강함에 이르는 것이다. 병이 낫지 않아도 병으로부터 자유로움을 얻게 된다면 그것 자체가 이미 치유인 것이다.

3) 병이 나음으로 치유받은 유형

이 유형은 우리가 흔히 치유라고 말하는 전통적인 유형이다. 하나님 앞에 나아가 믿음으로 병 낫기를 위해 기도하고 하나님의 능력과 은혜로 고침을 받는 것이다. 복음서에 보면 예수 앞에 나가 간구한 사람 중에 고침을 받지 못한 사람은 없었다. 이와 같은 사실은 우리에게 소망과 믿음을 준다. 어떻게 기도해야 하고, 어떤 믿음을 가져야 하는가, 어떻게 병 고침을 받는가 하는 것 등은 차후에 논의하기로 하고 치유를 받으려면 제일 중요한 것이 하나님 앞에 나가는 것이다. 일단 하나님과 만나야 다음 과정이 진행되는 것이다.

하나님 앞에 나가 자신을 돌아보고 진실해질 때 마음의 문이 열린다. 그리고 그 열린 문으로 치유의 빛이 들어온다. 일단 하나님의 치유가 시작되면 나머지는 시간의 문제다. 그러나 치유가 완성되어 온전하여질 때까지 중간에 포기하지 말아야 한다. 포기하는 순간 다시 시작하기 전까지 치유도 없다.

병이 나음으로 치유받은 유형은 그 예가 성경에 많으므로 생략하기로 하고, 여기서는 하나님의 치유는 병의 고침에 한정되는 것이 아니라 병자의 삶 전반적으로 일어난다는 사실을 말하려고 한다. 즉 단지 병만 낫는 것이 아니라 병이 나음으로 인해 그의 인생 자체가 변화되며, 그의 환경과 인간관계 등 모든 면에서 치유가 진행된다는 것이다. 우리는 그 예를 군대 귀신 들린 사람을 치유하시는 예수의 사례를 통해 살펴볼 수 있다.(막 5:1-20)

귀신 들린 사람은 무덤 사이나 산 속에 살면서 소리를 질러 대고 돌로 자기 몸을 자해하며 성질이 포학하여 아무도 그를 제어할 수 없었다고 한다. 그의 인격과 정신은 매우 황폐해진 상태다. 그를 황폐하게 만든 귀신의 이름이 '군대legion'라는 것을 보면 분명히 로마 군대와 관련이 있어 보인다. 유대 전쟁으로 인해 받은 핍박과 고통이 그를 미치도록 하였을 것이다. 예수께서 그 군대 귀신을 거의 2천 마리나 되는 돼지 속으로 들어감을 허락하자, 그 돼지들이 갈릴리 바닷속으로 내달아 다 빠져죽었고, 그 사람의 정신이 온전해졌다. 귀신 들린 사람의 황폐해진 인격과 정신이 예수 그리스도의 능력으로 온전히 치유된 것이다.

하지만 치유는 귀신을 쫓아내는 것으로 끝나는 것이 아니다. 귀신으로부터 자유로움을 얻은 사람은 더 이상 무덤에서 살지 않고 사랑하는 가족의 품으로 돌아가게 되었다. 그 동안 이 사람으로 인해 함께 고통받았던 가족들에게 평화와 기쁨을 주는 가족 치유가 동시에 일어난 것이다. 또한 그에게 "주께서 너에게 큰 일을 베푸셔서 너를 불쌍히 여기신 일을 전파하라"고 하심으로 자신만을 위한 삶이 아닌 하나님의 자녀로서 사명을 가지고 살아가도록 하셨다.

다음의 예는 육체적 질병의 치유는 아니지만 죄 사함을 통해 사회적 관계가 치유된 예다. 누가복음 7장 36-50절에 보면 한 여인에 관한 감동적인 이야기가 나온다. 바리새인인 시몬이 이례적으로 주님을 만찬에 초대했다. 만찬 도중에 한 여인이 향유를 가지고 예수께 다가왔다. 그 발 앞에 엎드려 눈물로 주님의 발을 적시고 자신의 머리카락으로 발을 닦고 발에 입을 맞추고 향유를 붓는다. 그러자 만찬장에 있던 사람들이 수군거리기 시작했다. 그것은 이 여인이 그 동네에서 죄인으로 소문난 여인이었기 때문이었다. 당시의 사회적 정황으로 미루어볼 때 이 여인은 창녀였을 것이다. 사람들은 비난의 눈초리로 이 여인을 바라보았지만, 이 여인은 아랑곳하지 않고 눈물로 주님의 발을 적셨다. 이 여인의 행위는 이 여인이 매우 감정에 복받쳐있음을 말해준다. 이 여인이 왜 스스로의 감정을 이기지 못하고 눈물을 흘렸을까? 왜 주님 앞에서 울었어야만 했을까?

본문에는 나오지 않지만 이 여인을 죄인이라고 묘사한 것을 미루어볼 때, 다른 복음서의 해석과는 달리 본문에서는 주님의 죽으심을 예견하고 운 것이 아님은 분명하다. 이 여인의 눈물은 주님을 향한 눈물이 아니라, 자기 자신을 향한 눈물이었다. 유대 사회에서 여자가 창녀로 살아간다는 것은 여자로서 할 수 있는 마지막 선택일 수밖에 없다. 모진 멸시와 천대를 받으며 그래도 살아야 하는 삶이었을 것이다. 이제까지 살아오면서 쌓이고 쌓인 온갖 설움이 한꺼번에 터져 나와 주체할 수 없는 눈물을 흘렸어야만 했다. 죄인인지라 주님을 바라보지 못하고 주님의 발을 끌어안고 눈물로 그 발을 적실 수밖에 없었다. 사람들은 이 여인을 죄인으로 보았지만, 우리 주님은 이 여인의 심령과 그녀의 삶을 보셨다. 사람들은 이 여인을 정죄하고 멸시했지만, 우리 주님은 그녀를 사랑으로 용서하셨다.

그런데 본문에 보면 예수께서는 두 번에 걸쳐 죄 사함을 선포하는 것을 볼 수 있다. "그의 많은 죄가 사하여졌도다." 이 말은 바리새인인 시몬에게 하신 말씀이다.[27] 그리고 연이어 여인을 향해 "네 죄 사함을 받았느니라."라고 선포한다.[28] 즉 예수께서 시몬(여기서 시몬은 모여 있는 자들을 대표한다고 할 수 있다.)에게 여인의 많은 죄가 사해졌다고 하신 것은 이제 이 여인의 죄를 내가 사했으니 너희들은 다시는 이 여인을 죄인으로 부르지 말고 죄인 취급하지 말라는 뜻이다. 내가 죄를 사했으니 이제는 더 이상 그녀의 눈에서 눈물이 흐르도록 하지 말라는 것이다. 그리고 여인에게 죄 사함을 받았다고 재차 말씀하신 것은 그 여인을 괴롭히는 죄, 즉 그녀의 죄 된 삶 자체가 치유되었다는 것을 선포한 것이다. 예수께서는 여기서 한 개인을 치유하신 것뿐만 아니라 그녀의 공동체적 삶까지 치유되는 사회적 치유를 행하신 것이다.

이처럼 치유는 병 자체만을 고치는 의료 행위나 치료가 아니다. 치유는 병을 통해 한 개인의 삶 전체와 사회적 관계까지 모두를 아우르는 것이다. 그야말로 그의 삶에 하나님 나라가 임하는 것이다. 따라서 병 낫기만을 위해 기도하거나 치유를 행하는 것은 잘못된 것임을 분명히 알 수 있다. 치유는 하나님 나라의 온전한 회복이 그의 삶에 임하는 것이다.

4) 병이 낫고도 치유받지 못한 유형
하나님의 능력으로 병 고침을 받았다고 해서 모두가 치유받았다고

---

27 눅 7:47 "이러므로 내가 네게 말하노니 그의 많은 죄가 사하여졌도다. 이는 그의 사랑함이 많음이라 사함을 받은 일이 적은 자는 적게 사랑하느니라."
28 눅 7:48 "이에 여자에게 이르시되 네 죄 사함을 받았느니라 하시니."

생각하면 안 된다. 병은 고쳤지만 치유받지 못한 예가 성경에 나오기 때문이다.(눅 17:11-19) 열 명의 나병환자가 멀찍이 서서 예수께 소리 질러 외친다. "우리를 불쌍히 여기소서." 예수께서 그들을 보시고 말씀하셨다. "가서 제사장들에게 너희 몸을 보이라." 그들이 예수의 말씀을 믿고 제사장에게로 가다가 동시에 그들의 몸에 난 나병이 고침을 받았다. 그러나 모두들 자기 집으로 돌아가고 그 중에 사마리아인 한 사람만 예수께 나아와 그 발아래 엎드리며 감사를 드렸다. 이때 예수께서 사마리아인만 돌아온 것을 보시고 돌아간 사람들을 책망하시고는 그에게 "일어나 가라 네 믿음이 너를 구원하였느니라." 하고 말씀하셨다. 10명 모두가 병 고침을 받았지만 진정한 치유를 받은 사람은 이 사마리아 사람 하나밖에는 없었다. 9명은 분명히 고침을 받았지만 치유받은 것은 아니다. 오히려 주님은 그들을 책망하셨다.

이것은 병이 낫더라도 치유받은 것이 아니라는 것을 분명히 말해준다. 즉 치유는 병 고침으로 끝나는 것이 아니다. 병 고침을 통하여 그의 영혼까지 고침받아 구원에 이르도록 하는 것이 온전한 치유다. 치유는 질병뿐만 아니라 영·혼·육, 그의 삶, 관계 등 모든 것이 온전하게 되는 것이다. 병 고침을 받아야 치유가 된 것이고, 병 고침을 받지 못하면 치유받지 못한 것이라는 단편적인 오류와 생각들을 버려야 한다. 병 고침은 받았으되 정작 치유받지 못한다면 이는 성도로서 불행한 일이다.

치유받은 후에 온전한 하나님의 사람으로 살아가지 않고 다시 예전으로 돌아간다면 그것은 치유받은 것이 아니다. 내 경험으로도 치유받아 예전으로 다시 돌아간다면 거의 대부분 재발한다. 이는 하나님의 진노를 받아 그렇기보다는 병을 일으킨 예전의 삶으로 돌아가니 다시 재발하는 것이 당연한 이치이기 때문이다. 예수께서 베데스다 연못에서

38년 된 병자를 고치신 후에 그를 만나 말씀하시기를 "보라 네가 나았으니 더 심한 것이 생기지 않게 다시는 죄를 범하지 말라."고 하셨다.[29] 따라서 치유란 병과 병 고침을 통하여 삶이 변하는 것이며, 예전의 생각의 습관, 감정의 습관, 행위의 습관 등이 바뀌는 것이다. 그러므로 하나님 나라가 그의 삶 전반적인 차원에서 회복되어야 한다는 것을 재차 확인할 수 있다.

5) 죽음으로 치유를 완성하는 유형

사람들은 죽음이 치유라는 사실을 받아들이기 힘들어 한다. 그것은 죽음에 대한 막연한 두려움 때문이다. 죽음을 한번 경험해 보면 죽음이 그리 힘든 것이 아니라고 생각할 수도 있는데, 죽음은 경험할 수 없는 것이기에 어려운 문제다. 살아있는 사람은 죽어가는 사람을 보고 죽음을 간접 경험하게 된다. 모든 사람은 병에 걸려 죽는다. 현대인들은 각종 사고 현장에서 끔찍하게 죽든지, 아니면 병원 중환자실에서 차디찬 기계와 더불어 질병의 고통 속에서 죽음을 맞이한다. 그런 모습들이 죽음에 대해 두려움을 갖도록 한다. 그러므로 질병은 우리를 죽음에 이르게 하기에 치유는 적어도 죽음의 유보여야 한다고 사람들은 생각한다.

우리는 죽음을 두려워할 필요가 없다. 우리가 두려워해야 하는 죽음은 자기의 인생을 정리할 시간도 없이, 하나님과의 관계를 정리할 시간도 없이 죽는 죽음이다. 즉 회개 없는 죽음이 문제다. 그러나 하나님 안에서의 죽음은 아름다움이다. 내게 주어진 삶을 완수하고, 여한 없이 홀

---

29 요 5:14 "그 후에 예수께서 성전에서 그 사람을 만나 이르시되 보라 네가 나았으니 더 심한 것이 생기지 않게 다시는 죄를 범하지 말라 하시니."

가분하게 이 세상을 떠나는 것이다.[30] 더 이상 고통과 괴로움이 없는 곳, 눈물과 안타까움이 없는 곳, 주님 계신 그곳, 나를 위한 면류관이 예비된 곳으로 길 떠나는 것이다. 사랑하는 이들의 전송을 받으며, 주 안에서 다시 만날 기약을 하며 주님과 함께 천국에서 영원히 살아가기 위해 이 땅을 떠나는 것이다. 이러한 죽음은 아름다움이다. 환희요, 말할 수 없는 기쁨이다. 완전한 치유요, 이 땅에서 누릴 수 있는 최상의, 최고의 치유다.

2년 전 2008년 1월 12일에 아버지가 돌아가셨다. 암으로 병상에 누우신지 47일 만이다. 더 이상 치료가 불가능하다는 것을 알았을 때, 나는 마지막까지 옆에 있어 드려야겠다고 생각했다. 임종하시던 날, 병세가 호전되어 담당 의사는 오늘은 아무 일도 없을 것이니 염려하지 말라고 했다. 그날이 토요일이라 저녁에 교회로 돌아왔다. 저녁 식사 후, 답답함을 느껴 밖에 나와 산책을 하는데, 갑자기 환희가 밀려왔다. 이제까지 경험해 보지 못한 황홀감이었다. 예전에 기도하던 중 천국의 기쁨을 맛본 적이 있는데, 그 기쁨보다 더 상쾌하다고나 할까, 그건 표현하기 힘든 황홀감이다. 20여 분 동안 계속되었다. 나도 모르게 "아버지, 먼저 가 계세요. 나도 뒤따라갈게요."라고 말했다. 잠시 후 점차로 황홀감이 사라졌다. 교회로 들어오니 곧 바로 전화가 왔다. 임종을 지키던 작은 누나가 돌아가셨으니 빨리 병원으로 오라는 전화였다.

나는 그때 아버지와 함께 죽음을 경험했다고 믿는다. 아버지는 천국

---

30 딤후 4:6-8 "전제와 같이 내가 벌써 부어지고 나의 떠날 시각이 가까웠도다. 나는 선한 싸움을 싸우고 나의 달려갈 길을 마치고 믿음을 지켰으니, 이제 후로는 나를 위하여 의의 면류관이 예비되었으므로 주 곧 의로우신 재판장이 그 날에 내게 주실 것이며 내게만 아니라 주의 나타나심을 사모하는 모든 자에게도니라."

으로 가셨지만 내게 좋은 경험과 소망을 주셨다. 나는 그 후로는 죽음을 두려워하지 않는다. 죽음은 황홀한 것이요, 아름다운 것이라고 자신 있게 말한다. 죽음은 최고의 치유다. 정말로 아름다운 것이다. 그러므로 죽음을 두려워하여 회피하지 말고 천국에 대한 소망을 부여잡고 하나님을 좀더 사랑하고 좀더 잘 믿으려 애쓰고, 이웃을 더 사랑하고, 주어진 삶을 보다 정성껏 살아가야 한다.

치유는 죽음의 유보가 아니다. 죽음으로부터의 자유라고 말한다면 이는 맞는 말이다. 치유는 죽음의 한계를 극복하고 죽음을 넘어선 차원이다.[31] 그러므로 성경은 살아있음과 죽음을 구별하지 않는다.[32] 주님의 음성을 듣고 주를 따르는 자가 산 자요, 그렇지 못한 자가 죽은 자다.[33] 치유와 구원과 거듭남은 같은 뜻이다. 거듭남은 죽음을 전제로 한다.[34] 주님과 함께 죽지 않는 자는 부활도 없고, 거듭남도 없고, 생명도 없다.[35]

---

31 고전 15:55-57 "사망아 너의 승리가 어디 있느냐 사망아 네가 쏘는 것이 어디 있느냐. 사망이 쏘는 것은 죄요 죄의 권능은 율법이라. 우리 주 예수 그리스도로 말미암아 우리에게 승리를 주시는 하나님께 감사하노니."

32 계 3:1 "사데 교회의 사자에게 편지하라. 하나님의 일곱 영과 일곱 별을 가지신 이가 이르시되, 내가 네 행위를 아노니 네가 살았다 하는 이름은 가졌으나 죽은 자로다."
고전 15:18 "또한 그리스도 안에서 잠자는 자도 망하였으리니."(개역개정판)
고전 15:18 "그리고 그리스도를 믿다가 세상을 떠난 사람들도 멸망했을 것입니다."(공동번역 성서 개정판)

33 마 8:22 "예수께서 이르시되 죽은 자들이 그들의 죽은 자들을 장사하게 하고 너는 나를 따르라 하시니라."
요 5:25 "진실로 진실로 너희에게 이르노니 죽은 자들이 하나님의 아들의 음성을 들을 때가 오나니 곧 이 때라 듣는 자는 살아나리라."

34 요 3:3 "예수께서 대답하여 이르시되 진실로 진실로 네게 이르노니 사람이 거듭나지 아니하면 하나님의 나라를 볼 수 없느니라."

35 갈 2:19-20 "내가 율법으로 말미암아 율법에 대하여 죽었나니 이는 하나님에 대하여 살려 함이라. 내가 그리스도와 함께 십자가에 못 박혔나니 그런즉 이제는 내가 사는 것이 아니요 오직 내 안에 그리스도께서 사시는 것이라. 이제 내가 육체 가운데 사는 것은 나를 사랑하사 나를 위하여 자기 자신을 버리신 하나님의 아들을 믿는 믿음 안에서 사는 것이라."

치유는 죽음으로부터 시작하여 죽음으로 완성된다. 그리스도와 함께 죽는 영적 죽음, 세상과 죄에 대해서 죽는 영적 죽음이 치유의 시작이며,[36] 모든 고통과 질병과 육체의 한계를 벗어나 자유롭게 되는 육체의 죽음이 이 땅에서의 치유의 완성이다. 주 안에 완성되는 치유는 상상할 수 없는 황홀함이요, 아름다움 그 자체다.

4. 믿음과 치유

교회 안에서 믿음만큼 그 용법이 다양한 말도 없다. 구원은 믿음으로 받는 것이다. 기도할 때 믿음으로 해야 한다. 헌금이나 봉사도 믿음으로 하는 것이고, 사회에서의 행동 지침도 믿음이다. 그렇다보니 믿음으로 설명 안 되는 일도 없다. 또한 믿음은 측정할 수 있거나, 증명할 수 있는 것이 아니기에 신앙생활과 신앙 지도에 있어서도 그 편리성은 대단하다. 어려운 일을 당한 사람에게 믿음으로 기도하라고 하고는 그 기도가 응답되지 않았을 때에 믿음이 없다고 말하면 된다. 교회 봉사를 잘 안하는 사람은 믿음이 없어서 그런 것이고, 열심히 충성하는 사람은 당연히 믿음이 좋아서 그런 것이라고 하면 된다. 사업이 잘 되는 사람에게는 믿음이 좋아서 하나님이 축복해 주셨다고 하면 되고, 실패한 사람에게는 믿음으로 하지 않아서 그런 것이라고 말하면 된다. 병이 나으면 믿음이 좋은 것이고, 안 나으면 믿음이 부족해서 그런 것이라고 하면 된다.

이처럼 믿음은 그 용법에 따라 잘 쓰면 만병통치약이 되기도 하며 동시에 오남용을 하면 만병의 독이 되기도 한다. 믿음이 무엇이기에 이처

---

36 롬 6:11 "이와 같이 너희도 너희 자신을 죄에 대하여는 죽은 자요 그리스도 예수 안에서 하나님께 대하여는 살아 있는 자로 여길지어다."

럼 자의적 해석이 용이하단 말인가? 그것은 믿음이 본래 객관화하거나 계량화할 수 없는 것이기 때문이다. 즉 누구나 수긍할 수 있는 상식적이고 객관적인 믿음의 잣대가 없기 때문이다. 그렇다고 해서 우리가 편리한 대로 가져다 붙이는 엿장수 가위질 같은 것이 믿음인가? 물론 그렇지 않다. 다만 치유에 있어서 믿음을 너무 오남용하기 때문에 이런 식으로 표현해 본 것이다.

분명히 말하지만 치유는 믿음으로 받는 것이다. 기독교 치유의 기본은 믿음에서부터 출발한다. 믿음 없이는 치유도 없다. 만약에 믿음 없이 치유가 일어났다고 한다면 그것은 기독교의 치유와 아무 상관이 없다. 치유는 무한하신 하나님의 능력이 유한한 인간의 몸에 임함으로 일어나는 것이기에 당연히 믿음으로 받는 것이다. 믿음은 유한이 무한을 담는 불가능한 사건을 체험하게 한다. 믿음은 그 체험에 대한 반응이요, 고백이다. 그 체험에 대한 반응은 말과 사고 속에 갇혀진 것이 아니라 삶 그 자체요, 삶이 무한을 향해 열려진 상태를 말한다. 무한에 대한 유한의 반응, 하나님에 대한 인간의 반응이 치유다.

모든 사역자들이 마찬가지겠지만 치유 사역자들처럼 믿음을 강조하는 자들도 없을 것이다. 치유받기 위해 치유 집회에 참석해 본 사람들은 누구나 "믿음을 가지고 하나님께 매달리면 하나님이 고쳐주십니다."는 설교나 또는 "믿음이 없어서 병이 낫지 않는 것입니다. 그러니 믿음 달라고 하나님께 기도하십시오."라는 설교를 들어보았을 것이다. 정말로 믿음만 있으면 병이 낫고 믿음이 없으면 병이 낫지 않는 것인가? 치유받기 위해 어느 정도의 믿음, 또는 어떤 믿음을 가져야 하는가? 믿음을 가지기 위해 어떻게 해야 하는가? 그 믿음은 어디서 오는 것일까?

1) 믿음은 어디서 오는가?

유한한 인간이 무한한 하나님을 경험한다고 하는 것이 불가능하다. 그러기에 전능하신 하나님의 능력이 개입하지 않으면 안 된다. 무한을 경험할 수 있게 하는 것이 유한으로부터 나온다면 그 경험한 무한은 더 이상 무한이 아니다. 따라서 무한만이 무한을 경험할 수 있다. 그러므로 믿음은 유한한 인간으로부터 나오는 것이 아니라, 전적으로 무한하신 하나님으로부터 나오는 것이다. 쉽게 말하자면 인간에게서 믿음이 나올 수 없다는 말이다. 그것은 불가능하기에 무한하신 하나님으로부터 믿음이 올 수밖에 없다는 것이다

바울도 말하기를 믿음은 하나님의 선물이라고 하였다.[37] 즉 구원이 하나님의 선물이면 그 구원을 가능하게 하는 믿음도 당연히 하나님의 선물일 수밖에 없다. 인간이 인간을 구원할 수 없듯이 구원의 전제인 믿음도 당연히 인간에게서 나올 수 없는 하나님의 선물이다.

사도행전 3장에는 나면서부터 앉은뱅이 된 자를 베드로와 요한이 치유하는 사건이 나온다. 앉은뱅이가 치유받아 걸어 다니며 하나님을 찬미하는 것을 보고 몰려온 사람들에게 베드로는 이렇게 말한다. "그 이름을 믿으므로 그 이름이 너희가 보고 아는 이 사람을 성하게 하였나니 예수로 말미암아 난 믿음이 너희 모든 사람 앞에서 이같이 완전히 낫게 하였느니라."(행 3:16) 그러므로 치유받는 믿음은 하나님께로부터 나오는 것이다.

---

37 엡 2:8 "너희는 그 은혜에 의하여 믿음으로 말미암아 구원을 받았으니, 이것은 너희에게서 난 것이 아니요 하나님의 선물이라."

2) 믿음의 고백과 치유

믿음이 어떻게 사람을 치유하는가? 우리가 믿음을 가진다는 것은 무슨 의미인가? 믿음의 고백이 치유의 원동력이다. 그렇게 될 줄로 믿는다는 고백은 동의다. 하나님으로부터 오는 믿음이 내 몸에, 내 삶에 그대로 이루어진다는 고백이다.[38] 그러므로 믿음의 사건은 임마누엘의 사건과 같은 것이다. 마리아가 가브리엘 천사의 말에 믿음으로 동의하는 고백을 할 때, 임마누엘의 사건이 일어난 것처럼 하나님의 치유의 능력을 내 온몸으로 그렇게 될 줄로 믿고 동의하고 고백할 때 그 능력이 내게 임하는 것이다.

또한 우리의 믿음에 주께서 동의하실 때 치유는 일어난다. 맹인 거지 바디매오의 예를 들어보자.(막 10:46-52) 예수께서 여리고에서 나가실 때, 구걸하던 바디매오가 예수께서 지나가신다는 말을 듣고 크게 소리질러 주님의 마음을 붙잡았다. 주께서 그를 불러 "네게 무엇을 하여 주기를 원하느냐?"고 하시자 바디매오는 "보기를 원하나이다."라고 대답했다. 그러자 주께서 "네 믿음이 너를 구원하였느니라." 하시니 그가 곧 보게 되었다.

바디매오의 "보기를 원하나이다."라는 고백은 믿음의 고백이다. 그 믿음의 고백에 주님께서 동의하시자 그의 눈이 치유받았다. 바디매오의 믿음은 어디서 왔는가? 바디매오는 길에서 구걸하는 사람이었기에 거리의 모든 소문에 정통하였을 것이다. 그 소문 중에 예수께서 그에게 나아가는 모든 사람의 병을 고쳐주셨다는 사실도 있었을 것이다. 그 소문

---

38 눅 1:38 "마리아가 이르되 주의 여종이오니 말씀대로 내게 이루어지다 하매 천사가 떠나가니라."

을 들었을 때 바디매오의 마음에 믿음이 생겼다. "믿음은 들음에서 난
다."는 말이 그것이다.[39]

바디매오에게 믿음이 있었다는 사실을 우리는 그의 주께 대한 호칭
에서 분명히 알 수 있다. 사람들은 그에게 지금 이곳을 지나가고 계시는
분이 '나사렛 예수'라고 말했지만, 그는 '다윗의 자손 예수'라고 불렀
다.[40] 즉 주님을 메시아로 믿고 불렀다는 말이다. 메시아로 오신 예수께
서 자신의 눈을 고쳐주시리라는 분명한 믿음이 그에게 있었고, 그는 믿
음으로 '보기를 원한다.'고 고백하였다. 이 믿음의 고백에 바로 네가 고
백하는 그 믿음이 너를 구원하였다고 주께서 동의하심으로 그가 고침을
받은 것이다. 이처럼 믿음은 하나님께로부터 오는 것인데, 그 믿음을 우
리가 동의함으로 고백할 때, 그리고 주님께서 우리의 믿음에 동의해 주
심으로 치유가 일어나는 것이다.

3) 어느 정도의 믿음이 필요한가?

기독교의 치유는 전적으로 믿음으로 받는 것이다. 믿음이 없이는 치
유도 없다. 아주 분명한 진리다. 그런데 우리는 믿음으로 치유받는다고
하는 이 말을 종종 오해한다. 그래서 치유받기 위해 더 많은 믿음이 있
어야 한다고 믿는다. 이를 위해 철야, 금식 기도 등을 하고 그 믿음을 증
명하기 위해 더 많은 헌금을 해야 하는 것으로 생각한다. 심지어 병원을
포기하고 약봉지를 버리는 것을 믿음의 표현이라고 생각하기도 한다.

---

39 롬 10:17 "그러므로 믿음은 들음에서 나며 들음은 그리스도의 말씀으로 말미암았느니
라."
40 막 10:47 "나사렛 예수시란 말을 듣고 소리 질러 이르되 다윗의 자손 예수여 나를 불쌍
히 여기소서 하거늘."

또 그렇게 가르치는 일부 몰지각한 사역자들이 있는 것도 사실이다. 이 모두 믿음을 오해하기 때문에 생기는 것들이다.

치유받기 위해 어느 정도의 믿음이 필요한가? 어떤 믿음으로 기도해야 하는가? 사실 이 물음은 잘못된 것이다. 믿음은 하나님께로부터 오는 것이기에 더 많은 믿음을 가지기 위해 애쓸 필요가 없다. 내 노력으로 믿음이 더 많아진다면 그것은 믿음이 나로부터 오는 것이기 때문이다. 그렇다면 구원도 나의 노력으로 이루어질 수 있다는 공로주의에 빠지게 된다. 믿음과 치유는 전적으로 하나님이 주시는 것이다. 그러므로 우리가 믿음으로 치유받는다고 해서 더 많은 치유를 위해 더 많은 믿음을 가지려고 애쓸 필요는 없다.

믿음은 분량이 중요한 것이 아니다. 믿음은 많든지 적든지가 중요한 것이 아니다. 믿음은 그 자체가 중요한 것이다. 3년 전에 이스라엘에 갔을 때, 그곳에 계시는 한 선교사님으로부터 겨자씨를 선물 받았다. 겨자씨는 노란 색으로 마치 좁쌀알처럼 생겼다. 크기도 비슷하다. 예수께서는 믿음을 이 겨자씨에 비유하셨다. 그 사건의 전말은 이러하다.(마 17:14-20)

예수께서 변화산에서 내려와서 보니 귀신 들린 아이의 간질병을 주의 제자들이 고치지 못하고 있었다. 주께서 제자들의 믿음 없음을 꾸짖으시고 아이의 병을 고쳐주셨다. 그 후에 제자들이 "왜 우리는 귀신을 쫓아내지 못하였습니까?"라고 묻자 예수께서 "너희 믿음이 작은 까닭이니라. 만일 너희에게 믿음이 겨자씨 한 알 만큼만 있어도 이 산을 명하여 여기서 저기로 옮겨지라 하면 옮겨질 것이요 또 너희가 못할 것이 없으리라."(마 17:20)고 말씀하셨다. 여기서 '작은 믿음'이란 말은 믿음의 분량을 말하는 것이 아니다. 생명이 있는 믿음, 살아있는 믿음, 의심하지 않는 믿음을 말한다.

믿음으로 산을 옮긴다는 말씀은 마태복음에도 나온다.[41] 여기서도 믿음은 의심하지 않는 믿음을 말한다. 그런 믿음으로 기도하면 무엇이든지 다 받는다는 말씀이다. 그러므로 '작은 믿음'이란 믿음의 분량을 말하는 것이 아니라, 능력이 요구되거나 위기상황에서도 흔들리지 않는 믿음을 말한다. 그러므로 겨자씨 만한 믿음이란 어떤 감당할 수 없는 상황에 처하더라도 흔들리지 않고 의심 없이 기도하면 다 이루어지는 믿음이다. 따라서 치유는 믿음이 많기 때문에 일어나는 것이 아니다. 치유는 고쳐주실 줄로 의심하지 않고 전혀 요동하거나 흔들리지 않는 믿음을 가질 때 일어나는 것이다.

4) 누구의 믿음이 중요한가?

성도 중에 누가 중한 병에 걸리면 본인을 비롯하여 그 가족은 물론 온 교회가 나서서 병 고침을 위해 고쳐주실 줄로 믿고 기도한다. 이때 누구의 믿음이 가장 중요한가? 본인인가? 가족인가? 중보기도하는 성도들인가? 아니면 목회자인가? 또는 그를 위해 직접적으로 치유 기도를 해주는 치유 사역자의 믿음인가?

우리는 흔히 본인의 믿음이 가장 중요하다고 생각한다. 그러나 그것은 정답이 아니다. 정답은 치유 사역자의 믿음이다. 물론 본인의 믿음도 중요하고, 중보기도 해주는 교우들이나 목회자의 믿음도 중요하다. 그러나 치유에 있어서 제일 중요한 것은 치유 사역자의 믿음이다. 왜냐하

---

41 마 21:21 "예수께서 대답하여 이르시되 내가 진실로 너희에게 이르노니 만일 너희가 믿음이 있고 의심하지 아니하면 이 무화과나무에게 된 이런 일만 할 뿐 아니라 이 산더러 들려 바다에 던져지라 하여도 될 것이요."

면 본인의 믿음이 제일 중요하다면 본인의 믿음으로 고침받지 왜 치유 사역자에게 기도를 받는가? 본인의 믿음으로 해결할 수 없기에 치유 사역자를 찾는 것이 아닌가?

2부 은사의 지·정·의에서 자세히 거론하겠지만 믿음의 은사, 능력 행하는 은사와 더불어 치유의 은사는 믿음 계열의 은사다.[42] 은사의 지·정·의에서 의에 해당되는 이 세 은사는 모두 믿음을 기초로 사역하는 은사들이다. 따라서 다른 사람과 구별되는 믿음을 바탕으로 치유 사역을 하게 된다. 치유를 위해 성령께서 특별한 믿음을 주셨기 때문에 치유 사역자의 믿음이 치유에서는 제일 중요하다.

적절한 예가 될지는 모르겠지만, 말하자면 초등학생 100명이 미적분을 풀기 위해 애쓰는 것보다 수학과 교수 한 사람이 쉬엄쉬엄 문제를 푸는 것이 더 효과적이다. 치유도 그렇다. 치유 사역자는 그 방면에 전문화된 은사를 가지고 있는 사람이다. 그러나 문제는 정말로 제대로 된 치유 사역자, 은사가 연단되어 상처주지 않는 사역자, 사랑으로 능력을 행하는 사역자, 자신은 없고 오직 주님만을 내세우는 사역자, 헌금 강요하지 않고 거저 받았으니 거저 주는 그런 사역자를 만나는 것이 제일 중요하다. 그것은 은혜요, 축복이다.

---

42 고전 12:9-10 "다른 사람에게는 같은 성령으로 믿음을, 어떤 사람에게는 한 성령으로 병 고치는 은사를, 어떤 사람에게는 능력 행함을, 어떤 사람에게는 예언함을, 어떤 사람에게는 영들 분별함을, 다른 사람에게는 각종 방언 말함을, 어떤 사람에게는 방언들 통역함을 주시나니."

5. 사랑과 치유

왜 하나님이 우리를 고치시는가? 하나님이 죄로 인해 질병의 고통 속에 있는 우리를 구원하시고 병의 고통으로부터 해방시키는가? 능력으로 질병을 일으키는 귀신을 몰아내고 건강하게 하시는가? 궁극적으로 우리에게 병을 주시기도 하시고, 그 병의 원인부터 현상, 즉 병의 고통까지 치유하시는가? 이 모든 물음의 대답은 한마디로 사랑 때문이다. 사랑이 아니고는 하나님의 치유를 설명할 길이 없다.

모든 치유 사역자들은 이구동성으로 치유의 근본원리는 사랑이라고 말한다. 대니얼 파운틴Daniel E. Fountain은 "하나님은 사랑 때문에 자신을 우리에게 주셨으므로 건강은 하나님의 사랑으로부터 흘러나온다. 그는 우리의 치료자이시며 우리를 사랑하기 때문에 건강을 주신다."고 말한다. 또한 아그네스 샌퍼드Agnes Sanford 여사는 "하나님의 권능, 치유 에너지가 흘러 들어오는 통로가 사랑"이라고 말한다. 프랜시스 맥너트 Francis MacNutt도 말하기를 "나는 단순히 하나님의 사랑을 전달하는 인간 통로일 뿐이기에 나는 그에 대해 겸손해야만 하는 것입니다.······ 그래서 우리가 해야만 하는 것은 단지 우리가 할 수 있는 최선을 다해 기도하는 것, 그리고 무엇보다 우리에게 나아오는 모든 병자들과 상처입은 사람들을 사랑하는 것입니다."라고 말한다. 이외에도 치유 사역자들의 글을 보면 의례히 치유와 사랑을 말한다. 치유가 사랑으로 말미암는다고 한다면 치유 사역을 행하는 것도 당연히 사랑으로 하는 것이다.

기독교의 치유는 당연히 믿음으로 받는다. 하지만 그 치유를 가능하게 하는 동인motive은 당연히 사랑이다. 사랑이 아니고는 하나님의 치유를 이해할 수도 없다. 왜냐하면 하나님이 우리를 치유하시는 것은 우리의 믿음(하나님이 주시는 믿음이 아닌)이나 행위가 아니라, 하나님의 주권이며, 그 주권의 속성은 사랑이시기 때문이다. 그리하여 우리는 하나님은 사랑이시라고 고백하는 것이다.[43] 하나님이 우리를 구원하시는 것도 사랑 때문이다.[44] 사랑하시기 때문에 우리의 연약함을 동정하신다.[45] 그러므로 우리는 자비하심의 은혜를 얻기 위해 은혜의 보좌 앞으로 담대히 나아갈 수 있는 것이다.[46] 그 은혜의 보좌 앞에 나아간 자는 모두 치유를 받는다. 은혜의 보좌에서 흘러나오는 사랑이 치유하는 것이다.

1) 하나님의 고통

미성숙, 부조화로 인한 불편함이 우리를 병들게 하고 죽음에 이르게 한다. 그리고 그 내면적인 원인이 죄, 귀신, 하나님이라고 하는 사실을 질병의 원인에서 밝혔다. 그렇다면 우리 인간의 그러한 모습을 하나님은 어떻게 보실까? 그리고 그것에 대한 하나님의 대비책은 무엇일까?

하나님은 사람을 완벽한 살아있는 영적 존재로 창조하셨다. 그리고 에덴에서 동산을 거니시며 사람과 자연스럽게 교통하셨다.[47] 하지만 범죄 이후 사람은 하나님을 피하여 숨게 된다. 죄 없는 상태에서 사람과 하나님의 교통함은 지극히 편안한 관계다. 하지만 인간의 범죄로 말미

---

43 요일 4:8 "사랑하지 아니하는 자는 하나님을 알지 못하나니 이는 하나님은 사랑이심이라."
44 요 3:16 "하나님이 세상을 이처럼 사랑하사 독생자를 주셨으니, 이는 그를 믿는 자마다 멸망하지 않고 영생을 얻게 하려 하심이라."
45 히 4:15 "우리에게 있는 대제사장은 우리의 연약함을 동정하지 못하실 이가 아니요 모든 일에 우리와 똑같이 시험을 받으신 이로되 죄는 없으시니라."
46 히 4:16 "그러므로 우리는 긍휼하심을 받고 때를 따라 돕는 은혜를 얻기 위하여 은혜의 보좌 앞에 담대히 나아갈 것이니라."
47 창 3:8 "그들이 그 날 바람이 불 때 동산에 거니시는 여호와 하나님의 소리를 듣고 아담과 그의 아내가 여호와 하나님의 낯을 피하여 동산 나무 사이에 숨은지라."

암아 하나님은 불편함을 느끼셨다. 사랑하는 사이는 늘 편안함을 주지만 그 사이에 죄가 끼어들면 불편해지는 것이다. 그 불편이 하나님을 고통스럽게 하였다.

죄인을 바라보시는 하나님의 심정을 성경은 다음과 같이 말한다. "여호와께서 사람의 죄악이 땅에 가득한 것과 그 마음의 생각이 항상 악한 것을 보시고 땅 위에 사람 지으셨음을 후회하시며 마음 아파 하셨다." (창 6:5-6, 새번역) 하나님께서는 사람을 지으신 것을 후회하실 정도로 고통스러워 하셨다. 하나님의 후회는 사람을 향한 사랑의 극진함의 표현이다.

하나님의 입장에서 우리가 죄인의 상태로 남아 있을 때 이를 바라보는 하나님의 심정은 근심과 고통이다. 우리가 사탄의 유혹에 빠져 살며, 잘못된 습관에 매여 살아가는 모습을 바라보는 하나님의 심정 또한 근심과 고통이다. 하지만 우리가 회개할 때 우리의 죄를 사유赦宥하여 주심으로 우리를 의인으로 만들어 주실 때 하나님은 기뻐하신다.[48] 그러므로 하나님 스스로 자신의 불편함과 고통을 없애시기 위해 우리를 구원하기로 계획하셨다. 하나님은 사랑이시기 때문이다. 하나님의 사랑이 죄의 문제를 해결하여 하나님 자신과 우리의 고통을 치유하시는 것이다.

---

48 신 30:9-10 "네가 네 하나님 여호와의 말씀을 청종하여 이 율법책에 기록된 그의 명령과 규례를 지키고 네 마음을 다하며 뜻을 다하여 여호와 네 하나님께 돌아오면, 네 하나님 여호와께서 네 손으로 하는 모든 일과 네 몸의 소생과 네 가축의 새끼와 네 토지 소산을 많게 하시고 네게 복을 주시되 곧 여호와께서 네 조상들을 기뻐하신 것과 같이 너를 다시 기뻐하사 네게 복을 주시리라."
습 3:17 "너의 하나님 여호와가 너의 가운데에 계시니 그는 구원을 베푸실 전능자이시라. 그가 너로 말미암아 기쁨을 이기지 못하시며 너를 잠잠히 사랑하시며 너로 말미암아 즐거이 부르며 기뻐하시리라 하리라."

2) 하나님의 구원

하나님께서는 인간의 범죄로 인해 야기된 하나님의 고통과 그로 인한 우리의 고통을 치유하시기를 원하신다. 이를 위한 하나님의 최초의 구원 계획은 홍수로 온 지면에 있는 사람들을 멸하고 당대의 의인인 노아와 그의 가족들로 새로운 세상을 만드는 것이었다.[49] 하지만 이러한 심판은 사실상 실패로 끝났다. 홍수 이후 노아가 최초로 하나님께 제사를 드릴 때 하나님의 독백에서 그러한 사실을 알 수 있다. "주께서 그 향기를 맡으시고, 마음속으로 다짐하셨다. 다시는 사람이 악하다고 하여서, 땅을 저주하지는 않겠다. 사람은 어릴 때부터 그 마음의 생각이 악하기 마련이다. 다시는 이번에 한 것같이, 모든 생물을 없애지는 않겠다."(창 8:21, 새번역)

심판으로는 인류를 구원하실 수 없었다. 심판은 선과 악을 구별하는 것이지 악을 선으로, 죄를 의로 바꾸지는 못한다. 사람의 마음의 생각이 어릴 때부터 악하므로 죄 자체를 없애는 방법보다도 죄를 죄로 여기지 않는 속죄의 방법을 쓰기로 하셨다. 그것이 구약에서는 희생 제사요, 신약에서는 그리스도의 십자가의 희생이다.

구약에서의 희생 제사는 사람의 죄를 양이나 염소 등과 같이 살아있는 짐승을 대신 죽임으로 그 대가로 죄를 사해주는 방법이다. 여기에는 믿음이라는 것이 선결 조건이 된다. 즉 이 희생 제사를 통해 하나님께서 내 죄를 사해 주신다는 믿음이다. 믿음으로 드릴 때에만 하나님은 그 제

---

49 창 6:9 "이것이 노아의 족보니라 노아는 의인이요 당대에 완전한 자라 그는 하나님과 동행하였으며."
　　창 7:1 "여호와께서 노아에게 이르시되 너와 네 온 집은 방주로 들어가라 이 세대에서 네가 내 앞에 의로움을 내가 보았음이니라."

사를 받으시고 용서하신다.[50] 하지만 이스라엘은 그러지 않았다. 믿음이 아닌 형식으로 제사를 드린 것이다. 이에 하나님은 이사야를 통해 다음과 같이 말씀하신다.

나 여호와가 말하노라 내 손이 이 모든 것을 지었으므로 그들이 생겼느니라. 무릇 마음이 가난하고 심령에 통회하며 내 말을 듣고 떠는 자 그 사람은 내가 돌보려니와 소를 잡아 드리는 것은 살인함과 다름이 없이 하고 어린 양으로 제사드리는 것은 개의 목을 꺾음과 다름이 없이 하며 드리는 예물은 돼지의 피와 다름이 없이 하고 분향하는 것은 우상을 찬송함과 다름이 없이 행하는 그들은 자기의 길을 택하며 그들의 마음은 가증한 것을 기뻐한즉 나 또한 유혹을 그들에게 택하여 주며 그들이 무서워하는 것을 그들에게 임하게 하리니 이는 내가 불러도 대답하는 자가 없으며 내가 말하여도 그들이 듣지 않고 오직 나의 목전에서 악을 행하며 내가 기뻐하지 아니하는 것을 택하였음이라 하시니라.(사 66:2-4)

즉 희생 제사는 회개의 제사이며, 참회의 심령을 드리는 제사다. 그리고 희생 제사를 드린 사람은 그 죄에서 떠나 하나님이 기뻐하시는 일을 해야 하는 것이다. 그런데도 그들은 제사만 있었지 참회가 없었으며, 제사의 행위는 있었으나 죄에서 떠나는 돌이킴의 행위가 없었던 것이

---

50 히 11:4 "믿음으로 아벨은 가인보다 더 나은 제사를 하나님께 드림으로 의로운 자라 하시는 증거를 얻었으니, 하나님이 그 예물에 대하여 증언하심이라. 그가 죽었으나 그 믿음으로써 지금도 말하느니라."
창 15:6 "아브람이 여호와를 믿으니 여호와께서 이를 그의 의로 여기시고."

다. 이러한 문제점들을 보완하기 위해 하나님은 스스로 인간이 되셔서 자신을 희생함으로 인간의 모든 죄를 대속代贖하기로 작정하셨다.

예수 그리스도의 탄생으로 신약 시대가 열렸다. 하나님께서 친히 인간의 몸을 입고 오신다는 것은 사실상 논리적으로 불가능하다. 무한하신 하나님이 어떻게 유한한 인간의 몸을 입을 수 있는가? 하지만 하나님의 전능하신 능력이 이를 가능하게 하신다.[51] 그가 십자가 위에서 한 번 죽으심으로 온 인류의 죄가 사해지는 은총이 우리에게 임한 것이다. 이제 매일의 제사도 필요 없고, 죄 지을 때마다 드리는 희생 제사도 필요 없게 되었다.[52] 그러므로 구원을 위한 필수조건이 희생에서 믿음으로 바뀐 것이다. 오직 예수 그리스도께서 나를 위해 죽으셨다는 것과 그로 말미암아 내 모든 죄가 사함받았다는 믿음만이 필요하다.

그러나 오늘날 수많은 성도들이 그리스도의 속죄를 믿으면서도 여전히 속죄와 구원에 대한 확신이 없어 허전한 것은 무엇 때문인가? 문제는 여기서부터 발생한다. 손에 잡히는 구원에 대한 확신이 없다는 것이다. 희생 제사라도 드리면 뭔가 했다는 의미라도 있을 텐데 그것이 없으므로 마음 한구석에는 여전히 허전함이 있는 것이다. 왜 그럴까? 그것은 구원을 여전히 행위로 또는 손에 쥐어지는 천국행 티켓으로 생각하

---

51 눅 1:35-37 "천사가 대답하여 이르되 성령이 네게 임하시고 지극히 높으신 이의 능력이 너를 덮으시리니, 이러므로 나실 바 거룩한 이는 하나님의 아들이라 일컬어지리라. 보라 네 친족 엘리사벳도 늙어서 아들을 배었느니라. 본래 임신하지 못한다고 알려진 이가 이미 여섯 달이 되었나니, 대저 하나님의 모든 말씀은 능하지 못하심이 없느니라."
52 롬 6:10 "그가 죽으심은 죄에 대하여 단번에 죽으심이요, 그가 살아 계심은 하나님께 대하여 살아 계심이니."
히 7:27 "그는 저 대제사장들이 먼저 자기 죄를 위하고 다음에 백성의 죄를 위하여 날마다 제사 드리는 것과 같이 할 필요가 없으니, 이는 그가 단번에 자기를 드려 이루셨음이라."
히 10:10 "이 뜻을 따라 예수 그리스도의 몸을 단번에 드리심으로 말미암아 우리가 거룩함을 얻었노라."

기 때문이다.

속죄의 구원을 믿음으로 받는다고 하는 것은 말이나 또는 그렇다고 믿는 막연함에 있는 것이 아니다. 믿음으로 구원을 받는다고 하는 것은 체험의 세계를 말하는 것이다. 하나님께서 홍수로의 심판에서 실패하신 후 수립한 새로운 구원 계획은 사람의 구원이 물리적인 행위로 임하는 것이 아니라 화학적인 새로움, 즉 거듭남에 의한 것이라는 것이다. 이는 구약의 제사 종교에서 믿음에 의한 체험 종교로의 변화를 말한다.

3) 신新인간

기독교가 믿음에 의한 체험의 종교라는 사실을 우리는 니고데모와 주님의 대화가 기록되어 있는 요한복음 3장을 통해 잘 알 수 있다. 주께서 니고데모에게 "사람이 물과 성령으로 거듭나지 아니하면 하나님 나라에 들어갈 수 없다. 육으로 난 것은 육이요 성령으로 난 것은 영"이라고 하셨다.[53] 거듭남을 이해하지 못하는 니고데모에게 거듭남은 믿음의 문제라는 것을 재삼재사 강조하신다.[54] 또한 믿을 때 거듭남을 가능하게 하시는 분이 성령이시라는 사실을 말하고 있다.[55] 그리고 이러한 거듭남

---

53 요 3:5-7 "예수께서 대답하시되 진실로 진실로 네게 이르노니 사람이 물과 성령으로 나지 아니하면 하나님의 나라에 들어갈 수 없느니라. 육으로 난 것은 육이요 영으로 난 것은 영이니, 내가 네게 거듭나야 하겠다 하는 말을 놀랍게 여기지 말라."
54 요 3:12 "내가 땅의 일을 말하여도 너희가 믿지 아니하거든 하물며 하늘의 일을 말하면 어떻게 믿겠느냐."
   요 3:15-18 "이는 그를 믿는 자마다 영생을 얻게 하심이니라. 하나님이 세상을 이처럼 사랑하사 독생자를 주셨으니, 이는 그를 믿는 자마다 멸망하지 않고 영생을 얻게 하려 하심이라. 하나님이 그 아들을 세상에 보내신 것은 세상을 심판하려 하심이 아니요 그로 말미암아 세상이 구원을 받게 하려 하심이라. 그를 믿는 자는 심판을 받지 아니하는 것이요 믿지 아니하는 자는 하나님의 독생자의 이름을 믿지 아니하므로 벌써 심판을 받은 것이니라."
55 요 3:5 "예수께서 대답하시되 진실로 진실로 네게 이르노니 사람이 물과 성령으로 나지

의 구원이 왜 가능한가 하는 것을 '하나님의 사랑' 때문이라고 말씀하신다.(요 3:16)

거듭남의 체험이 곧 구원의 체험이요, 치유의 체험이다. 이것은 믿음으로 말미암는 것이며, 이를 가능하게 하는 것이 성령의 능력이다. 그리고 하나님의 사랑이 이를 이루신다. 치유는 고장 난 것을 고쳐서 다시 쓰는 물리적인 것이 아니다. 새롭게 다시 만드는 화학적인 것이다. 물리적인 치유는 의사가 하는 것이다. 하나님의 치유는 화학적으로 새로운 사람을 만드는 것이다. 즉 재창조요, 새로운 피조물이 되는 것이다. 그의 삶, 전 존재에 하나님 나라가 임하는 것이다. 하나님 나라의 시민이 되는 것이다. 치유는 거듭남을 통하여 인간의 영·혼·육이 신인간이 되는 것이지 병 고침 자체에 있는 것이 아니다.

이를 예를 들어 다음과 같이 설명할 수 있다. 한 알의 밀알이 땅에 떨어져 죽으면 그 밀알에서 새로운 밀알이 열린다.[56] 옛 밀알과 거기서 나온 새 밀알은 다른 것인가, 같은 것인가? 이는 구원받기 이전의 '나'와 구원받은 후의 '나'가 같은 나인가, 아니면 다른 나인가 하는 물음과 같다. 형태상으로는 같다. 환경도 달라지지 않는다. 나를 둘러싼 혈연관계도 똑같다. 구원받았다고 나의 국적이 하늘나라로 바뀌지 않는다. 호적이 바뀌는 것도 아니다. 그러나 구원받은 나는 예전의 나가 아니다. 치유를 통해 병 고침을 받았다 하더라도 고침받은 내 몸은 병들었었던 예전의 몸이 아니다. 만약에 예나 지금이나 같다고 한다면 그것은 치료를

아니하면 하나님의 나라에 들어갈 수 없느니라."
요 3:8 "바람이 임의로 불매 네가 그 소리는 들어도 어디서 와서 어디로 가는지 알지 못하나니 성령으로 난 사람도 다 그러하니라."
56 요 12:24 "내가 진실로 진실로 너희에게 이르노니 한 알의 밀이 땅에 떨어져 죽지 아니하면 한 알 그대로 있고 죽으면 많은 열매를 맺느니라."

받은 것이지 치유받은 것이 아니다. 병 들기 이전으로 회복된 것이라고 한다면 치유는 아니다. 그는 치료받은 것이다.

'나' 라고 하는 것이 달라졌다고 하는 것은 밀알처럼 내가 죽음을 통과했기 때문이다. 거듭남은 죽음을 통과한 것을 말한다. 옛 사람이 죽음으로 새 사람이 된 것이다.[57] 그 옛 사람은 그리스도와 함께 십자가 위에서 죽고 그리스도와 함께 새 사람으로 다시 살아난 것이다.[58] 이것이 치유요 구원이다. 새 사람은 내적으로나 외적으로 새로운 사명이 주어진다. 외적으로는 치유받은 자는 이제 치유해야할 사명이 주어진 상처 입은 치유자가 되는 것이다. 내적으로는 하나님의 거룩함에 이르기까지 성장해야 한다.[59] 이 모든 것이 하나님의 사랑으로 말미암는다. 사랑으로밖에 설명할 수 없으며, 사랑이 아니고는 이해할 수도 없다.

4) 치유 사역에서의 사랑

하나님이 사랑 때문에 우리를 치유하신다고 한다면 치유 사역자의 모든 행위도 역시 사랑 때문이다. 이것을 무시하는 자는 술사요, 초능력자이며, 치료자에 불과하다. 이제 치유 사역에 있어서 사랑이 어떻게 병

---

57 롬 6:6 "우리가 알거니와 우리의 옛 사람이 예수와 함께 십자가에 못 박힌 것은 죄의 몸이 죽어 다시는 우리가 죄에게 종 노릇 하지 아니하려 함이니."
  고후 5:17 "그런즉 누구든지 그리스도 안에 있으면 새로운 피조물이라. 이전 것은 지나 갔으니 보라 새 것이 되었도다."
58 갈 6:14-15 "그러나 내게는 우리 주 예수 그리스도의 십자가 외에 결코 자랑할 것이 없으니, 그리스도로 말미암아 세상이 나를 대하여 십자가에 못 박히고 내가 또한 세상을 대하여 그러하니라. 할례나 무할례가 아무 것도 아니로되 오직 새로 지으심을 받는 것만이 중요하니라."
59 롬 6:19 "너희 육신이 연약하므로 내가 사람의 예대로 말하노니 전에 너희가 너희 지체를 부정과 불법에 내주어 불법에 이른 것 같이 이제는 너희 지체를 의에게 종으로 내주어 거룩함에 이르라."

을 고치는가를 살펴보자. 실제로 치유 사역을 하다 보면 병자를 위해 기도할 때, 하나님의 사랑이 강하게 밀려옴을 느낄 때가 있다. 그럴 때면 병자를 위해 하나님의 사랑으로 더욱더 간절히 기도하게 된다. 그때 치유의 역사가 강하게 나타남은 물론이다. 이처럼 사역자와 병자와의 관계는 역시 사랑이다. 사랑의 관계로 하나가 될 때, 하나님의 능력이 치유 사역자를 통하여 그에게 연결되는 것이다.

병자를 위해 기도할 때 병자와 똑같은 아픔을 느낄 때가 많다. 실제로 병자의 고통을 몸으로 느끼게 된다. 치유 사역자들을 만나 보면 거의 공통된 현상들이다. 그것이 쌓이다 보면 치유자의 몸이 병자들과 같은 병을 얻게 되는 경우도 있다. 이러한 현상을 사역자들은 병자의 병 또는 나쁜 기운을 치유자의 몸을 통해 뽑아낸다고 표현한다. 이와 같은 현상은 사랑으로 설명될 수 있다. 사랑하기 때문에 병자의 고통이 치유자의 고통이 되는 것이고, 그의 병이 치유자의 병이 되는 것이다. 어머니가 어린 자녀를 사랑하기에 자녀와 같이 아파하고 고통당하는 것과 같은 이치다.

예수 그리스도께서 우리를 사랑하시기에 우리를 위해 십자가를 지셨고, 우리의 질고를 지시고, 우리의 슬픔을 당하시고, 우리의 허물을 인하여 찔리고, 상하고 징계를 받으며 채찍에 맞으셨다. 그럼으로써 우리가 나음을 입은 것이다.[60] 그의 상처가 우리의 상처를 아물게 하고, 그의

---

60 사 53:4-6 "그는 실로 우리의 질고를 지고 우리의 슬픔을 당하였거늘, 우리는 생각하기를 그는 징벌을 받아 하나님께 맞으며 고난을 당한다 하였노라. 그가 찔림은 우리의 허물 때문이요, 그가 상함은 우리의 죄악 때문이라. 그가 징계를 받으므로 우리는 평화를 누리고, 그가 채찍에 맞으므로 우리는 나음을 받았도다. 우리는 다 양 같아서 그릇 행하여 각기 제 길로 갔거늘, 여호와께서는 우리 모두의 죄악을 그에게 담당시키셨도다."

고통이 우리의 고통을 치유한다. 그가 생명을 내줌으로 우리가 생명을 얻은 것이다. 상처가 상처를 치유하고, 고통이 고통을 치유하며, 생명이 생명을 살리는 것이다.

이처럼 사랑으로 인해 주님의 상처와 고통과 생명에 우리가 연결될 때 치유받는 것처럼 치유 사역자와 병자도 사랑으로 연결되어야 거기에 치유가 일어난다. 치유자는 하나님의 사랑의 통로가 되어 병자와 함께 아파하고 함께 고통당하는 사랑의 사도가 되어야 한다. 그러한 사랑의 관계가 될 때 병자와 사역자는 신뢰 관계가 형성된다. 사랑에 의한 신뢰 관계만 되면 특별한 치유의 은사를 논할 필요도 없다. 은사와 상관없이 사랑이 병을 고친다. 아니 사랑 때문에 병이 물러가 버린다. 치유는 다시 강조하지만 무조건 사랑이다. 은사만으로 병을 고치는 자는 일종의 기능인이다. 그러나 기독교의 치유는 사랑으로 병을 고치는 것이다. 사랑을 통해 은사가 발휘되고 사랑으로 치유하는 자가 되어야 진정한 치유 사역자다.

치유의 은사를 받고 싶어 하거나 또는 치유의 은사가 있지만 더 큰 능력을 사모하는 목회자가 주변에 더러 있다. 내게 찾아와 은사받는 비결과 능력을 강하게 하는 비결을 묻는 분들도 있다. 만약에 내게 그런 비결이 있어 능력을 배가시키거나 치유의 은사를 나누어 줄 수 있다면 나도 좋겠다. 치유 사역자의 권위는 능력의 강함에 있는 것이 아니라 사랑에 있다. 하나님을 사랑한 만큼 능력의 권위가 나타는 것이다. 모든 치유의 능력은 하나님의 사랑에서부터 나온다. 더욱더 강한 능력을 원한다면 더 많이 하나님을 사랑하라. 그리고 병자를 더욱더 많이 사랑하라. 마치 내 몸처럼. 이것이 내가 말해줄 수 있는 능력의 비결이다.

6. 병에 걸리면 어떻게 해야 하는가?

병에 걸리면 사람들은 당연히 병원에 간다. 성도들은 병에 걸리면 어떻게 해야 하는가? 병원에 간다. 그렇다면 성도와 일반인들과의 구별은 무엇인가? 똑같이 병원에 간다면 무엇이 다른가? 물론 병 낫기를 위해 기도하는 것이 다르다. 그런데 기도해도 낫지 않으면 어떻게 해야 하는가? 여기서는 이런 문제들을 전반적으로 다루려 한다. 이에 대해서는 유감스럽게도 우리의 성경에 체계적으로 나오지 않는다. 다행스러운 것은 외경의 집회서에 이 부분이 구체적으로 나온다. 따라서 여기서는 집회서를 중심으로 병에 걸리면 어떻게 해야 하는지를 살펴보고자 한다. 우선 집회서 본문을 보자.

의사를 존경하여라. 너를 돌봐 주는 사람이요 또한 주님께서 내신 사람이기 때문이다. 병을 고치는 힘은 지극히 높으신 분으로부터 오며 의사는 왕으로부터 예물을 받는다.……주님께서 약초를 땅에 나게 하셨으니 지혜로운 사람은 그러한 것을 가벼이 여기지 않는다. 주님께서도 옛적에 그의 힘을 사람들에게 보여 주시려고 나무를 던져 물을 맑게 하시지 않았느냐?……의사는 약을 써서 사람들의 병을 고쳐 고통을 덜어 주고 약제사는 약초를 섞어 약을 조제한다. 주님께서는 그의 사업을 그치지 않을 것이며, 그분의 평화는 온 세상에 내릴 것이다. 들어라, 너는 병중에서 주님을 떠나지 말아라. 항상 기도하면 주님께서 고쳐 주실 것이다. 나쁜 짓을 피하고 네 손을 깨끗이 하여라. 네 마음에서 모든 죄를 씻어 버려라. 향과 고운 밀가루 제물을 드리고 풍성한 제물을 아낌없이 바쳐라. 그리고 의사를 찾아가라. 그는

주님께서 내신 사람이다. 너에게 필요한 사람이니 그를 멀리하지 말
아라. 대개 건강은 의사들의 손에 좌우된다. 그들은 그들대로 주님께
기도를 올려 환자의 고통을 덜고 병을 고치는 은총을 빈다. 그렇게
하여 환자의 생명을 건지는 것이다. 사람이 죄를 지으면 창조주의 눈
에 거슬리게 되니 의사의 신세를 지게 마련이다.(집회서 38:1-15, 공동
번역)

구약의 전통을 볼 때, 정통적인 성서 전승에서는 인간의 죄악이 질병
의 직접적인 원인이 된다고 보지만, 민간 전승에서는 질병의 원인을 구
체적으로 인간의 죄악에 결부시키지 않는다.[61] 그러나 원인이 어떻든지
간에 치유는 다 하나님의 능력이라고 말한다. 즉 이스라엘은 항상 하나
님을 '치료하시는 하나님'으로 고백한다.[62] 그러므로 히브리인들은 병
이 들면 먼저 하나님을 찾았고, 하나님께 고침받기를 애원하였으며, 하
나님께 대한 신뢰를 바탕으로 감사의 찬양을 하였다. 시편의 탄원시가
그 좋은 예다.[63] 이러한 사상 아래서는 의학이 발달할 수 없는 것이다.[64]

---

61 질병에 대한 신명기 사가의 견해는 질병의 원인이 인간의 죄악에 있으며(공동체를 포함
  하여), 엘리야-엘리사 전승(민간 전승)에서는 질병에 대한 도덕적 원인이 나타나지 않
  는다. 구체적으로 엘리야와 엘리사의 치유 기사를 보라.
62 출 15:26 "이르시되 너희가 너희 하나님 나 여호와의 말을 들어 순종하고 내가 보기에 의
  를 행하며 내 계명에 귀를 기울이며 내 모든 규례를 지키면, 내가 애굽 사람에게 내린 모
  든 질병 중 하나도 너희에게 내리지 아니하리니, 나는 너희를 치료하는 여호와임이라."
63 시편 안에 있는 병자의 기도시는 시편 6; 30; 32; 38; 41; 85; 102; 116편 등이다. 기도
  시, 특히 시편 6편은 개인의 기도시라기보다는 병자 각 사람이 이 기도를 드릴 때마다
  자신의 특수한 병세를 강조할 수 있게 하는 공통적인 기도문이며, 시편 38편도 사제들
  이 여러 무명 환자들을 위해서 만든 공식 기도문이라는 것이다. 이처럼 탄원시 또는 애
  원시 중 적지 않은 부분이 성전 안에서 기도하는 사제, 신도들의 공식 기도문으로 쓰였
  다. 이 기도문들은 여러 가지 사정-정신적이거나 육체적인 병세-에 모두 적용하여 기
  도할 수 있도록 작성된 것으로 보인다. 이 병자의 기도들에서 중요한 것은 그 기도들의
  '하나님 중심 사상'이다. 치유하시는 분은 항상 하나님이시라는 고백과 아울러 자신들

그러나 포로 시대에 바빌로니아의 영향을 받아 의사에 대한 견해가 많이 달라진다. 그리하여 후기 유대교 사상에서는 질병을 치료하는 의사는 인간 생활에 있어서 특별하고 필수적인 기능을 수행하도록 임명받은 사람으로 인식하게 된다. 그 예가 위의 본문이다. 여기서 의사는 주님이 내신 분이며, 그의 치료하는 능력 또한 주님께로부터 온 것이라는 사상을 발견하게 된다. 그리고 약초도 다 주님이 내신 것이요, 그것을 지혜로운 사람이 활용하여 병을 고친다. 하나님은 은사를 통한 치료를 중단하지 않으실 것이며, 치료를 통해 주님의 평화가 임한다.

그러므로 우리는 의학을 통한 세속적인 치료도 믿음의 치유와 반대되는 것이 아니라, 오히려 그것도 하나님의 섭리 가운데 일부임을 알 수 있다. 아주 특별한 경우가 아니라면 의사와 서로 협조하며 병을 고치는 것이 바람직하다. 아주 특별한 경우는 오직 하나님이 치유를 관장하시는 경우인데, 그럴 경우에는 제대로 된 치유 사역자라면 알 수 있다.

자 이제 병에 걸리면 어떻게 해야 하는지, 위의 본문과 이제까지의 논의를 바탕으로 하나씩 살펴보자. 치유의 대전제는 하나님이시다. 하나님은 인생의 시작과 마지막이다. 태어나면서부터 죽을 때까지, 죽음 이후 영원히 하나님은 우리 인생의 전부이시다. 그러므로 그리스도인이 병에 걸렸을 때, 반드시 잊지 말아야 할 것은 병중에 주님을 떠나지 않

의 고통을 하나님께 토로한다. 그리고 자신들의 기도가 응답된 줄로 믿고 하나님께 대한 감사의 찬양으로 기도를 마친다.
64 가나안에 정착한 이후부터 유다가 멸망할 때까지 기록된 성경을 보면 의사 또는 의원이란 단어가 단 두 군데 나온다. 아사 왕과 관련된 의원은 이방인 의사가 분명하다.
대하 16:12 "아사가 왕이 된 지 삼십구 년에 그의 발이 병들어 매우 위독했으나 병이 있을 때에 그가 여호와께 구하지 아니하고 의원들에게 구하였더라."
렘 8:22 "길르앗에는 유향이 있지 아니한가 그 곳에는 의사가 있지 아니한가 딸 내 백성이 치료를 받지 못함은 어찌 됨인고."

는 것이다. 질병도 인생의 과정 중 일부다.

그럼에도 갑작스럽게 말기 암이 발견되어 살 소망이 사라졌을 때, 우리는 하나님을 원망하고 부정하고픈 마음이 들 수 있다. 실제로 철저하게 주일성수와 십일조를 하고 주의 일이라면 그 누구보다 열심히 하던 사람이 갑자기 암이 발견되어 죽게 되었을 때, 주님을 부정하고 쓸쓸히 죽었다는 이야기도 들린다. 왜 나인가? 나는 열심히 주를 섬겼는데, 나쁜 짓도 하지 않고 정직하게 살려고 노력했는데, 못된 놈들은 여전히 건강하게 잘 사는데, 왜 내가 죽어야 하나? 하나님이 이해되지 않아 결국 하나님을 거부하고 죽었다는 이야기다.

물론 이것은 열심히 봉사하고 헌금 잘하면 신앙이 좋은 것이라고, 그러면 축복받는다고 부추긴 목사의 잘못이 크다. 그러나 이것은 무엇보다도 사탄의 시험이다. 마지막 시험을 통과하지 못한 것이다. 아니, 하나님 없이 무엇을 어떻게 하려고 하나님을 떠나는가? 하나님 없는 인생이 존재할 수 있는가? 그러므로 병중에 하나님을 떠나는 일과 같은 어리석음은 버려야 한다.

1) 병 낫기를 위해 기도하라

배고플 때 젖 달라고 울지 않는 아기가 어디 있는가? 몸이 아픈데 참는 아이가 어디 있는가? 모름지기 성도는 다 하나님의 자녀요, 주 안에서 어린아이다.[65] 부모는 자녀의 어려움을 헤아려 그것을 해결해준다. 설사 육신의 부모가 해결해 주지 못하는 일이라 할지라도 우리의 아버지 되시는 하나님은 해결하지 못하시는 것이 없다. 그렇다면 당연히 하

---

65 눅 18:16 "예수께서 그 어린 아이들을 불러 가까이 하시고 이르시되 어린 아이들이 내게 오는 것을 용납하고 금하지 말라. 하나님의 나라가 이런 자의 것이니라."

나님 아버지께 간구해야 한다. 그럼에도 주께 병 낫기를 위해 기도하지 않는다면, 그것은 하나님을 친 아버지로 믿지 않거나, 하나님 앞에서 하나님 없이 살 수도 있다는 교만일 것이다.

현대인들은 평범한 것, 잘 아는 만성적인 질병, 하찮은 질병 등에 대해서는 기도를 잘 하지 않는다. 설사 시간이 지나면 해결될 것이라 할지라도 기도는 해야 한다. 기도하지 않는 것은 죄다. 나는 2001년 충주에서 목회할 때 농사를 지은 적이 있다. 농촌교회 목사가 농사에 대해 전혀 모르고 농민들을 대상으로 목회한다는 것이 어느 날 갑자기 마음에 걸렸다. 그래서 권사님의 밭 1천 평을 쌀 두 가마니에 도지를 내 농사를 지었다. 천 평의 밭에 감자를 심었다. 그해 따라 몹시 가물어 개울이 다 말라버렸다. 양수기를 이용해 지하수 관정에서 물을 퍼 밭에 주는데, 논과는 달리 바닥이 고르지 못한 밭은 골을 막았다 열었다 하면서 물을 대주어야만 했다. 한 번 물 대는데 꼬박 3일이 걸린다. 삽을 들고 이리 뛰고 저리 뛰고 하면서 물길을 잡고, 호스를 이리저리 옮기느라 무척 힘들었다. 그때 허리를 다쳤다. 그 후로 지금까지 씨감자 넣는 봄이 되면 허리가 아프다.

4년 전에는 움직일 수조차 없을 정도로 허리가 너무 아파 누워있어야만 했다. 병원에도 못가고 꼼짝 못하고 며칠 누워 있는데, 갑자기 주님께서 "왜 기도하지 않니?" 그러셨다. 나는 그때 깨달았다. 하찮은 병, 잘 아는 병, 며칠 쉬면 낫는 병도 주께 기도하지 않는 것이 잘못된 것이라는 사실을 알았다. 나는 누워서 "주님, 고쳐주세요."라고 기도했다. 아마 수천 번도 더 했을 것이다.

무한하신 능력의 주님께는 감기와 암이 무슨 차이겠는가? 그런데 왜 감기는 기도하지 않고, 암과 같이 중한 병만 기도하는가? 무슨 병에 걸렸든지 무조건 기도부터 시작하라. 치유는 고쳐달라는 기도로부터 시작된다. 시작하지 않으면 끝도 없고 결과도 없다. 참 좋으신 아버지를 두고도 왜 기도하지 않는가? "항상 기도하면 주님께서 고쳐 주실 것이다."[66]

2) 자신을 돌아보고 회개하라

그 다음 단계는 자신을 돌아보고 회개하는 것이다. "나쁜 짓을 피하고 네 손을 깨끗이 하여라. 네 마음에서 모든 죄를 씻어 버려라."(집회서 38:10) 현대인들에게 있어서 이 부분이 잘 안 된다. 웬만한 중병에 걸리지 않고는 병에 걸려도 회개할 줄을 모른다. 그저 병원에 가서 주사 맞고 약 먹고 그러면 대충 낫기 때문일 것이다. 병원에서 치료하지 못하는 병이나 잘 치료가 되지 않는 병에 걸리면 그때 가서야 기도를 시작하고 회개하곤 한다.

1996년에 치유의 은사가 임한 후로는 이상하게도 체질 자체가 변했다. 이전에는 환절기가 되거나 몸의 상태가 안 좋으면 쉽게 감기에 걸리고 편도선이 심하게 부어올랐다. 병원에 가서 주사를 맞고 며칠 약을 먹고 앓아야 나았다. 그런데 그런 것이 없어졌다. 앓아눕는 일이 거의 없다. 그런데 지난해 말에 코감기가 걸렸다. 콧물이 줄줄 흐르고 숨쉬기도 힘들었다. 나는 이 감기를 놓고 하나님께 기도해야 하나 말아야 하나 고민했다. 그때 하나님은 나를 돌아보게 하셨다. 내가 나를 보니 참 몹쓸 놈이 따로 없었다. 내가 그 놈이었다. 나는 이렇게 기도했다. "주님, 나 같은 놈은 더 아파야 합니다. 낫지 말게 해주시고, 더 아프게 해주셔야 합니다. 아파도 쌉니다." 다음날 아침 감기가 말짱히 나았다.

---

66 집회서 38:9 "들어라, 너는 병중에서 주님을 떠나지 말아라. 항상 기도하면 주님께서 고쳐 주실 것이다."

우리는 질병으로 인한 고통만 생각한다. 그러나 자신을 돌아보면 내가 지은 죄와 못된 성격, 자아, 무엇보다 내 심보나 내가 한 일을 생각해 보면 그 정도의 고통은 오히려 은혜다. 그 정도에서 멈추신 것을 보면 하나님은 역시 사랑의 하나님이시다. 질병이 은혜임을 깨달을 수 있는 것은 회개가 이루어졌기 때문이다. 질병의 고통을 통해 회개하지 않는 것은 주님의 은혜를 저버리는 것이다. 고통 속에서 자신을 발견하지 못하는 것은 신앙에 문제가 있다는 증거다.

앞에서 하나님이 왜 우리에게 질병을 주시는가? 질병의 원인은 무엇인가? 하는 부분에서 이미 다룬 문제이지만 재차 말하자면 질병, 그 자체는 죄가 원인이 될 수는 있어도 죄가 아니다. 질병은 하나의 기회다. 질병의 고통을 통하여 하나님을 향하느냐? 등을 돌리느냐? 하나님과 더 가까워지느냐? 아니면 멀어지느냐? 하는 기회다. 질병을 통하여 하나님은 우리가 주님과 더 가까워지기를 원하신다. 질병을 통하여 우리가 자신을 돌아보고 죄에서 떠나며, 잘못된 습관들을 고치시기를 원하신다. 질병을 통하여 하나님은 우리가 하나님의 섭리와 계획을 깨닫고 동참하기를 원하신다.

3) 하나님께 아낌없이 제물을 드린다

오해하지 말아야 할 것은 아낌없이 예물을 드리라고 해서 병 낫기를 위해 헌금하라는 소리가 아니라는 사실이다. 병 낫기를 위해 헌금하라는 것은 헌금이 아닌 뇌물일 가능성이 많다. 병 낫기를 위해 드리는 헌금은 중한 병은 많이, 경한 병은 적게 드리라는 말도 아니다. 물질이 있는 곳에 마음도 있다고 마음을 드리기 위해 예물을 드리라는 말[67]은 헌금을 걷기 위한 전형적인 수법이다. 이렇게까지 심하게 말하는 것은 치유 사역의 병폐 중 하나가 바로 치유를 빙자하여 헌금을 강요하는 일인데, 이러한 병폐가 일부에서 행해지기 때문이다. 모든 은사와 능력의 기본은 주께서 말씀하신 대로 "거저 받았으니, 거저 주는 것"이다.[68] 그렇지 않은 것은 복음과 거리가 멀다. 다만 일하는 자에게 필요한 것을 소용대로 제공해야 하는 것은 성도의 당연한 의무다.[69]

여기서 향과 고운 밀가루 제물을 드리고 풍성한 제물을 아낌없이 바치라는 말씀의 공통점은 모두 제물이라는 것이다. 이는 모두 하나님께 드리는 제사와 관련이 있다.[70] 자, 이제 제물에 대해 원론적인 이야기를 해 보자. 제물은 무엇인가? 하나님께 드리는 제사에서 제물은 바로 제물을 드리는 본인이다. 희생제물은 나를 대신해서 죽는 속죄양이다. 내가 죽어야 하는데 나를 대신하여 죽는 것이다. 그러므로 희생제물은 바

---

67 마 6:21 "네 보물 있는 그 곳에는 네 마음도 있느니라."
68 마 10:8 "병든 자를 고치며 죽은 자를 살리며 나병환자를 깨끗하게 하며 귀신을 쫓아내되 너희가 거저 받았으니 거저 주라."
69 마 10:9-10 "너희 전대에 금이나 은이나 동을 가지지 말고 여행을 위하여 배낭이나 두 벌 옷이나 신이나 지팡이를 가지지 말라. 이는 일꾼이 자기의 먹을 것 받는 것이 마땅함이라."
   딤전 5:17-18 "잘 다스리는 장로들은 배나 존경할 자로 알되 말씀과 가르침에 수고하는 이들에게는 더욱 그리할 것이니라. 성경에 일렀으되 곡식을 밟아 떠는 소의 입에 망을 씌우지 말라 하였고 또 일꾼이 그 삯을 받는 것은 마땅하다 하였느니라."
   살전 5:12-13 "형제들아 우리가 너희에게 구하노니 너희 가운데서 수고하고 주 안에서 너희를 다스리며 권하는 자들을 너희가 알고 그들의 역사로 말미암아 사랑 안에서 가장 귀히 여기며 너희끼리 화목하라."
70 향은 제사와 관련이 있다. 우리 개신교에서는 예배 때 향을 쓰지 않지만 유대교나 천주교, 동방 정교회 등에서는 반드시 예배 때 향을 사른다. 그리고 불교를 비롯한 기타 종교 의식에서도 향은 필수다. 향을 바치는 것은 하나님을 기쁘시게 하는 향기로운 냄새를 드리는 행위다. 향은 자신을 태워드리는 헌신의 의미다. 또한 성경에서는 향을 기도로 비유하기도 한다.(시 141:2; 계 5:8) 마음을 드리는 것이다.
   그리고 밀가루 제물은 또한 제사와 관련이 있는데, 그 중에서 소제가 해당된다. 번제는 희생과 헌신을 의미하나 소제는 농사의 수확, 즉 근로의 열매를 드리는 제사다.(레 2:14-15) 즉 첫 이삭을 볶아 가루로 만들어 하나님께 드리는 것은 자신의 삶의 열매가 하나님의 은혜로 말미암았음을 고백하는 것이다. 또한 극빈자의 경우 밀가루가 속죄제물을 대신하기도 했다.(레 5:11-13) 그리고 풍성한 제물 역시 제사와 관련 있는 것이다.

로 나 자신이다. 바울이 내가 그리스도와 함께 십자가에 못 박혀 죽었다고 말한 것은 십자가 위에서 죽으신 그리스도와 내가 하나라는 것이다.[71] 하나가 되지 않으면 속죄함도 없다.

레위기에 나오는 속죄제 규정은 속죄인이 누구냐에 따라 제물과 내용에 약간의 차이가 있으나 공통점이 있다.(레 4:1-5:13) 그것은 속죄제에서 속죄제물에 안수하고 그 제물을 잡는 것이 제사장이 아니라 속죄인이라는 공통점이다. 이는 속죄제물과 죄를 지은 속죄인이 하나라는 의미다. 그러므로 죄인이 속죄제물을 직접 죽이는 것처럼 십자가 위에 달리신 예수 그리스도를 죽인 것은 로마 병정이 아니라 바로 나다. 또한 내가 속죄제물에 안수함으로 나와 속죄제물이 하나가 되는 것처럼 십자가 위에서 나의 죄 때문에 죽은 예수 그리스도도 사실은 나다. 내가 그리스도와 함께 죽었으니, 그리스도와 함께 부활하는 것도 당연하다.

희생제사가 아닌 수확한 농산물 중에 첫 열매를 드리는 제사 중 대표적인 것이 소제다. 첫 태생, 첫 열매는 하나님의 것으로 규정하고 있지만,[72] 제물이 곧 나라는 의미에서 본다면 자신이 수확한 농산물, 땀 흘려 일한 모든 대가가 다 하나님께로부터 말미암았고, 그것의 일부를 하나님께 드리는 것은 자신의 전부를 드리는 것이다. 따라서 본문에서 향과 밀가루의 제물, 풍성한 제물이 말하는 것은 자기 자신을 하나님께 드리

---

71 갈 2:20 "내가 그리스도와 함께 십자가에 못 박혔나니, 그런즉 이제는 내가 사는 것이 아니요 오직 내 안에 그리스도께서 사시는 것이라. 이제 내가 육체 가운데 사는 것은 나를 사랑하사 나를 위하여 자기 자신을 버리신 하나님의 아들을 믿는 믿음 안에서 사는 것이라."

72 출 34:19 "모든 첫 태생은 다 내 것이며 네 가축의 모든 처음 난 수컷인 소와 양도 다 그러하며."
출 23:19 "네 토지에서 처음 거둔 열매의 가장 좋은 것을 가져다가 너의 하나님 여호와의 전에 드릴지니라."

라는 의미다. 아낌없이 자신을 하나님께 드리라는 말이다. 있는 모습 그대로 주님 앞에 자신의 전 존재를 드리라는 뜻이다.

바울도 우리의 몸을 하나님이 기뻐하시는 거룩한 산 제물로 드리라고 하였다. 이것이 우리가 드리는 영적 예배다.[73] 우리의 몸이 제물이다. 제물은 나의 일부가 아니다. 헌금도 나의 일부가 아니라 헌금을 통하여 나의 전부를 드리는 것이다. 치유를 위해 제물을 드리는 것은 그러므로 뇌물이 아니다. 나를 온전히 드리는 것이다. 나를 온전히 드릴 때, 치유가 일어난다. 치유는 나의 전 존재를 드릴 때, 나의 전 존재가 치유받는 것이다.

4) 의사를 찾아가라

신앙이 성숙한 성도와 그렇지 못한 성도를 어떻게 구별할 수 있는가? 시험에 들거나 병에 걸리면 알 수 있다. 병에 걸렸을 때, 성숙한 성도는 하나님께 기도부터 한다. 그렇지 못한 성도는 병원부터 간다. 아주 간단한 구별 방법이다. 하나님을 하나님으로 믿는 성도가 병에 걸리면 먼저 하나님께 병 낫기를 위해 기도하고, 그래도 낫지 않을 경우 자신을 돌아보는 회개를 한다. 그리고 자신을 하나님께 드리는 헌신의 기도와 예물을 주님께 드린다. 그래도 병이 낫지 않을 경우 병원에 가야 한다.

---

73 롬 12:1 "그러므로 형제들아 내가 하나님의 모든 자비하심으로 너희를 권하노니 너희 몸을 하나님이 기뻐하시는 거룩한 산 제물로 드리라. 이는 너희가 드릴 영적 예배니라." 여기서 영적 예배라는 말은 과도한 은유적 의역이다. '영적'으로 번역된 로기코스 *logikos*란 단어는 '합리적인, 논리적인, 이성에 따르는'이란 뜻이다. 그러므로 영적 예배는 합리적이고, 이성적인 예배, 참된 예배, 합당한 예배라고 해야 한다. 개역개정판에서 영적 예배라고 번역한 것은 아마도 NIV의 번역(this is your spiritual act of worship)을 따른 것으로 보인다. KJV에서는 "your reasonable service"라고 번역하였다. 공동번역은 "진정한 예배", 새번역은 "합당한 예배"라고 번역하였다.

질병의 고통을 주님의 십자가의 고난에 동참하는 의미로 받아들이고, 그 고통 속에서 인내하며, 오히려 주님과 가까워지는 기회로 삼는 것도 매우 바람직한 일이다. 그러나 질병이 주는 고통을 참기 힘들거든 주저 말고 병원에 가서 의사의 도움을 받아라. 이 세상의 모든 것이 다 그렇듯이 의사도 하나님이 내신 사람이다. 전문적인 교육을 받고 환자를 돌보는 의사의 도움을 받아 약도 먹고 쉬면 대개의 병은 다 낫는다. 병을 제대로 진단하고 최상의 치료 방법을 사용하도록 의사에게 지혜를 주시라고 하나님께 기도하면서 치료를 받으면 된다.

그러나 일부에서 하나님을 의지해야지 의사나 약을 의지하면 안 된다고 가르치는 치유 사역자들도 있는 것이 사실이다. 물론 병원에 가지 않고 믿음으로 기도해서 병을 고치는 것도 믿음의 체험에 도움을 준다. 오직 하나님만 의지하고 하나님께 자신의 생명을 맡기고 하나님의 처분을 믿음으로 수용하는 것도 훌륭한 믿음의 선택이 될 수 있다. 어차피 병들어 죽을 텐데, 주 안에서 지금 죽어도 여한이 없는 사람은 그렇게 하는 것도 좋다. 주님의 고난을 생각하며 내 몸에 고난의 흔적을 가지기를 원한다면 그것도 매우 훌륭하다. 하지만 이러한 믿음의 선택이 아닌 병 낫기를 위해 병원을 멀리하고 의사의 도움을 거절하는 것은 믿음이라기보다 맹신에 가깝다. 이들은 자신들의 믿음을 과도하게 적용하는 일종의 믿음지상주의자들이다.

의사는 하나님의 치유의 능력을 방해하는 사탄이 아니다. 약은 믿음의 반대말이 아니다. 병만 놓고 본다면 전문적인 교육을 받고 현대 의학을 사용할 줄 아는 의사가 그 어떤 치유 사역자보다 더 잘 고친다. 앞서 치유의 정의와 치유의 유형에서 말한 것처럼 기독교의 치유는 병 낫는 것이 목적이 아니다. 병을 통하여 하나님과 가까워지는 것, 병이 가져다

주는 고통을 신앙으로 이겨내고 보다 높은 차원으로 승화시키는 것, 병을 통하여 하나님의 계획과 섭리를 깨닫고 그 계획에 동참하는 것 등이 그 목적이다. 따라서 병을 고치기 위해 의사의 도움을 받는 것과 신앙은 서로 상충되지 않는다. 오히려 서로 협력하여 선을 이루는데 의사가 도움을 준다.

병원에 가는 것뿐 아니라 병 낫는데 도움이 되는 대체의학이나 운동요법을 함께 시행하는 것도 좋은 일이다. 그러나 성도라면 병원에 가는 일, 대체의학의 도움을 받는 일, 운동요법을 하는 일 등을 할 때 주님의 도우심을 믿고 기도하며 해야 한다는 것을 잊어서는 안 된다. 병이 완전히 치유될 때까지 병을 고쳐달라는 기도와 자신을 돌아보고 회개하는 것과 주님께 헌신하는 봉사와 예물드림 등을 멈추어서는 안 된다.

5) 하나님의 섭리에 순종하라

그럼에도 불구하고 병이 낫지를 않고 죽음을 수용해야 하는 처지에 이르면 어떻게 해야 하는가? 늙어 병들어 죽게 되는 것은 누구에게나 다 해당된다. 죽을 때는 신체의 기능이 제대로 작동하지 않기에 다 병들어 죽는다. 늙어서 죽든 젊은 나이에 죽든 시간의 문제다. 문제는 죽음에 대한 수용이다. 자신이 죽을병에 걸렸다는 것을 알게 되었을 때, 어떻게 하느냐의 문제다. 신앙 안에서 자신의 죽음을 겸허히 수용하고 죽음을 주시는 하나님의 섭리에 순종하는 것이 신앙인의 자세다.

물론 죽음을 수용하기 이전까지는 할 수 있는 일은 다 해봐야 할 것이다. 의사의 치료도 받아야 하고, 대체의학의 힘도 빌려보고, 운동요법도 해야 한다. 하나님께 고쳐달라고 매달려보기도 해야 한다. 그것은 당연한 것이다. 미리 자신의 삶을 포기할 필요는 없다. 자신의 삶을 포기하는 것은 자살과 다름없다. 자살이 나쁜 이유는 하나님의 섭리 가운데 놓여있는 자신의 삶의 과정을 스스로 포기하고 중단하기 때문이다. 모든 인생의 결론은 오직 하나님만이 선택하실 수 있는데, 자신이 그것을 선택하기에 교만이요 불순종이다. 자살과 신앙 안에서의 죽음은 다르다. 신앙 안에서의 죽음은 하나님의 섭리를 깨닫고 주님의 계획에 따라 자신의 삶을 정리하고 내놓는 것이다.

예전에 충주에서 농촌목회를 할 때, 나이 많은 권사님들이 죽을 때 고통당하지 않고 자다가 조용히 죽는 것을 소망하고 그렇게 기도하는 것을 보았다. 물론 믿음 안에서 천국에 대한 확신이 있고 삶을 정리하고 죽음에 대한 준비를 한 사람은 그렇게 되는 것이 복이다. 본인뿐 아니라 죽음의 고통을 지켜보지 않아도 되는 가족들도 복이다. 이것이 성경이 말하는 장수의 복이다.[74] 우리 식으로 말하면 호상好喪이다.

문제는 젊은 사람이 불치의 병에 걸리거나 불의의 사고로 죽는 죽음이다. 이는 피어보지도 못한 꽃봉오리가 떨어지는 것과 같다. 안타까움에 속상해 하는 죽음이다. 여기에 대해서는 두 가지로 말할 수 있다. 첫째로 신앙 안에서 준비된 죽음이라고 한다면 인간의 편에서 안타까운 일이지 하나님 편에서 보면 은혜다. 하나님께서 그가 재앙과 고난을 당하기 이전에 미리 그 사랑하는 사람을 데려가시는 것이다.[75] 하나님과

---

7 4 창 15:15 "너는 장수하다가 평안히 조상에게로 돌아가 장사될 것이요."
　　 창 35:29 "이삭이 나이가 많고 늙어 기운이 다하매 죽어 자기 열조에게로 돌아가니, 그의 아들 에서와 야곱이 그를 장사하였더라."
　　 잠 3:1-2 "내 아들아 나의 법을 잊어버리지 말고 네 마음으로 나의 명령을 지키라. 그리하면 그것이 네가 장수하여 많은 해를 누리게 하며 평강을 더하게 하리라."
　　 엡 6:2-3 "네 아버지와 어머니를 공경하라. 이것은 약속이 있는 첫 계명이니, 이로써 네가 잘되고 땅에서 장수하리라."
75 창 5:24 "에녹이 하나님과 동행하더니 하나님이 그를 데려가시므로 세상에 있지 아니하였더라."

동행하는 사람에게 불행한 죽음은 있을 수 없다. 오히려 그가 젊은 날에 죽는다하더라도 그것은 하나님의 사랑의 표현이다. 둘째로 문제는 준비 안 된 죽음이다. 이것은 젊어서 죽으나 늙어서 죽으나 매 한가지다. 이는 인간적인 면에서도 불행하지만 신앙적인 면에서도 매우 불행한 죽음이다. 죽음 이후에 대한 소망이 없는 죽음이기 때문이다.

그러므로 다소 의외로 들릴는지 모르겠으나, 병들어 죽는 것이 하나님의 축복임을 알아야 한다. 병이 들어 자신을 돌아볼 기회와 신앙을 회복할 기회, 회개하며 인생을 정리할 기회를 갖게 되기 때문이다. 준비 안 된 갑작스런 죽음은 불행한 죽음이다. 하지만 병들어 자신의 인생을 정리하고 화해의 시간을 갖게 되며, 사랑하는 사람들에 둘러싸여 편안하게 웃으며 죽는 것이야말로 아름다운 죽음이다. 왜 죽음을 거부하려 하는가? 죽음은 황홀한 아름다움이다. 죽음은 최고의, 최상의 치유다.

사 57:1-2) "의인이 ㉠망해도 그것을 마음에 두는 자가 없고, ㉡경건한 사람이 이 세상을 떠나도 그 뜻을 깨닫는 자가 없다. 의인이 세상을 떠나는 것은, 실상은 재앙을 피하여 가는 것이다. 그는 평화로운 곳으로 들어가는 것이다. 바른길을 걷는 사람은 자기 침상 위에 편히 누울 것이다."(㉠ 또는 '죽어도' ㉡ 또는 '자비한 사람이', 새번역)
외경인 지혜서 4:7-17에는 다음과 같은 말이 나온다.
"의인은, 제 명을 다하지 못하고 죽더라도, 안식을 얻는다. 노인은 오래 살았다고 해서 영예를 누리는 것이 아니며 인생은 산 햇수로 재는 것이 아니다. 현명이 곧 백발이고, 티없는 생활이 곧 노년기의 원숙한 결실이다. 그는 하느님의 뜻대로 살아 하느님의 사랑을 받았다. 그래서 죄인들 가운데 살고 있는 그를 하느님께서 데리고 가셨다. 하느님께서는 그가 악에 물들어서 바른 이성을 잃지 않도록, 또 그의 영혼이 간교에 넘어가지 않도록 그를 데려 가신 것이다. 악은 사람의 마음을 현혹시켜 아름다움을 더럽히고 방종한 정욕은 깨끗한 마음을 빗나가게 한다. 짧은 세월 동안 완성에 도달한 그는 오래 산 것과 다름이 없다. 그의 영혼이 주님의 뜻에 맞았기 때문에 주님은 그를 악의 소굴에서 미리 빼내신 것이다. 그러나 사람들은 영문도 모르고 물끄러미 쳐다만 보며 이것을 생각조차 하지 않는다. 즉 주님께 뽑힌 사람들은 자비와 은총을 받고 주님의 성도들은 주님의 보호를 받는다. 일찍 죽은 의인이 살아 남은 악인들을 단죄하며 젊은 나이에 죽은 의인이 오래 산 악인을 부끄럽게 만든다. 사람들은 현명한 사람이 죽는 것을 보고도, 그에 대한 주님의 계획을 깨닫지 못하고 주님이 그를 안전한 곳으로 데려 간 이유를 모른다."(공동번역)

3장 건강

　이제까지 질병과 치유에 대해 살펴보았다. 지금부터는 이제까지의 논의를 바탕으로 건강에 대해 말할 차례다. 건강이 무엇인가? 어떤 상태를 건강하다고 말하는가? 한마디로 질병이 치유된 상태가 건강이다. 질병의 여러 원인들로부터 발생하는 부조화, 미성숙, 불편함 등이 치유받아 조화롭고 편안하고 성숙해진 상태가 건강이다. 이에 대해 좀더 자세히 알아보자. 여기서는 건강의 기준과 이를 바탕으로 건강에 대한 정의를 내려 볼 것이다.

　우선 건강과 치유와의 관계를 보자. 병을 고치다, 병을 낫게 하다는 영어 단어가 'heal'이다. 'heal'의 명사형이 healing으로 치유란 단어다. healing이 동명사의 형태를 가졌다는 의미는 치유가 하나의 과정으로 인식되기 때문이다. 그러므로 고쳐지는 과정도 치유healing이며, 고침받은 결과도 치유healing다. 그리고 건강은 치유의 결과를 말하는 것이다. 따라서 치유의 결과로서의 건강과 치유는 동의어로 쓰인다.[1]

---

1 위르겐 몰트만Jürgen Moltmann은 "구원이란 말은 사실상 치유라는 뜻이며, 상처를 낫게 해 주는 것이야말로 구원의 구체적인 결과다. 그러므로 하나의 사건으로서의 구원 saving과 그 결과로서의 구원salvation, 그리고 그 구체적인 행위로서의 치유healing 와 그 결과로서의 건강health은 따로 떼어놓을 수 없이 함께 존재한다. 구세주는 구원을, 정확하게 말해서 치유 행위, 곧 혼돈과 분열에 싸인 생을 붙잡아 그것을 다시 완전하게whole 만드는 그 행위를 통해서 성취한다."고 하였다. 위르겐 몰트만, "하나님 나라의 맥락 안에서 봉사하는 교회," 런연 엮음, 『몰트만과 실천신학』, 이기춘 옮김(서울: 대한기독교출판사, 1983), 35.

1. 건강의 기준

치유받아 조화롭고 편안하고 성숙해진 상태를 건강이라고 할 때, 그렇다면 조화롭고 편안하고 성숙하다고 말할 수 있는 기준이 무엇인가? 앞에서 나는 성삼위 하나님이 질병의 기준이라고 말했다. 하나님을 사랑하느냐, 그렇지 못하느냐? 그의 말씀에 순종하느냐, 그렇지 않느냐? 마음이 주를 향하느냐, 그렇지 않느냐? 그리스도를 사랑하고 그에게 자신의 전 존재를 헌신하느냐, 그렇지 않느냐? 그리스도의 인격이 그의 삶을 통해 나타나느냐, 그렇지 못하느냐? 성령을 소멸하지 않고, 성령의 인도하심을 따라 사느냐 그렇지 못하느냐? 이것이 질병의 기준이다. 또한 질병의 기준이 성삼위 하나님이듯이 치유의 기준도 당연히 하나님이다. 병이 나았느냐, 낫지 않았느냐, 또는 아프냐, 안 아프냐가 아니라, 하나님을 향해 있느냐, 등 돌리고 있느냐, 내 안에 성령께서 거하시느냐, 그렇지 않느냐, 그리스도의 생명이 내 안에 있느냐, 그렇지 않느냐가 치유의 기준이라고 했다. 그렇다면 건강의 기준도 당연히 하나님이시다.

하나님을 거부하고 그에게 순종하지 않고, 그리스도의 인격이 삶을 통해 나타나지 않으며, 성령을 훼방하는 상태인 질병이 하나님을 향하여 서고, 성령 충만한 삶을 살며, 그리스도의 진리와 생명 안에 거하는 삶을 사는 것이 치유받은 삶이며, 치유받은 삶이 바로 건강한 삶이다. 이를 확대해서 설명해보자.

첫째, 영적인 건강은 영적으로 하나님과 충돌됨이 없는 조화롭고, 그윽한 평화와 고요함의 상태다. 완전한 믿음 안에 있는 상태, 조금의 의심이나 불편함도 없는 상태, 하나님과 하나 된 상태, 죄가 끼어들 틈조

차 없는 상태를 말한다. 이것이 깨어진 상태가 영적 질병이며, 이 질병
이 건강하게 되어가는 과정이 치유다. 질병이나 치유와 마찬가지로 건
강도 상태의 개념이다. 그러므로 '어느 정도 건강 하냐?' 로 건강을 설명
하게 된다. 하나님과 한 치의 오차도 없이 하나 된 건강, 완전한 조화와
성숙, 내가 없는 고요함 속에 흐르는 침묵, 그런 상태의 건강을 체험한
사람이 얼마나 될까? 불가능은 아니지만 요원한 바람이다. 나도 단 한
순간만이라도 그랬으면 여한이 없겠다.

둘째, 마음魂의 건강은 사람과 사람 사이에서, 그리고 자기 자신과의
사이에서 생겨나는 마음의 갈등, 불편함, 부조화 등이 완전히 치유되어
조화와 평화, 편안함과 성숙함의 상태를 말한다. 이것이 깨어진 상태가
혼의 질병이며, 이를 다시 회복해 가는 과정이 치유이며, 그 결과가 건
강이다. 마음의 건강은 마음을 수련한다고 되는 것이 아니다. 오직 그리
스도의 마음이 내 안에 들어와 내 마음을 평정해야 한다. 성령의 충만함
이 내 마음에 넘쳐나야 한다. 이 역시 '어느 정도 건강하냐?' 로 표현되
어지는 것이다. 참을 수 있는 힘이 있어야 참는 것인데, 많이 참는 사람
은 많이, 적게 참는 사람은 조금 건강한 것이다.

셋째, 육체의 건강은 내 몸의 모든 기능이 원활히 작용하고, 서로 불
편함이 없는 상태를 말한다. 손가락 끝에 가시가 박혀도 온몸이 그로 인
해 불편해진다. 온몸의 지체가 조화를 이루어 편안하고 모든 장기와 세
포들이 다 제 기능을 다 잘할 때 건강한 것이다. 이 역시 상태의 개념이
다. 예를 들면 10대의 건강과 80대의 건강은 다른 것이다. 아무리 80대
할아버지가 건강해도 10대 소년이 드러누워 죽어가지 않는 한 그보다
못한 것이다. 따라서 자기 나이 정도로만 살면 건강한 것이다. 그보다
젊게 살면 좀더 건강한 것이고, 그렇지 못하면 조금 덜 건강한 것이다.

넷째, 사회적 건강이다. 사회적 차원의 질병은 법과 제도의 틀에서 생겨나는 구조적인 것과 인간의 이기심으로 인해 나타나는 사회구성원 간의 부조화, 미성숙으로 인해 오는 갈등이나 불편함이라고 정의하였다. 빈부 차이 문제, 지역 갈등 문제, 노동자와 사용자 간의 문제들, 직장 상사와 부하 직원 간의 갈등 문제, 이웃 간의 다툼과 갈등 등 사회 전반에 걸쳐 나타나는 병리적 문제들이 사회적 질병인데, 이를 그리스도의 십자가의 정신으로 극복하고 치유하여 사회적으로 또는 정치적으로 서로 불편함 없이 편안하고 조화롭게 살아가는 세상이 되었을 때, 이를 건강한 사회라고 한다.

다섯째, 환경적 차원의 건강이다. 이는 창조질서 보전의 차원이다. 이것은 인간 스스로 자초한 것들이 대부분이다. 인간과 자연, 자연과 자연이 서로 조화롭고, 불편함이 없는 상태로 돌아갈 때 환경적 차원의 건강이 이룩된다. 하나님이 창조한 이 세상을 잘 돌볼 책임이 성도에게 있다. 모든 성도가 세상을 조화롭게 창조하신 하나님을 믿는 믿음으로 자신의 청지기로서의 사명을 잘 감당하는 세상이 건강한 세상이다.

2. 건강의 정의

우리의 질병과 치유의 개념이 성경의 개념과 다른 것처럼 건강의 개념도 그렇다. 우리는 나를 기준으로 건강함을 말하지만 하나님은 하나님의 기준을 가지고 우리의 건강 상태를 점검하신다. 우리는 두 눈이 멀쩡해야만 건강하다고 하는데, 하나님은 오히려 죄 짓는 두 눈보다는 죄에서 떠난 한 눈을 더 건강하다고 하신다.[2] 두 손으로 죄를 범하는 것보다 하나님을 사랑하고 주를 위해 봉사하는 한 손을 더 기뻐하신다. 이처럼 성경이 말하는 건강은 우리와 다르다. 성경을 통해 건강에 대한 정의를 내려 보자.

1) 평화

구약성서에는 우리가 상식적으로 말하는 그런 건강이란 단어가 나오지 않는다. 우리 개역개정판 구약성서에는 건강으로 번역된 구절이 두 군데 나온다. 첫째는 시편에 "주는 나를 용서하사 내가 떠나 없어지기 전에 나의 건강을 회복시키소서."(시 39:13)라는 말씀이다. 여기서 건강은 '바라그*balag*'란 단어인데, 이는 '위로하다, 힘을 회복하다, 미소를 짓다.'라는 뜻이다.[3] 그러므로 시편의 말씀은 나를 용서하사, 즉 주님의 죄 사함을 받고 영적인 힘을 회복하다라는 의미요, 구원의 회복으로 말미암아 다시 웃을 수 있도록 해 달라는 간구다.

둘째는 잠언의 말씀으로 "그것은 얻는 자에게 생명이 되며 그의 온 육체의 건강이 됨이니라."다.(잠 4:22)[4] 여기서 건강은 '마르페*marpe*'로 건강, 치유, 건전함 등의 뜻이다. 이 구절에서 말하는 '그것은' 불로초나 만병통치약이 아닌 지혜를 말한다. 따라서 육체의 건강이 된다는 말은 은유적으로 쓰인 것임을 알 수 있다. 즉 지혜는 그것을 얻는 자의 생명이 되며, 전인적 건강함이 된다는 뜻이다. 그러므로 병원이나 헬스클

---

2 마 5:29-30 "만일 네 오른 눈이 너로 실족하게 하거든 빼어 내버리라. 네 백체 중 하나가 없어지고 온몸이 지옥에 던져지지 않는 것이 유익하며, 또한 만일 네 오른손이 너로 실족하게 하거든 찍어 내버리라. 네 백체 중 하나가 없어지고 온몸이 지옥에 던져지지 않는 것이 유익하니라."

3 히브리 성서는 14절이다. KJV에서는 힘을 회복하다recover strength로 번역하였으며, NIV는 기쁨을 다시 회복하다rejoice again로, 그리고 NASB에서는 다시 웃을 수 있게 하다smile again로 번역하였다.

4 대부분의 영어 번역서들은 이를 health로, 일부는 healing으로 번역하였다.

럽에서 말하는 건강은 성경에 없다. 성경은 오로지 하나님께만 초점을 맞추기 때문이다. 자, 그렇다면 성경이 말하는 건강의 개념을 정확히 표현하는 단어는 무엇일까?

그것은 평화다.[5] 평화는 전쟁, 압박, 그리고 긴장이 없는 그 이상의 상태 즉 완전한 상태를 말한다. 구약성서에는 평화란 말이 약 250회 나타나는데, 그 사용된 의미는 완전함, 건강, 행복, 번영, 안녕 등으로 다양하며, 인간의 모든 삶의 영역(개인적 또는 국가적, 육체적 또는 정신적, 개별적 또는 공동체적 영역)에 적용된다.

평화는 궁극적으로 하나님의 창조 속에 있으며 일하심이다.[6] 그러므로 평화는 하나님의 은사다.[7] 예언자들이 선포하고 소망 가운데 기다리던 메시아는 평화의 왕이요, 그는 평화로 통치하시는 분이다.[8] 평화는 하나님에 대한 인간의 태도와 무관하게 주어지는 것이 아니라, 인간이

---

5 평화는 히브리어로는 샬롬*shalom*, 그리스어로는 에이레네*irene*다.
6 사 45:7 "나는 빛도 짓고 어둠도 창조하며 나는 평안도 짓고 환난도 창조하나니 나는 여호와라. 이 모든 일들을 행하는 자니라 하였노라."
   욥 25:2 "하나님은 주권과 위엄을 가지셨고 높은 곳에서 화평을 베푸시느니라."
   사 57:19 "입술의 열매를 창조하는 자 여호와가 말하노라. 먼 데 있는 자에게든지 가까운 데 있는 자에게든지 평강이 있을지어다. 평강이 있을지어다. 내가 그를 고치리라 하셨느니라."
7 레 26:6 "내가 그 땅에 평화를 줄 것인즉 너희가 누울 때 너희를 두렵게 할 자가 없을 것이며 내가 사나운 짐승을 그 땅에서 제할 것이요 칼이 너희의 땅에 두루 행하지 아니할 것이며."
   시 29:11 "여호와께서 자기 백성에게 힘을 주심이여, 여호와께서 자기 백성에게 평강의 복을 주시리로다."
8 사 9:6 "이는 한 아기가 우리에게 났고 한 아들을 우리에게 주신 바 되었는데, 그의 어깨에는 정사를 메었고, 그의 이름은 기묘자라, 모사라, 전능하신 하나님이라, 영존하시는 아버지라, 평강의 왕이라 할 것임이라."
   슥 9:9-10 "시온의 딸아 크게 기뻐할지어다. 예루살렘의 딸아 즐거이 부를지어다. 보라 네 왕이 네게 임하시나니, 그는 공의로우시며 구원을 베푸시며 겸손하여서 나귀를 타시나니 나귀의 작은 것 곧 나귀 새끼니라. 내가 에브라임의 병거와 예루살렘의 말을 끊겠고 전쟁하는 활도 끊으리니, 그가 이방 사람에게 화평을 전할 것이요, 그의 통치는 바다에서 바다까지 이르고 유브라데 강에서 땅 끝까지 이르리라."

하나님의 의지에 기초하여 정의를 행하고 하나님과의 계약 관계를 올바르게 지킬 때에만 현실화되는 것이다.[9] 즉 의가 평화의 본질적 요소가 된다. 따라서 구약에서의 건강과 의는 분리될 수 없는 관계다.

구약에서의 건강은 하나님의 말씀에 순종하는 것이 된다. 하나님의 말씀에 순종하여 의를 이루면 하나님의 복을 받고, 그로 인해 삶과 공동체 전체에 평화가 임하는 것이다. 이 평화가 임한 상태가 건강이다. 그러므로 구약에서의 건강은 윤리적인 측면을 가진다고 할 수 있다. 건강을 위한 삶이 하나님 뜻대로 살아가는 삶이다. 구약에 의사가 나오지 않는 이유가 바로 이 때문이다. 구약에서의 건강은 평화, 또는 평화가 이룩된 상태를 말한다고 정의할 수 있다.

2) 하나님 나라

신약은 건강에 대하여 구약에 철저하게 의존하고 있다. 그러나 신약에서는 구약의 평화의 개념에다가 구원의 개념을 추가한다. 신약성서는 예수께서 행한 다양한 질병의 치유들을 묘사하는데 '구원하다*sozo*'라는 동사를 사용한다.[10] 즉 치유와 구원이 같은 의미로 쓰였다. 따라서 신약

---

9 민 25:12 "그러므로 말하라. 내가 그에게 내 평화의 언약을 주리니."
　사 26:3 "주께서 심지가 견고한 자를 평강하고 평강하도록 지키시리니, 이는 그가 주를 신뢰함이니이다."
　사 48:18 "네가 나의 명령에 주의하였더라면 네 평강이 강과 같았겠고, 네 공의가 바다 물결 같았을 것이며."
　시 85:8 "내가 하나님 여호와께서 하실 말씀을 들으리니, 무릇 그의 백성, 그의 성도들에게 화평을 말씀하실 것이라. 그들은 다시 어리석은 데로 돌아가지 말지로다."
10 막 5:28 "이는 내가 그의 옷에만 손을 대어도 구원을 받으리라 생각함일러라."
　막 5:34 "예수께서 이르시되 딸아 네 믿음이 너를 구원하였으니 평안히 가라. 네 병에서 놓여 건강할지어다."
　막 10:52 "예수께서 이르시되 가라 네 믿음이 너를 구원하였느니라 하시니 그가 곧 보게 되어 예수를 길에서 따르니라."

에 있어서 건강이란 치유받음 또는 구원받음이라고 할 수 있다. 이는 구원과 치유가 동의어로 쓰이기 때문이다.

또한 건강이란 단어로 '휘기아이노hygiaino'가 쓰였다. 이 단어는 신체적으로 건강한 것뿐 아니라 정신이나 영적으로 또는 교훈이나 삶의 행실이 건전하고 바른 것, 죄가 없는 것, 진실함 등을 표현할 때 쓰는 단어다.[11] 신약에서도 구약과 마찬가지로 신체나 정신적인 것에 국한하여 쓰이는 의미의 건강이란 개념을 찾을 수 없다. 모두가 총체적인 개념의 건강을 말한다.

신약에서 이제까지의 모든 논의를 함축할 수 있는 건강의 개념을 찾으라면 단연 하나님 나라다. 치유의 정의가 하나님 나라의 회복이듯이 건강은 하나님 나라가 회복된 상태, 하나님 나라가 이루어진 상태. 우리의 영·혼·육을 비롯하여, 사회적으로나 국제적으로, 환경의 차원까지 모두를 아울러 하나님 나라로 설명이 가능하기 때문이다. 이것이 가장 복음적인 건강의 정의다. 구약의 평화의 개념과 신약의 구원과 치유의 개념이 함께 녹아져 있는 하나님 나라가 건강 그 자체다.

눅 8:50 "예수께서 들으시고 이르시되 두려워하지 말고 믿기만 하라. 그리하면 딸이 구원을 얻으리라 하시고."

11 요삼 1:2 "사랑하는 자여 네 영혼이 잘됨 같이 네가 범사에 잘되고 **강건하기를** 내가 간구하노라."
눅 5:31 "예수께서 대답하여 이르시되 **건강한 자**에게는 의사가 쓸 데 없고 병든 자에게라야 쓸 데 있나니."
딤전 1:10 "음행하는 자와 남색하는 자와 인신 매매를 하는 자와 거짓말하는 자와 거짓 맹세하는 자와 기타 **바른 교훈**을 거스르는 자를 위함이니."
딛 1:13 "이 증언이 참되도다. 그러므로 네가 그들을 엄히 꾸짖으라. 이는 그들로 하여금 믿음을 **온전하게 하고**."
진한 글씨 부분은 모두 휘기아이노란 단어다. 휘기아이노는 동사형이다. 형용사의 형태로는 '휘기에스hygies'란 단어를 쓴다. '성하다'(마 12:13), '건전하다'(마 15:31), '건강하다'(막 5:34; 행 4:10), '낫다'(요 5:6, 9, 11), '바른'(딛 2:8) 등으로 번역되어 있다.

우리의 영에 하나님 나라가 임하여, 하나님과 불편함이 없이 참된 평화가 이루어진 것이 영의 건강이다. 우리의 마음과 정신에 하나님 나라가 임하여, 이기심, 우울함, 미움과 시기로 인한 불편함이 없이 조화로운 마음과 편안한 마음 상태가 된 것이 혼의 건강이다. 또한 우리의 육체에 하나님 나라가 임하여 불편함이 없는 편안한 상태가 되었을 때, 육의 건강이다. 마찬가지로 이 사회와 자연환경에 하나님 나라가 임하여 모두 불편함과 부조화가 없이 성숙한 평화를 이룩했을 때 건강한 사회, 건강한 국가, 건강한 자연이 되는 것이다. 하나님 나라는 미래의 어느 순간에 이루어지는 것이 아니라, 우리의 현재로 오시는 나라다. 그리고 영원히 지속되는 나라다. 건강한 자만이 그 나라에 들어간다.

2부 은사와 그 원리

이제까지 논의한 질병과 치유, 그리고 건강에 대한 논의를 바탕으로 이제부터는 은사와 치유 사역의 실제 부분을 다루고자 한다. 2부에서는 은사와 그 원리에 대해, 3부에서는 치유 사역의 실제에 대해 다룰 것이다. 2부에서는 첫째로 은사에 대한 검토를 할 것이다. 은사에 대한 정의로부터 시작하여 하나님이 왜 은사를 주시는가? 은사를 어떻게 받는가? 우리가 갖는 은사에 대한 편견과 오류는 무엇인가? 등과 함께 은사를 지·정·의로 분류하여 설명할 것이다. 둘째로 은사의 원리에 대한 것으로 은사가 열린다는 것이 어떤 상태를 말하는가? 은사가 어떤 원리로 작용하며, 어떻게 이를 활용하는가? 은사는 왜 연단받아야 하며, 어떻게 연단받는가? 마지막은 은사의 결론으로 은사가 불완전하기에 은사는 반드시 사랑으로 승화되거나 내면화되어야 한다는 것을 밝혔다.

2부는 이론보다는 은사의 실제적인 것들을 사례를 들어가며 다루었다. 주로 내가 체험한 것들을 중심으로 썼다. 체험이란 것이 본디 준 자와 받은 자 외에는 모르는 것이라, 이 책을 읽는 사람들에게 혼동을 줄 수도 있을 것이다. 또한 자신이 체험한 것들을 이 책을 통해 확증하게 될 수도 있을 것이다. 당부하건대 이 책에 쓴 것에서 더 나가지도 말고 덜 나가지도 않았으면 한다. 있는 그대로 이런 체험과 이런 사역 방법과 이런 설명도 있다는 정도면 충분하다.

2부를 시작하기 전에 다시 한 번 새겨둘 것이 있다. 앞에서 지적한 것인데 여전히 혼란스러워하는 독자를 위한 것이다. 그것은 치유와 사역으로서의 치유 그리고 은사로서의 치유와의 관계다. 앞서 치유는 하나님 나라의 회복으로 정의했다. 인간의 삶 전체, 영·혼·육과 사회적, 정치적, 국제적 그리고 자연환경까지 전반적으로 존재하는 모든 문제, 갈등, 부조화, 불완전, 불편함, 미성숙 등이 질병이다. 그 기준은 하나님이시다. 그리고 이와 같은 질병의 상태가 조화롭고 평화로운 성숙한 하나님 나라를 회복하는 것이 치유이며, 그 치유된 상태가 건강이다.

하나님 나라를 회복하는 모든 노력, 과정, 사역 등이 치유 사역이다. 대표적인 것이 목회다. 목회는 그 자체가 치유 사역이다. 또한 그리스도의 인격을 드러내는 삶, 성령의 인도하심에 따라 사는 삶, 하나님 말씀에 순종하며 살아가는 삶, 이웃을 돌아보고 따뜻한 대화를 나누는 삶, 약자의 힘이 되어주는 삶, 주를 위해 할 수 있는 것을 해야 할 때 하는 삶, 어떤 처지나 어떤 환경에서도 주를 잊지 않고 주의 이름을 부르며 주를 위해 살아가는 삶 등이 치유의 삶이다. 그러므로 주님과 함께하는 삶 자체가 치유이며 치유 사역이다.

은사는 치유와 그 사역을 위해 성령께서 주시는 특별한 능력을 말한다. 그러므로 모든 은사는 치유를 위한 것이다. 이 중에서도 치유의 은사는 특별히 병 고침에 국한된 은사다. 우리는 치유의 은사에 의한 것만 치유라고 하는 편견을 가지고 있는데, 이를 버려야 한다. 치유의 은사는 병 고침을 위한 것이지만 병 고침에 국한 되는 것이 아니라, 병 고침을 통하여 그의 삶 전체에 하나님 나라가 임하도록 하는 것이다. 따라서 치유의 은사는 치유를 위한 것이며, 하나님 나라의 회복을 위한 기능적인 성격을 가진다. 자세한 것은 나중에 다시 말하기로 하고 이 정도면 치유와 치유 사역, 치유의 은사에 대한 개념 정리는 되었으리라 본다.

1장 은사

　이 장은 은사론에 관한 것이 아니다. 그러므로 은사를 심도 있게 다루지는 않는다. 1장에서는 두 가지를 살펴볼 것인데, 첫째는 은사란 무엇인가로 은사에 대한 정의를 하고, 그런 연후에 우리가 일반적으로 은사에 대해 갖는 의문들, 하나님이 왜 은사를 주시는가? 이 말을 뒤집으면 왜 구해도 은사를 안 주시는가와 같은 물음이다. 그리고 은사를 받는 방법이 있는가? 은사는 어떻게 서로 전이되고 교류하는가? 은사에 대한 편견과 오류, 은사와 영성이 어떻게 다른 것인지에 대해 썼다.

　둘째는 은사의 지·정·의로, 이는 은사의 분류다. 이를 통해 각각의 은사의 성격과 특징 등을 살펴볼 것이다. 여기서는 고린도전서 12장에 나오는 아홉 가지 은사를 성경과 은사에 대한 나의 체험을 바탕으로 썼다. 하나님의 능력과 주시는 은사가 워낙 다양하고 받은 자마다 각각의 특성들이 다르므로 여기 쓴 것은 완전한 정답이 아니라 정답의 일부로 보면 된다.

1. 은사란 무엇인가?

　1996년에 치유의 은사가 임했다. 구하지도 않았고, 생각지도 않았는데, 하나님의 선물이 어느 날 갑자기 임했다. 그것도 강력하게 말이다. 은사를 구하고, 더 큰 능력을 사모하는 사람들에게는 다소 실망스런 말일 것이다. 나도 그런 사람들에게 시기와 부러움을 한 몸에 받았으니 말이다. 이후 6개월간 밤낮으로 사역을 했다. 그러다 이런저런 사정과 은 사에 대한 의심으로 중단하고 치유에 대한 공부를 시작했다. 박사학위 를 취득한 후, 여러 능력 있는 사역자들을 만나 은사를 정리할 수 있었 다. 전에는 치유 은사 밖에 없었으나, 적어도 2003년 이후에는 거의 모 든 은사가 열렸다. 그리고 그 은사에 대해 나름대로 내 몸을 가지고 실 험을 했다. 그때의 경험을 바탕으로 이 책을 쓰는 것이다.

이곳 치악산에 들어온 2005년 이후에는 치유 사역이나 치유 목회 세 미나를 하지 않았다. 아마 할 기회가 주어지지 않았다고 해야 옳을 것이 다. 그리하여 편안하게 전반적인 공부를 다시 시작할 수 있었다. 이 또 한 감사요 은혜다. 지난 해(2009년) 10월에 갑자기 무료함을 느꼈다. 너 무 심심해서 견디기가 힘들었다. 그래서 11월 초에 치유 목회 세미나를 이곳에서 했다. 세 분의 목회자가 참석했는데, 준비하고 진행하는 과정 에서 책을 써야겠다는 마음이 들었다.

그러나 5년 넘게 사역을 중단한지라 은사 감각이 무뎌져 생동감 있는 글을 쓸 수 없을 것 같아 치유 집회와 세미나를 한 번 더 하고 글을 써야 겠다고 생각했다. 은사의 세계는 생각하면 열린다. 치유 집회를 5년 넘 게 하지도 않고 요청도 없었는데, 생각하니 두 교회에서 요청이 들어왔 다. 생각이 되면 현실이 된다. 비록 평신도들을 대상으로 하긴 했지만 치유 세미나도 한 차례 했다. 이를 통해 어느 정도 은사를 회복하고 치 유에 대한 개념도 다시 정리하고 해서 이 책을 쓸 수 있었다. 자, 이제 각설하고 은사의 정의부터 시작하자.

1) 은사의 정의
은사는 하나님의 선물이라고 정의한다. 그 이상도 그 이하의 정의도 필요 없다.[1] 그러나 우리가 보통의 사람이 일반적으로 행할 수 없는 특별한 능력으로서의 은사와 일반적으로 믿는 자 모두에게 주시는 은사로 구별할 필요는 있다.[2] 먼저 일반적으로 믿는 자에게 주시는 선물로서의 은사는 믿음이나 구원과 같이 우리의 노력으로 되지 않고 오직 하나님으로부터 내려와야 하는 것들이다.[3] 그러므로 은사는 우리의 공로나 노

---

1 은사를 뜻하는 그리스어는 카리스마charisma다. 이 단어는 신약성서에 총 17회가 나오는데 그중에 베드로전서 4장 10절, 한 군데를 제외하고는 모두 바울 서신에 나온다. 바울 서신 중에서도 로마서에 6구절, 고린도전서에 7구절(1:7; 7:7; 12:4, 9, 28, 30, 31), 고린도후서에 1구절(1:11), 딤전 4:14, 딤후 1:6 등이다. 그러므로 우리가 은사를 이야기할 때에는 카리스마라는 용어를 다양한 의미로 사용하는 바울에게 의지할 수밖에 없다. 카리스마는 구원, 사랑, 믿음, 지식 등과 같이 인간의 공로와는 상관없이 주시는 하나님의 선물이라는 뜻이다. 바울은 이 단어를 하나님의 선물이라는 의미와 더불어 신비한 능력이란 의미로 사용했다. 그리고 우리 개역개정판에서 은사로 번역했지만 야고보서(1:17)와 히브리서(6:4)에 나오는 은사는 단지 선물이란 뜻의 도레마dwvrhma를 썼다.
  참고, 히 6:4 "한 번 빛을 받고 하늘의 은사를 맛보고 성령에 참여한 바 되고."
  약 1:17 "온갖 좋은 은사와 온전한 선물이 다 위로부터 빛들의 아버지께로부터 내려오나니, 그는 변함도 없으시고 회전하는 그림자도 없으시니라."
  벧전 4:10 "각각 은사를 받은 대로 하나님의 여러 가지 은혜를 맡은 선한 청지기 같이 서로 봉사하라."
2 『가슴으로 읽는 로마서(하)』(서울: 쿰란출판사, 2009)에서는 이를 본질적 차원의 은사와 기능적 차원의 은사로 분류하여 설명하였다. 즉 일반적으로 믿는 자 모두에게 주시는 믿음이나 구원과 같은 은사를 본질적 차원의 은사로, 특별한 능력을 발휘하는 은사를 기능적 은사로 이름하여 설명하였다. 자세한 것은 위의 책, 로마서 12:3-8, 은사 I, II 부분을 참고하라.
3 롬 5:15-17 "그러나 이 은사는 그 범죄와 같지 아니하니 곧 한 사람의 범죄를 인하여 많은 사람이 죽었은즉, 더욱 하나님의 은혜와 또한 한 사람 예수 그리스도의 은혜로 말미암은 선물은 많은 사람에게 넘쳤느니라. 또 이 선물은 범죄한 한 사람으로 말미암은 것과 같지 아니하니 심판은 한 사람으로 말미암아 정죄에 이르렀으나, 은사는 많은 범죄로 말미암아 의롭다 하심에 이름이니라. 한 사람의 범죄로 말미암아 사망이 그 한 사람을 통하여 왕 노릇 하였은즉 더욱 은혜와 의의 선물을 넘치게 받는 자들은 한 분 예수 그리스도를 통하여 생명 안에서 왕 노릇 하리로다."
  엡 2:8-9 "너희는 그 은혜에 의하여 믿음으로 말미암아 구원을 받았으니, 이것은 너희에게서 난 것이 아니요 하나님의 선물이라. 행위에서 난 것이 아니니, 이는 누구든지 자랑하지 못하게 함이라."
  롬 6:23 "죄의 삯은 사망이요, 하나님의 은사는 그리스도 예수 우리 주 안에 있는 영생이니라."
  롬 8:32 "자기 아들을 아끼지 아니하시고 우리 모든 사람을 위하여 내주신 이가 어찌 그 아들과 함께 모든 것을 우리에게 주시지 아니하겠느냐."

력과 상관없이 우리에게 주시는 하나님의 선물이므로 하나님이 주시는 모든 것이 다 은사다. 사는 것도 은사요, 죽는 것도 은사다.

그러나 일반적으로 은사를 말할 때는 방언, 예언, 치유의 능력과 같이 성령께서 주시는 특별한 능력을 말한다.[4] 이것도 우리의 노력이나 간구로 되는 것이 아니기에 하나님의 선물이다. 이 특별한 능력으로서의 은사는 사명을 위해 주시는 것이다. 이것이 구원과 같은 일반적인 의미의 은사와의 차이점이다. 그러나 구별은 되지만 그렇다 하더라도 모든 은사가 인간의 행위나 노력과 상관없이 하나님의 은혜로 주어지는 것이므로 은사는 하나님의 선물이라고 정의할 수밖에 없다.

2) 하나님이 왜 은사를 주시는가?

하나님이 우리에게 왜 은사를 주시는가? 이 물음에 대해 역설적으로 또 다시 묻는다면 하나님이 우리에게 은사를 주시지 않으면 어떻게 살 수 있는가? 이렇게 되물을 수 있다. 하나님이 우리를 구원하시지 않는다면, 하나님이 우리에게 믿음을 주시지 않는다면, 하나님이 우리에게 각양 좋은 것을 선물로 주시지 않는다면 어떻게 살 수 있는가? 그것은 불가능하다.

여기서도 우리는 두 가지로 구분해서 설명해야 할 것이다. 이렇게 구별하는 것은 은사가 다른 것이 아니라 단지 설명의 편리함 때문이다.

첫째로 일반적으로 모든 성도에게 주시는 구원이나 믿음과 같이 선물로 주시는 은사는 구원 때문이다. 우리를 구원하시기 원하시는 하나

---

4 롬 1:11 "내가 너희 보기를 간절히 원하는 것은 어떤 신령한 은사를 너희에게 나누어 주어 너희를 견고하게 하려 함이니."
이외에도 고린도전서 12장에 나오는 모든 은사들이 이에 해당한다.

님은 우리가 구원받을 수 있도록 믿음과 은혜와 구원에 이르는 지식 등을 우리의 공로와 상관없이 은사로 주신다. 이는 하나님은 사랑이시기 때문이다. 또한 성도로서 살아가기에 부족함이 없도록 온갖 다양한 좋은 것들을 내려주신다. 그러므로 하나님이 은사를 주시지 않으면 어떻게 살 수 있는가?라고 한 것이다.

둘째로 우리가 흔히 말하는 신비한 능력으로서의 은사는 교회의 유익을 위해, 사명을 위해 주시는 것이다.[5] 사명에는 반드시 은사가 뒤따라온다. 은사 없는 사명은 내 사명이 아니다. 내 사명에는 내게 필요한 능력이 주어지기에 사명과 은사는 함께 온다. 이 두 번째 은사에 대해 보다 자세히 살펴보자.

바울은 은사에 대해 말할 때 반드시 지체론으로 설명한다.[6] 지체론이란 우리의 몸의 각각의 지체가 모여 한 몸을 이룬다는 것이다.[7] 즉 눈,

---

5 고전 12:4-7 "은사는 여러 가지나 성령은 같고, 직분은 여러 가지나 주는 같으며, 또 사역은 여러 가지나 모든 것을 모든 사람 가운데서 이루시는 하나님은 같으니, 각 사람에게 성령을 나타내심은 유익하게 하려 하심이라."
   고전 12:7 "각 사람에게 성령을 나타내심은 유익하게 하려 하심이라."
   고전 14:12 "그러므로 너희도 영적인 것을 사모하는 자인즉 교회의 덕을 세우기 위하여 그것이 풍성하기를 구하라."
6 로마서 12:6-8, 고린도전서 12:8-10에 은사의 종류에 대해 말하는데, 여기서 은사를 그리스도의 몸을 이루는 각 지체의 역할과 그 능력으로 설명하고 있다. 다만 차이점은 로마서에는 지체론이 은사론 앞에 나오고 고린도전서에는 뒤에 나온다는 것이다. 또한 로마서는 각각의 지체가 서로 다른 기능(이 기능이 은사다)을 가지고 있지만 그리스도라는 한 몸을 이루는 것이라고 한다. 하지만 고린도전서에서는 서로 다른 기능을 가진 지체는 나름대로 귀한 것이며, 그러므로 은사의 차별이 없다는 의미를 강하게 피력한다. 이는 고린도 교회가 은사로 인한 불만과 서로 누구의 은사가 더 큰 것이냐를 놓고 갈등이 있었기 때문이다.
7 롬 12:4-5 "우리가 한 몸에 많은 지체를 가졌으나 모든 지체가 같은 기능을 가진 것이 아니니, 이와 같이 우리 많은 사람이 그리스도 안에서 한 몸이 되어 서로 지체가 되었느니라."
   고전 12:20 "이제 지체는 많으나 몸은 하나라."
   고전 12:27 "너희는 그리스도의 몸이요 지체의 각 부분이라."

귀, 손, 발 등이 모여 온전한 한 몸을 이루는 것이다. 온전한 한 몸, 곧 그리스도시다. 모든 성도는 그리스도의 몸을 이루는 지체다. 우리의 몸 중에 있는 각각의 지체 중에 귀하지 않은 것이 없고, 깨물어 아프지 않은 것이 없는 것처럼 성도 중에 귀한 성도, 비천한 성도가 따로 없다. 모두가 귀한 성도다. 은사도 마찬가지다. 성령께서 주시는 것이므로 귀하지 않은 은사가 없다.

우리 몸의 각각의 지체마다 서로 다른 기능이 있는 것처럼 성도마다 서로 다른 사명을 가진다. 이 서로 다른 기능이 바로 은사다. 지체마다 기능이 다른 것처럼 성도마다 사명이 다르고 사명이 다르기에 은사도 다르다. 모두가 목사이면 누가 성도를 하는가? 모두가 교사이면 누가 학생이 되는가? 다 성가대를 하면 누가 일반 회중석에 앉아 있겠는가? 다 축구하겠다고 축구장에 뛰어들면 관중석은 텅 비어 있을 수밖에 없다.[8] 서로가 서로의 은사를 존중해주고, 인정해주어야 하는 이유가 이것이다.

은사는 모름지기 그리스도를 위한 것이다. 그리스도는 교회의 머리이시다. 그러므로 은사는 그리스도를 위한 것이며, 교회를 위한 것이다. 교회를 위하여, 그리스도를 위하여, 하나님은 한 성령으로 우리에게 은사를 주시는 것이다. 내게 주신 사명과 은사를 소중히 여기고 그 은사를 잘 활용할 때 온전한 그리스도의 몸을 이루는 것이며, 그리스도의 영광이 빛나게 된다. 남의 은사를 부러워하지 말고 자신의 은사를 주를 위해 잘 활용하는 것이 성도의 마땅한 도리다.

---

8 고전 12:29-30 "다 사도이겠느냐, 다 선지자이겠느냐, 다 교사이겠느냐, 다 능력을 행하는 자이겠느냐, 다 병 고치는 은사를 가진 자이겠느냐, 다 방언을 말하는 자이겠느냐, 다 통역하는 자이겠느냐."

마지막으로 우리가 주어진 사명과 은사를 지나치게 남용하거나 아니면 소홀히 여겨 쓰지 않는다면 어떻게 되겠는가? 사람마다 기준이 다르겠지만, 배용준이나 이병헌처럼 잘 생긴 사람, 아니면 김태희나 손예진처럼 예쁜 사람은 일반적으로 이목구비가 뚜렷하고, 반듯하게 균형 잡힌 몸을 가졌다. 우리 교회, 내가 믿고 사랑하는 그리스도는 어떠한가? 잘 생기고 예쁜가? 아니면 엉망인 몸을 가졌는가? 나 잘났다고 하는 교인이 많은 교회는 균형 잡힌 몸매를 가지기에는 이미 틀렸다. 일하지 않는 교회, 잘못된 것을 보고도 침묵하는 교회, 교인들을 자꾸 끌어 모으기만 하고 그것만 자랑하는 교회, 건물의 아름다움은 자랑하면서도 아름다움 자체이신 그리스도가 드러나지 않는 교회, 모두가 예쁜 교회가 아니다. 못 생긴 사람도 사랑하면 예뻐 보이거늘 그리스도의 사랑이 없는 교회, 은사가 엉망인 교회는 어찌할꼬. 교회와 그리스도를 괴물이나 공룡 같은 모습으로 만들지 말라.

3) 은사를 어떻게 받는가?

교회 성장을 위해 은사를 받으려고 각종 은사 세미나에 참석하는 목회자들이 적지 않은 듯하다. 이것은 어제 오늘의 일도 아니다. 또한 은사의 세계에 몰입하려는 사람들도 많다. 더 큰 은사, 더 큰 능력, 더 깊은 체험을 얻기 위해 능력 많은 목회자나 기도원을 찾아다니기도 한다. 매일 밤마다 철야기도나 산 기도를 하기도 하고, 툭하면 금식명령 떨어졌다고 금식하는 이들도 신령하다는 기도원에 가면 쉽게 만날 수 있다. 어찌 보면 바람직스럽고 가상하기도 하고, 어찌 보면 안쓰럽기도 하다.

은사를 받는 방법이 있는가? 이에 대해서는 세 가지로 이야기할 수 있다.

첫째, 은사는 전적으로 성령이 주시는 것이다. 이것이 성경이 말하는 은사의 원칙이다. 바울도 "성령으로 말미암아……주시나니……한 성령이 행하사 그의 뜻대로 각 사람에게 나누어 주시는 것이니라."라고 분명히 말한다.[9] 은사는 성령 안에서 하나님이 주시는 것이지, 사람이 나누어 줄 수 있는 것은 아니다. 사람이 은사를 받게 하거나 줄 수 있다면, 그것은 사람의 은사이지 더 이상 성령의 은사가 아니다. 내 경험을 보더라도 은사는 하나님의 계획 아래 하나님이 주시는 것이다. 또한 그것은 하나님이 주신 것이지만, 역시 내 것은 아니며 하나님의 것이다.

둘째, 은사는 구하는 자에게 주신다. 바울은 더 큰 은사를 사모하라고 한다.[10] 교회의 덕을 세우기 위해 풍성하게 구하라고 한다.[11] 신령한 은사를 사모하되 특히 예언을 하려고 한다.[12] 성령 안에서 구하는 자에게 주신다. 주께서도 말씀하시기를 "하늘에 계신 너희 아버지께서 구하는 자에게 좋은 것으로 주시지 않겠느냐."고 하셨다.[13] 믿고 구하면 그 구하는 것이 하나님 마음에 합당하면 주실 것이다.[14] 그러나 은사는 사

---

9 고전 12:8-11 "어떤 사람에게는 성령으로 말미암아 지혜의 말씀을, 어떤 사람에게는 같은 성령을 따라 지식의 말씀을, 다른 사람에게는 같은 성령으로 믿음을, 어떤 사람에게는 한 성령으로 병 고치는 은사를, 어떤 사람에게는 능력 행함을, 어떤 사람에게는 예언함을, 어떤 사람에게는 영들 분별함을, 다른 사람에게는 각종 방언 말함을, 어떤 사람에게는 방언들 통역함을 주시나니, 이 모든 일은 같은 한 성령이 행하사 그의 뜻대로 각 사람에게 나누어 주시는 것이니라."
10 고전 12:31 "너희는 더욱 큰 은사를 사모하라. 내가 또한 가장 좋은 길을 너희에게 보이리라."
11 고전 14:12-13 "그러므로 너희도 영적인 것을 사모하는 자인즉 교회의 덕을 세우기 위하여 그것이 풍성하기를 구하라. 그러므로 방언을 말하는 자는 통역하기를 기도할지니."
12 고전 14:1 "사랑을 추구하며 신령한 것들을 사모하되 특별히 예언을 하려고 하라."
   고전 14:39 "그런즉 내 형제들아 예언하기를 사모하며 방언 말하기를 금하지 말라."
13 마 7:11 "너희가 악한 자라도 좋은 것으로 자식에게 줄 줄 알거든 하물며 하늘에 계신 너희 아버지께서 구하는 자에게 좋은 것으로 주시지 않겠느냐."
14 왕상 3:10-13 "솔로몬이 이것을 구하매 그 말씀이 주의 마음에 든지라. 이에 하나님이 그에게 이르시되 네가 이것을 구하도다. 자기를 위하여 장수하기를 구하지 아니하며 부

명을 위한 것임을 잊지 말아야 한다. 사명 없는 은사는 사치다. 액세서리에 불과하다. 그 큰 사명을 어찌 다 감당하려고 자꾸만 더 큰 은사, 더 신령한 은사를 밤낮 부르짖어가며 구하는지 모를 일이다. 큰 은사와 능력, 큰 은혜를 받으면 어쩔 수 없이 생명을 내놓아야 한다. 생명을 내놓고 받으려는 것이 아니라, 크게 받았기에 생명을 내놓는 것이다. 내놓지 않으면 은사도 고난이다.

셋째, 은사는 성령께서 주시되 사람을 통하여 임하는 경우도 많다. 사실 혼자 기도하다가 은사를 받는 경우는 거의 드물다. 대부분의 모든 은사는 은사 집회나 부흥회 등에 참석하여 은사 사역자들에게 기도를 받을 때 임한다. 이를 일반적으로 은사의 전이轉移라고 한다.[15] 사역자들 사이에서 '은사가 묻어온다', 또는 '은사가 내려간다'는 표현을 하기도 한다. 능력이 강한 사람으로부터 능력이 전이된다는 뜻이다.

이와 같은 것은 성경에도 많이 나온다. 특히 사도행전에 보면 베드로와 요한이 사마리아에 가서 말씀을 전하고 그들에게 안수할 때 성령이 임했다.[16] 고넬료의 집에서 베드로가 설교할 때 사람들에게 성령이 임하

도 구하지 아니하며 자기 원수의 생명을 멸하기도 구하지 아니하고 오직 송사를 듣고 분별하는 지혜를 구하였으니, 내가 네 말대로 하여 네게 지혜롭고 총명한 마음을 주노니, 네 앞에도 너와 같은 자가 없었거니와 네 뒤에도 너와 같은 자 일어남이 없으리라. 내가 또 네가 구하지 아니한 부귀와 영광도 네게 주노니, 네 평생에 왕들 중에 너와 같은 자가 없을 것이라."

15 나는 넓은 의미에서 은사의 교류라는 말을 더 선호한다. 은사의 전이는 일방적인 표현이지만 은사의 교류는 쌍방적이기 때문이다. 물론 은사는 능력이 강한데서 약한 곳으로 흘러간다. 그런 의미에서 전이가 맞다. 그러나 은사는 성령의 충만함과 감동이 전제될 때, 은사가 나타나며, 능력이 흘러들어가고 나오고 하는 것이다. 즉 은사 사역자와 기도 받는 자가 한 성령 안에서 서로 성령으로 연결될 때 은사가 임하는 것이므로 은사의 교류라고 해야 보다 정확하다고 생각한다. 실제로 사역을 할 때, 일방적인 사역은 거의 불가능하다. 서로의 믿음과 사모하는 마음, 성령의 임재 등이 어우러질 때, 능력이 나타나기 때문이다.

16 행 8:17 "이에 두 사도가 그들에게 안수하매 성령을 받는지라."

여 방언을 말하며 하나님을 찬양하였다.[17] 또한 바울이 에베소 교회에서 성도들에게 안수할 때에 성령이 그들에게 임하여 방언도 하고 예언도 했다.[18]

또한 바울 서신에 보면 로마서에서 바울은 자신이 로마에 가서 그들에게 신령한 은사*charisma pneumatikon*를 나누어주기를 원한다는 말을 한다.[19] 디모데에게 보낸 편지에서는 "네 속에 있는 은사 곧 장로의 회에서 안수받을 때에 예언을 통하여 받은 것을 가볍게 여기지 말라."는 당부를 한다.[20] 이를 추론해 보건대 디모데에게는 모종의 은사가 있었는데, 그것은 장로의 회에서 안수받을 때, 즉 목회자로 안수받을 때 받은 것으로 보인다. 그리고 무엇보다도 바울이 언제인지는 모르지만 디모데에게 안수를 했고, 그때 디모데는 은사를 받은 것이 분명하다.(딤후 1:6)[21]

그러므로 우리는 능력이 강한 은사 사역자에게 안수기도를 받을 때, 또는 그들과 영적인 교류를 할 때, 은사를 받을 수 있다는 사실을 알 수 있다. 그러나 그러한 경우일지라도 그 은사는 하나님의 것이지 사람의

---

17 행 10:44-46 "베드로가 이 말을 할 때에 성령이 말씀 듣는 모든 사람에게 내려오시니, 베드로와 함께 온 할례 받은 신자들이 이방인들에게도 성령 부어 주심으로 말미암아 놀라니, 이는 방언을 말하며 하나님 높임을 들음이러라."

18 행 19:6 "바울이 그들에게 안수하매 성령이 그들에게 임하시므로 방언도 하고 예언도 하니."

19 롬 1:11 "내가 너희 보기를 간절히 원하는 것은 어떤 신령한 은사를 너희에게 나누어 주어 너희를 견고하게 하려 함이니."

20 딤전 4:14 "네 속에 있는 은사 곧 장로의 회에서 안수받을 때에 예언을 통하여 받은 것을 가볍게 여기지 말며."
   딤전 4:14 "그대가 지닌 은사, 곧 원로단의 안수와 예언을 통하여 그대가 받은 은사를 소홀히 여기지 마십시오."(가톨릭 성경)

21 개역개정판 성경의 번역이 모호함으로 새번역과 가톨릭 성경을 서로 비교하는 것이 본문의 의미를 좀더 잘 파악할 수 있을 것 같아 함께 썼다.
   "그러므로 내가 나의 안수함으로 네 속에 있는 하나님의 은사를 다시 불일듯 하게 하기 위하여 너로 생각하게 하노니."(개역개정판)
   "이런 이유로 나는 그대를 일깨워서, 그대가, 나의 안수로 말미암아, 그대 속에 간직하

것은 아니다. 사사로이 나누어 줄 수 있는 성질의 것이 아니다.[22] 성령께서 주시는 것이지 사람이 주는 것이 아니다. 그가 아무리 뛰어난 은사와 능력을 가졌다 할지라도 그는 단지 성령의 통로일 뿐이다. 내가 하면 내가 드러나는 것이고, 성령이 하시면 성령이 드러나신다. 내가 하면 내게 유익이 되지만, 성령이 하시면 교회와 그리스도의 유익이 나타난다.

은사는 성령께서 주시는 것이며, 성령 안에서 사람을 통해 은사가 전달될 수 있다는 것은 아주 당연한 원칙이다. 그러나 이 원칙이 무시되는 경우가 종종 있다. 은사를 빌미로 돈을 요구하거나, 또는 은사에 대한 욕심으로 거액을 헌금하는 경우도 있다. 심지어 은사가 열리지 않으면 전액 환불하겠다는 인터넷 광고까지 등장했다는 이야기도 들린다. 왜들 은사에 안달인지 모르겠다. 은사는 사명을 위한 것이다. 교회와 그리스도의 유익을 위해 성령께서 주시는 것이다. 사람은 단지 통로일 뿐이다. 이 원칙만 분명히 지키면 될 것이다.

4) 은사에 대한 편견과 오류[23]

이제까지의 은사에 대한 논의를 바탕으로 오늘날 일부 한국교회를 볼 때 은사에 대한 편견과 오류가 있음을 간과할 수 없다. 누구나 당연하게 알 수 있는 은사의 원칙들이 무시되고 있다. 은사에 대한 가르침이

고 있는 하나님의 은사에 다시 불을 붙이게 하려고 합니다."(새번역)
"그러한 까닭에 나는 그대에게 상기시킵니다. 내 안수로 그대가 받은 하느님의 은사를 다시 불태우십시오."(가톨릭 성경)
22 행 8:18-20 "시몬이 사도들의 안수로 성령 받는 것을 보고 돈을 드려, 이르되 이 권능을 내게도 주어 누구든지 내가 안수하는 사람은 성령을 받게 하여 주소서 하니, 베드로가 이르되 네가 하나님의 선물을 돈 주고 살 줄로 생각하였으니 네 은과 네가 함께 망할지어다."
23 이곳과 다음 절의 "은사와 영성"은 염기석, 『가슴으로 읽는 로마서(하)』, "은사Ⅱ"와 "은사와 영성" 부분을 중심으로 재정리한 것이다.

성서적이지도 못하다. 또한 은사를 무분별하게 사용하고 있다. 무엇보다도 구원이나 믿음과 같이 일반적으로 누구에게나 주시는 하나님의 본질적 차원의 은사가 무시되고 있으며, 특별한 능력과 신비한 체험만을 은사인 것처럼 오해하고 있다. 이를 크게 목회의 차원과 개인적 차원으로 나누어 보자.

첫째, 목회의 차원이다. 성령 운동을 하는 목회를 영성 목회 또는 은사 목회라고 부르는데, 이는 잘못된 표현이다. 바울은 로마서에서 가르치는 것과 다스리는 것을 은사라고 불렀다.[24] 즉 목회 자체가 은사다. 이를 은사 목회라고 따로 부르는 것은 틀린 말이다. 또한 은사가 없는 목회자라는 말도 틀린 말이다. 굳이 구별하자면 기능적인 은사 중에서도 치유 등과 같은 기적을 일으키는 은사나 예언 등과 같은 신비한 능력을 가진 은사가 없을 뿐이다.

그리고 영성 목회라는 말은 그야말로 말도 안 되는 용어다. 흔히 말하는 은사 목회를 좀더 고상하게 부르기 위해 영성 목회라는 표현을 쓰는 것 같은데, 이는 영성이 무엇인지 조차 모르기에 그렇게 부르는 것이다. 은사와 영성은 그 정의부터가 다르며, 활용 용도도 전혀 다르다. 다음 절에서 이를 자세히 살펴볼 것이다.

둘째, 개인적 차원에서 보면 은사와 신비체험을 구별하지 못함으로 인해 엉뚱하게도 은사를 추구하는 우를 범한다. 은사는 개인의 신비체험을 위한 것이 아니다. 모든 믿는 자들에게는 일반적인 본질적 차원의

---

24 롬 12:6-8 "우리에게 주신 은혜대로 받은 은사가 각각 다르니 혹 예언이면 믿음의 분수대로, 혹 섬기는 일이면 섬기는 일로, 혹 가르치는 자면 가르치는 일로, 혹 위로하는 자면 위로하는 일로, 구제하는 자는 성실함으로, 다스리는 자는 부지런함으로, 긍휼을 베푸는 자는 즐거움으로 할 것이니라."

은사, 즉 구원과 믿음과 같은 하나님의 은혜가 이미 주어졌다. 그리고 각 개인에게 특별하게 주어지는 은사는 기능적 차원의 은사로, 이는 교회의 유익을 위해 주어지는 것이다. 사역을 위한 은사다. 바울이 말하는 은사 중에 방언을 제외하고 개인을 위한 은사가 어디 있는가? 더욱이 개인의 신비체험을 위한 은사가 어디 있는가?

다시 말하자면 본질적 은사는 모든 믿는 자에게 주어진 것이며, 개인에게 주어진 특별 은사는 교회를 위해, 사역을 위해 주신 기능으로서의 은사다. 그리고 신비체험은 은사가 아닌 영성의 차원이다. 그러므로 한국교회의 은사에 대한 오류는 은사에 대한 인식 부족으로 인해 오는 것이며, 은사와 신비체험, 또는 은사와 영성을 구별하지 못함으로 생겨난 것이다.

기독교 초기부터 은사에 관한 문제들이 있었다. 우리는 그 예를 고린도 교회에서 찾을 수 있으며, 그에 대한 바울의 지적과 해답을 통해 우리의 문제에 대한 해결점도 발견하게 될 것이다. 당시 고린도 교회는 열광적인 성령의 역사가 있었다. 그로 인한 많은 부작용도 있었다. 이에 대해 바울은 은사에 대해 제대로 알기를 원한다는 말로 은사에 대한 논의를 시작한다.[25] 그리고 특별한 능력으로서의 은사의 종류를 열거한 후, 지체론으로 은사에 대한 문제점을 지적한다.

첫째, 당시 고린도 교회의 성도들이 자신의 은사를 남과 비교하여 서로 시기하거나 자신의 은사가 우월하다고 자랑하는 일이 있었다. 이에 대해 바울은 모든 은사가 다 소중한 것임을 밝힘으로 그들의 오류를 지

---

25 고전 12:1 "형제자매 여러분, 신령한 은사들에 대하여 여러분이 모르고 지내기를 나는
바라지 않습니다."(새번역)

적한다. 몸은 하나지만 그 지체가 여럿이듯이 한 성령께서 주시는 은사도 여러 가지다. 우리 몸의 각 지체 중에 쓸모없는 지체가 없이 다 중요한 것처럼 모든 은사도 다 소중한 것이다.[26] 그러므로 좋은 은사, 나쁜 은사, 또는 귀한 은사, 천한 은사로 부를만한 은사는 없다고 말한다.

둘째, 은사를 무분별하게 사용하는 것에 대한 바울의 지적이다. 당시에 회중기도를 방언으로 하는 것,[27] 온 교회가 방언으로 떠들썩하게 기도하는 것,[28] 또는 자신의 신비체험이나 황홀경과 같은 체험에 대해 자랑하는 것 등이 있었다. 이에 대해 바울은 믿지 않은 사람들이 와서 보면 너희를 미쳤다고 말하지 않겠느냐며, 자신은 그런 체험을 자랑하지 않으며, 오직 자신의 약한 것만을 자랑한다고 한다.[29]

셋째, 은사 사역자들에 의해 교회의 질서가 흔들리는 것에 대한 지적이다. 고린도 교회를 비롯한 초대 교회에는 카리스마를 가진 사역자들과 그렇지 못한 사역자들 사이에 갈등이 존재했다. 카리스마를 가진 사역자들은 주로 말씀을 전하고, 전도하는 일을 맡았다. 이들을 예언자 또는 사도들이라고 불렀다. 그리고 다스리는 자로 불리는 감독, 장로와 같은 자들은 주로 교회를 치리하는 일을 맡았다. 이들 사이에 갈등이 있었으리라는 것은 불 보듯 뻔한 일이다. 또한 은사 사역자들 사이에서 무질서한 은사 사용으로 인한 문제들이 있었다.

---

26 고전 12:24 "우리의 아름다운 지체는 그럴 필요가 없느니라. 오직 하나님이 몸을 고르게 하여 부족한 지체에게 귀중함을 더하사."
27 고전 14:16 "만일 여러분이 영으로만 찬양하고 감사한다면 방언을 모르는 사람들이 여러분의 말을 알아듣지 못하는데 어떻게 여러분의 감사에 '아멘' 할 수 있겠습니까?"(현대인의 성경)
28 고전 14:23 "그러므로 온 교회가 함께 모여 다 방언으로 말하면 알지 못하는 자들이나 믿지 아니하는 자들이 들어와서 너희를 미쳤다 하지 아니하겠느냐."
29 고후 12:5 "내가 이런 사람을 위하여 자랑하겠으나 나를 위하여는 약한 것들 외에 자랑하지 아니하리라."

이에 대해 바울은 교회의 유익을 위한 모든 것은 다 은사라고 주장함으로 신비한 능력이나 예언 등만을 은사라고 주장하는 사람들의 우월감을 일축시킨다. 또한 모든 은사의 활용은 교회의 유익을 위한 것이므로 교회의 질서 안에서 사용하라고 권한다.[30] 교회의 질서를 유지하는 한에서 은사를 활용할 것을 권면함으로 바울은 은사를 교회의 통제 아래 두었고, 은사로 인해 야기된 무질서를 바로잡을 수 있게 되었다.

이와 같은 은사의 활동의 오류에 대한 바울의 지적은 오늘날 한국교회에도 그대로 적용된다. 첫째, 은사에 대한 자랑과 시기 등과 같이 은사를 차별하는 태도다. 은사를 추구하는 사람은 더 큰 은사를 받기 위해 애처로울 정도로 애를 쓴다. 능력을 받기 위해 산 기도를 하고, 육성을 죽이기 위해 금식을 하며, 은사를 전이받기 위해 안수기도를 받는다. 자신보다 더 큰 능력이나 은사를 받은 자들을 부러워하고, 자신보다 못한 은사를 받은 사람들 앞에서는 자신의 은사 체험을 자랑한다. 은사 사역자들끼리 모이면 서로의 은사에 대해 말들이 많은 것이 사실이다. 은사는 준 자와 받은 자 외에는 모르는 것이니 자랑할 것도 없고 모른다고 기죽을 이유도 없다. 그저 묻는 말에만 대답하고 침묵하는 것이 제일이다. 모든 은사는 성령께서 주시는 것인데, 성령께서 주시는 은사 중에 귀하지 않은 은사가 어디 있는가? 자신에게 주신 은사를 소중하게 여기고 정말 주를 위해 귀하게 쓰는 것이 사역자의 본분이다.

둘째, 은사의 무분별한 사용이다. 은사의 주체는 성령이시다. 그러므

---

30 고전 14:26 "그런즉 형제들아 어찌할까 너희가 모일 때에 각각 찬송시도 있으며 가르치는 말씀도 있으며 계시도 있으며 방언도 있으며 통역함도 있나니 모든 것을 덕을 세우기 위하여 하라."
이하 32절까지를 참고하라.

로 성령의 인도함을 받아 은사를 사용해야 한다. 아주 당연한 것임에도 불구하고 지켜지지 않는다. 예언하는 자는 먼저 성령께서 그의 비밀을 알려주기를 원하시는지 여쭤야 한다. 성령께서 허락하실 때, 허락한 만큼 예언해야 한다. 그런데도 기도받으러 왔다고 무조건 기도해주는 것은 은사를 무분별하게 사용하는 것이다.

치유 사역도 마찬가지다. 먼저 하나님께서 고치기를 원하시는지, 어떤 방법으로 고치기를 원하는지 여쭤야 한다. 그런 연후에 성령의 인도하심을 따라 치유 사역을 행해야 한다. 이외에도 집회 때 사람을 세워놓고 쓰러뜨리는 것, 사람들의 감성을 자극해 열광적인 분위기를 연출하는 것 등은 무분별하게 은사를 사용하는 것이다.

성령의 인도하심을 받지 않고 은사를 사용하게 될 때는 필연적으로 자기 의가 나온다. 자기 과시며, 자기의 드러냄이다. 이는 비록 능력이 나타난다고 해도 성령과는 상관없는 사역이다.[31] 생각해 보라. 성령은 거룩한 하나님의 영이신데, 그런 난장판 같은 열광적인 분위기나, 자기 능력을 과시하고 자기를 드러내는 것과 거룩한 성령이 어울린다고 보는가? 하나님의 영을 저급하게 이용하지 말고, 성령을 주인으로 모시고 그의 인도하심에 따라 겸손히 은사를 활용하라. 그러면 나는 없고 오직 성령께서 온전히 주장하신다.

특히 방언하는 자들을 위해 한마디 하자면 흔히 기도 줄이 잡히지 않는다고 방언으로 크게 기도하는데, 그것은 잘못이다. 기도 줄이 잡히지

---

31 마 7:22-23 "그 날에 많은 사람이 나더러 이르되 주여 주여 우리가 주의 이름으로 선지자 노릇 하며 주의 이름으로 귀신을 쫓아 내며 주의 이름으로 많은 권능을 행하지 아니하였나이까 하리니, 그 때에 내가 그들에게 밝히 말하되 내가 너희를 도무지 알지 못하니 불법을 행하는 자들아 내게서 떠나가라 하리라."

않는 것은 나와 하나님 사이에 문제가 생겼다는 것이다. 그럴 때는 자신을 돌아보고 회개를 한 후에 방언으로 기도하는 것이 마땅하다. 방언도 성령께서 주시는 거룩한 것이다. 거룩한 것을 범죄한 입술을 회개로 정화시키지도 않고 마구 사용하는 것은 큰 문제다.

셋째, 교회의 질서 문제다. 기능적 은사 중에 신비한 능력을 행하는 은사가 목회자에게는 없고 평신도는 있다고 할 때, 교회 내에서 문제가 생길 수 있다. 그럴 때는 목회자가 목회의 권위를 가지고 잘 대처를 해야 한다. 은사 사역자가 목회자의 권위에 순종하게 될 때는 목회의 차원에서 그들의 은사를 잘 활용하면 좋은 결과를 가져온다. 모든 은사는 교회를 위한 것이므로 결국 교회의 유익을 위해 평신도의 은사를 어떻게 사용하느냐의 문제다.

그러나 목회자가 그 은사를 활용하지 못하거나 수용하지 못할 때에 문제가 생긴다. 그럴 때면 은사 사역자는 교회의 질서를 위해 자신의 은사를 사용하지 말아야 한다. 교회의 질서를 벗어난 은사는 더 이상 가치가 없다. 받은 은사를 활용하지 못할 때, 처음에는 영적으로 답답하지만 시간이 지나면 점차 괜찮아진다. 그리고 안 쓴다고 은사가 사라지는 것도 아니다. 은사는 필요에 따라 주시는 것이다. 필요하면 다시 나타나므로 걱정할 필요는 없다. 오히려 영적 내면화를 추구하는 기회로 삼으면 매우 좋다. 물론 좋은 영적 지도자를 만나야 한다는 전제가 선행되어야 한다.

이제 한국교회는 은사에 대한 그릇된 편견이나 오류를 수정해야 한다. 은사를 무시하는 태도도 지양해야 한다. 과도히 은사를 추구하거나 은사의 세계에 필요 이상 빠져들어서도 안 된다. 주신 만큼 받고, 받은 은사에 대해서는 만족과 감사가 있어야 한다. 또한 무분별한 은사의 사용은 자제해야 한다. 성령의 주권을 인정하고 성령의 인도하심에 따라 은사를 사용해야 한다. 그리고 모든 은사는 교회의 유익과 그리스도의 유익을 위해 주어진 것이므로 교회의 질서를 어지럽히는 은사는 사용해서는 안 될 것이다.

5) 은사와 영성

앞에서 은사와 영성은 다른 것이라고 말했다. 그 차이를 우리가 분명히 모르기 때문에 은사에 대한 일부 오류가 생겨난 것이다. 이제까지 은사에 대한 이야기는 충분히 했으므로 영성이 무엇인지를 간단히 정의하고 은사와 영성의 비교를 통해 서로 어떻게 다른지를 간략히 살펴볼 것이다.

영성은 수많은 정의가 있다. 왜냐하면 영성의 세계는 체험의 세계이므로 자신의 체험을 설명하는 표현들이 각각 다를 수 있기 때문이다. 일반적으로 영성에 대한 정의의 핵심은 관계성에 있다. 영성은 하나님과의 관계를 추구하는 것으로 궁극적으로는 하나님과 하나 됨(합일)을 그 목표로 한다. 이를 위해 우리는 적극적으로 주님을 향해 나아가게 되지만, 실제로는 주님께서 우리를 향해 오심으로 관계가 형성된다. 그리하여 이를 적극적 수용성이라고 말한다.

영성을 통해 우리는 하나님과 관계하는 체험을 한다. 이때의 체험을 하나님 체험, 그리스도 체험, 또는 신비체험이라고 부른다. 이 체험은 하나 됨의 체험이다. 이 체험을 통해 우리의 지식이 변한다. 이제까지 피상적으로 알고 있었던 하나님에 대한 지식, 세상에 대한 지식, 나에 대한 지식, 죄와 용서하시는 사랑에 대한 지식, 자연에 대한 지식 등이 변한다. 보다 정확히 표현하자면 지식knowledge이 변하여 앎awareness

이 된다. 이 앎을 바탕으로 한 삶이 곧 하나님 나라의 삶이요, 영생의 삶이다.

영성은 하나님과의 관계를 바탕으로 사람과 사람 사이의 관계, 사람과 자연 사이의 관계를 추구한다. 그러므로 영성은 사회성과 역사성을 가지게 된다.[32] 하나님과 사랑의 관계가 형성된 사람은 이웃을 내 몸처럼 사랑할 수 있는 것이다. 하나님이 창조하신 모든 피조물들도 하나님 사랑하듯 사랑하게 되는 것이다. 하나 됨을 체험한 사람에게는 이원성과 분리성이 사라진다. 그러기에 하나님, 사람, 자연을 구별하는 마음 없이 대하게 된다. 또한 나ego와 나 자신Self의 구별이 사라진다. 이쯤하고 은사와 영성의 차이점에 대해 보자.

첫째, 은사와 영성은 그 추구하는 목표부터가 다르다. 은사는 교회의 유익과 사명을 위해 성령께서 각 사람에게 필요에 따라 나눠주시는 것이다. 사명과 은사는 동전의 양면이다. 그러나 영성은 하나님과 하나 됨을 추구한다. 또한 그 하나 됨을 바탕으로 이웃, 자연 모두가 하나 되는 것이다. 은사가 사역을 위한 것이라면 영성은 합일을 위한 것이다.

둘째, 은사는 성령께서 우리의 몸을 뚫고 자신을 드러내는 성령의 외적 활동이다. 하지만 영성은 현상을 초월하는 분과의 관계를 지향하므로 성령의 내적 활동이라고 할 수 있다. 은사는 교회와 타인을 위한 것이지만 영성은 자신을 위한 것이며, 나아가 변화된 자신이 세계와 관계하기에 세계를 위한 것이다. 또한 나를 중심으로 볼 때, 은사는 외부를

---

32 영성이 사회성과 역사성을 갖게 되는 것은 영원한 그리스도를 체험할 때, 영원 속에 빠지는 것이 아니라, 그 영원하신 그리스도가 2천 년 전에 육신을 입고 이 땅에 오신 예수시라는 고백 때문이다. 이 고백 때문에 영원이 현재가 되는 것이요, 영성의 능력이 현실이 되는 것이다.

지향하지만 영성은 내면을 지향한다.

셋째, 영성과 은사는 둘 다 성령 안에서 이루어지는 것이므로 현상적으로는 같을 수 있다. 몸이 뜨거워진다든지, 뜨거운 기운이 온몸을 감싼다든지, 현실과 다른 그 어떤 것들이 보인다든지, 내면의 음성이 들린다든지, 향기로운 냄새, 또는 악취의 냄새를 맡는다든지, 모르는 것을 깨닫게 된다든지 하는 각종 영적 현상들이 나타난다. 그러나 은사와 영성이 동일한 현상을 보인다고 해서 같은 기능을 하는 것은 아니다.

은사의 현상은 사역을 할 때, 사역을 위해 나타나는 현상이다. 은사는 이 현상들을 어떻게 활용하느냐가 매우 중요하다. 영성에서의 현상은 성령의 임재로 인해 나타나는 현상들이다. 은사 사역에서는 이러한 현상들을 적절하게 활용해야 하나, 영성에서는 성령께서 내 인격 안으로 들어오시는 것을 감지하는 정도로만 고려하고 무시해 버리는 것이 좋다. 그리고 무엇보다도 영성은 합일을 추구하기에 그 과정에서 생겨나는 많은 고유한 체험, 황홀경, 기쁨,[33] 빛과 어두움의 체험, 주 앞에서 존재의 사라짐 등이 있다. 그러나 이 현상은 본질이 아니기에 영성에서는 하나의 과정으로 생각하고 그냥 무시해버리는 것이 상책이다. 무시하지 않으면 현상에 빠지게 된다.

앞으로 21세기는 영성의 시대가 될 것이라는 말을 많이 한다. 그것은 현대 종교들의 한계와 문제점들을 극복하기 위한 대안이 영성이기 때문이다. 이는 체험 중시의 신앙으로의 회귀를 뜻한다. 하지만 그 체험은 현상을 추구하는 체험이 아니라, 본질을 추구하는 체험이어야 한다. 이런 의미에서 은사 추구가 문제가 있는 것이다. 은사는 주어지는 것이고,

---

33 이는 마음의 움직임이 없는 기쁨을 말한다.

영성은 추구하는 것이다. 본질 추구를 위해서는 모든 영적 체험의 내면화가 선행되어야 한다. 그렇지 않으면 내게는 아무 유익이 없다. 내 안에 계신 하나님을 찾아나서는 영성, 하나님을 만난 사람들이 사회적, 역사적 책임을 다하는 영성이 이 시대에 해답을 제시해 줄 것이다.

2. 은사의 지 · 정 · 의知情意

영적 세계가 열리고 그 세계에 대해 모종의 체험을 한 사람들이 영적 원리를 설명할 때, 지·정·의라는 용어를 사용한다. 이 용어는 매우 다양하게 쓰인다. 이 용어를 처음 접하는 사람들은 마치 영적 깊은 원리를 터득한 사람에게 영적 원리를 전수받는 것과 같은 느낌을 가지게 된다.[34] 나도 영의 세계와 은사의 세계에 대해 지·정·의로 명확하게 설명하는 것을 처음 들었을 때 매우 감동했다.

지·정·의의 개념을 알고 나면 이것이 내단內丹수련하는 사람들이 말하는 정·기·신精氣神, 또는 상단전, 중단전, 하단전의 개념과 매우 흡사함을 알 수 있다.[35] 특히 각 단전의 특징과 닮았다. 즉 상단전은 지知에

---

34 은사나 신앙을 지·정·의로 누가, 언제부터 그렇게 설명하였는지에 대해서는 모른다. 그러나 지·정·의로 은사와 신앙을 설명하는 사람들의 이야기를 들어보면 이렇게 설명한 지는 매우 오래된 것 같다. 적어도 1930년대를 기점으로 전후 10년, 또는 그 이전일 것 같다. 추측컨대 기, 또는 내단 수련을 하던 사람이나 그 분야에 대해 잘 알고 있던 사람이 기독교에 귀의를 했고, 기독교에서 신비체험을 하였던 것은 분명하다. 그리고 자신이 체험한 것을 정·기·신精氣神이나 단전의 개념을 바탕으로 지·정·의로 설명하였던 것이 지금까지 내려오지 않았나 하는 생각이다. 학문을 하는 사람은 이에 대해 연구해볼 만한 충분한 가치가 있을 것이다.

35 정, 기, 신, 이 3요소는 기수련이나 단전호흡에서 빠지지 않고 등장하는 중요한 개념이다. 상단전上丹田은 양 눈썹 사이이며, 중단전中丹田은 양 젖꼭지 사이 단중혈 안쪽, 하단전下丹田은 배꼽 밑 3센티 아래 기해혈 안쪽 부분을 말한다. 상단전이 열리게 되면 염력의 사용이나 미래를 예측할 수 있는 능력이 생긴다. 상단전이 영적이라면 중단전은

해당하고, 중단전은 정情, 그리고 하단전은 의意에 해당된다. 다만 수련하는 사람들은 이 원리를 수행과 함께 매우 심오하게 펼쳐나가지만, 은사 세계에서는 단지 그 의미를 가지고 신앙과 영적 원리를 설명하는 정도로만 쓴다.

본래 사전적 의미의 지·정·의는 인간의 세 가지 심적 요소인 지성知性, 감정感情, 의지意志를 아울러 이르는 말이다. 인간의 마음에 관한 것이므로 말하자면 혼의 지·정·의다. 그러나 지·정·의를 말할 때는 혼의 지·정·의만 있는 것이 아니다. 지성, 감정, 의지라는 개념을 사용하여 다방면으로 표현되어진다. 예를 들어 믿음의 지·정·의에 대해 말하자면 믿음의 지는 앎, 즉 지식으로 믿음이 무엇인지를 아는 것이며, 정은 가슴으로 믿음을 체험하는 것, 의는 행동으로 믿음을 실천하는 것을 말한다. 성삼위 하나님의 지·정·의에서 지는 말씀으로 창조하신 성부 하나님, 정은 우리를 감동시키시는 성령 하나님, 의는 자신의 의지로 십자가에서 죽으신 성자 하나님을 말한다. 이런 식으로 지·정·의를 정리해 가는 것이다.

고린도전서 12장에 나오는 아홉 가지 은사를 지·정·의로 분류하자면, 은사 중에 지성 부분이 특히 발달하거나 요구되는 은사, 즉 지혜, 지

마음을 다스릴 수 있는 심心의 자리이며, 하단전은 육체를 다스릴수 있다고 한다. 정기신과 단전의 관계를 보면 신神은 상단전에 뿌리하고, 정精은 하단전에 근본하며 기氣는 중단전에서 활동하게 된다. 제일 중요하게 여기는 단전이 하단전인데, 이는 하단전이 충만해지면 정이 충만해지게 되고, 중단전으로 올라가 중단전을 활성화시켜 충만해지면 상단전으로 올라가 신명神明을 이루기 때문이다.

은사는 밖으로 펼쳐 드러나는 것이기에 정기신으로 말하자면 기에 해당한다고도 할 수 있다. 이는 정은 모으는 성질이며, 기는 퍼져나가는 성질이기 때문이다. 또한 은사를 영의 영역이냐? 혼의 영역이냐? 하는 문제까지 아주 복잡하게 얽혀있다. 실은 원리만 알면 쉽지만 설명하자면 복잡하다. 또한 성서적으로도 설명이 안 되는 부분들이 있는지라, 글로 쓰기에는 무리가 뒤따른다. 따라서 다음 이야기는 생략한다.

식, 영 분별의 은사가 은사의 지에 해당한다. 은사의 정은 가슴, 즉 감정이 발달할 때 주로 나타나는 은사로 방언, 통역, 예언의 은사를 말하고, 은사의 의는 의지가 특히 요구 되는 은사로, 능력행하는 은사, 믿음의 은사, 치유의 은사가 이에 해당한다.[36]

로마서 12장에는 일곱 가지 은사가 나오는데, 이들은 주로 목회나 목회의 차원에 해당되는 은사들이다.[37] 이를 지·정·의로 분류해 보면 은사의 지에 해당하는 것이 다스리는 일과 가르치는 은사로 지혜나 지식의 은사와 같은 것이며, 정에 해당하는 은사는 예언, 위로하는 일, 긍휼(자선)을 베푸는 일이며, 나머지 섬기는 일, 구제하는 일이 의에 해당한다고 할 수 있다.

은사의 분류와 가짓수에 대해서는 다른 책에도 많이 나올 것이다. 28가지나 된다고 하는 사람도 있다. 은사는 사명과 관련된 것이므로 사명의 가짓수가 그 정도 되는 모양이다. 세어보지 않아서 나는 모르겠다. 이 글에서는 고린도전서 12장에 나오는 아홉 가지 은사만을 지·정·의로 분류하여 성경과 내 체험을 바탕으로 다룰 것이다.[38]

그러나 한 가지 분명히 해둘 것은, 은사는 지·정·의로 분류되는 성질의 것이 아니라는 사실이다. 성령께서 한 분이신 것처럼 은사도 하나다. 하지만 바울도 기능적으로 은사를 분류했듯이 나도 바울의 분류를

---

36 그러나 지·정·의의 분류도 사실 주관적인 것이다. 체험하는 정도에 따라, 성경에 대한 이해의 정도에 따라 분류가 다르게 나올 수도 있다. 그러므로 이러한 분류가 정답이라고 생각하지는 않았으면 좋겠다. 다만 내 방식대로 이렇게 분류한 것이다. 뒤이어 나오는 로마서의 분류도 마찬가지다.
37 목회는 목회자의 직무에 해당하고, 목회의 차원이라 함은 평신도를 포함하는 사역을 말한다. 목회는 목회자만 하는 것이 아니다. 만인이 제사장이요, 모두가 주의 일을 하는 자다.
38 로마서 12장의 은사에 대해서는 염기석, 『가슴으로 읽는 로마서(하)』, 153-64를 보라.

나름대로 분류해서 설명하는 것이다. 따라서 은사를 지·정·의로 분류하는 것은 그다지 좋은 방법이 아닐 수도 있다는 점은 알아주었으면 한다. 다만 편의상 설명하고 이해하기 쉽게 이렇게 분류하는 것이다.

본격적으로 각 은사에 대해 설명하기 전에 해야 할 말이 있다. 이 책을 쓰기 전에 인터넷에서 은사에 대해 검색을 해보았다. 대충 훑어보니 거의 대부분이 은사의 현상을 가지고 은사를 설명하는 글들이었다. 그리고 은사의 현상들에 대해 그 현상을 설명해 줄만한 성서구절들을 인용하는 것이다. 그런데 문제는 왜 그런 현상들에 대해 그런 성서구절들이 나왔는지, 그 성서구절들이 어떤 의도로, 어떤 환경 속에서 나온 것인지에 대한 신학적, 성서적 검토가 없었다. 아마도 은사 사역하시는 분들이 신학적 기초가 부족하기에 그럴 것이라고 생각은 되지만, 은사를 현상으로 설명하는 것이나 어떤 은사의 현상에 적당한 성서구절을 가져다 붙이는 식은 사실상 매우 위험하다.

가장 바람직한 것은 은사를 체험한 사람은 자신의 체험에 대한 글을 쓰고, 그런 글에 대해 신학자나 성서학자들은 신학과 성경을 바탕으로 이론화 작업을 하는 것이다. 즉 신학적 검증과 성경에 의한 검증은 신학자들이 맡아야 한다. 문제는 체험자들과 신학자들 사이에 교류가 없다는 것이다. 체험자는 신학과 성경을 잘 모르기에 자의적으로 성경을 인용하고, 신학적 검토도 없이 자신의 체험을 설명한다. 또한 신학자들은 체험이 없기에 아예 은사의 문제를 다루지 않거나 다루어도 제대로 설명해주지 못한다. 안타깝다.

1) 지에 해당하는 은사

은사 중에 지성 부분이 특히 발달하거나 요구되는 은사, 또는 은사의 활용에 있어서 지성이 주로 사용되는 은사가 은사의 지에 해당한다. 즉 지혜, 지식, 영 분별의 은사다. 물론 지에 해당하는 모든 은사는 머리로만 되는 것이 아니다. 지혜를 예를 들면 지혜는 머리에만 있는 것이 아니다. 가슴과 의지에도 있다. 오히려 가슴과 함께 나오는 따뜻한 지혜가 우리에게 더 필요할 수 있다. 다만 지혜는 사고의 작용과 함께 나오는 것이므로 지에 해당한다고 분류하는 것이다. 지식이나 영 분별도 마찬가지로 이해했으면 한다.

(1) **지혜의 은사다.** 지혜는 세상의 이치와 원리가 지식이 아니라 체득된 것을 말한다. 성경은 지혜의 근본을 하나님께 둔다.[39] 그러므로 지혜는 하나님으로부터 오는 것으로 인간사 전반에 걸친 원리와 이치를 아는 것을 말한다.[40] 분명한 것은 지혜의 은사를 받았다고 해서 모든 것을 다 통달하는 것은 아니다. 모든 은사가 그렇듯이 지혜의 은사도 어느 정도 수준의 은사를 받았느냐에 따라 지혜가 어느 정도 수준이냐가 결정

---

39 시 111:10 "여호와를 경외함이 지혜의 근본이라. 그의 계명을 지키는 자는 다 훌륭한 지각을 가진 자이니 여호와를 찬양함이 영원히 계속되리로다."
잠 9:10 "여호와를 경외하는 것이 지혜의 근본이요 거룩하신 자를 아는 것이 명철이니라."
40 아래의 구절들은 지혜서 7:15-21에 나오는 솔로몬이 말하는 지혜에 대한 말씀이다.
"내가 올바로 깨닫고 그대로 말할 수 있게 해 주시며 지혜가 가르쳐 준 대로 생각할 수 있게 해 주시기를 하느님께 빈다. 하느님은 바로 지혜의 인도자이시며 현자들의 지도자이시다. 우리와 우리의 하는 말이 다 그분의 손에 달렸으며 모든 현명함과 생활의 지혜 또한 그분께 달려 있다. 그분은 나에게 만물에 대한 어김없는 지식을 주셔서 세계의 구조와 구성요소의 힘을 알게 해 주셨고, 시대의 시작과 끝과 중간, 동지, 하지의 구분과 계절의 변화를 알게 해 주셨으며, 해가 바뀌는 것과 별들의 자리를 알게 해 주셨고, 동물들의 성질과 야수들의 본능, 그리고 요귀들의 힘과 인간의 생각, 또 각종 식물들과 그 뿌리의 특성을 알게 해 주셨다. 만물을 만드신 하느님의 지혜의 가르침을 받아서 나는 드러나 있는 것은 물론 감추어진 모든 것까지도 알게 되었다."
지혜서 8:21 "그러나 지혜라는 것은 하느님께서 주시지 않으면 다르게는 얻을 수 없다는 것을 알았다. 지혜가 누구의 선물인가를 아는 것이 현명의 표시이다. 그래서 나는 주님을 향하여 간청하며 온 마음을 다하여 이렇게 기도하였다."

된다. 은사는 성령께서 주신만큼, 그것을 받고 사용하는 믿음의 분량만큼 드러나는 것이다.[41]

지혜의 은사는 주위 사람들이 받았는지, 안 받았는지를 알 수 있는 것은 아니다. 모든 은사가 그렇듯이 지혜의 은사도 본인이 안다. 지혜는 슬며시 언제 오는지 모르게 오는 것이 아니다. 어느 날 갑자기 순간에 임한다. 그 순간을 받은 사람은 안다. 지혜가 열리는 순간, 온몸이 반응하기에 모를 수가 없다. 그리고 지혜가 한 번에 오고 그것으로 끝나는 것이 아니다. 크고 작게 여러 번에 걸쳐온다.

2000년 3월 학위논문을 막 시작할 때였다. 이때만 해도 치유는 전인적 치유라고 철석같이 생각하던 시기였다. 사실 이와 다른 설득력 있는 정의가 없었다. 그러던 중 산에 올라가 쭈그리고 앉아 봄볕을 쬐고 앉아 있었는데, 갑자기 예수께서 왜 병을 고쳐주셨을까? 그런 생각이 들었다. 생각의 실마리를 따라가다 치유 사역은 주님의 전체 사역의 일부로 보아야 하고, 주님의 사역의 핵심 주제가 하나님 나라의 회복이므로 치유도 하나님 나라 회복을 위한 것이라는 결론에 도달하게 되었다. 그리하여 "하나님 나라의 회복으로서의 치유 목회 연구"라는 논문이 나오게 된 것이다.

하지만 치유가 하나님 나라의 회복이라는 사실을 알고 바로 논문이 써진 것은 아니다. 이번에는 하나님 나라가 무엇인지를 모르겠는 것이다. 물론 배운 대로 하자면 하나님 나라는 하나님의 통치가 이루어지는

---

41 고전 12:11 "이 모든 일은 같은 한 성령이 행하사 그의 뜻대로 각 사람에게 나누어 주시는 것이니라."
롬 12:3 "내게 주신 은혜로 말미암아 너희 각 사람에게 말하노니 마땅히 생각할 그 이상의 생각을 품지 말고 오직 하나님께서 각 사람에게 나누어 주신 믿음의 분량대로 지혜롭게 생각하라."

곳, 또는 종말론의 개념으로 하나님 나라를 설명하는 것 등은 알고 있었다. 그런데 갑자기 그 개념들이 생소하게 느껴져 아무것도 모르는 것처럼 되었다. 그리하여 하나님 나라에 대해 공부를 다시 시작했다. 조직신학자들은 종말론에서 하나님 나라를 시간을 매개로, 즉 시간 패러다임을 써서 설명을 한다. 그런데 이번엔 시간이 뭔지를 모르겠는 것이다. 공부를 하면 할수록 아예 모르겠다. 절망적이었다. 알 것 같으면서도 아는 게 아니었다. 결국 모르는 것이었다.

그 해 5월 중순 쯤 되는 어느 날, 경기도 광주에서 행사가 있어 참석차 하루 전에 올라갔다. 그때 내 생각은 온통 시간뿐이었다. 밤새 한 잠도 못자고, 머리는 깨질 듯 아프고, 온몸은 얻어맞은 것처럼 안 아픈 곳이 없었다. 몸이 너무 괴로워 욕조에 따뜻한 물을 받아놓고 그 안에 누웠다. 욕실 문을 닫으니 창문이 없는 것이라 깜깜했다. 좀 있으니 몸이 이완되면서 평안해졌다. 나도 모르게 시간을 생각하기 시작했다.

그런데 갑자기 시간의 속성이 허무이며, 시간은 없는 것이라는 사실과 공간, 즉 유한성을 표현하는 것이 시간임을 알게 되었다. 이제까지 공부한 내용들이 한꺼번에 정리되었다. 따로따로 알던 것들이 하나로 정리가 되었다. 개별적인 지식들이 하나로 연결되는 것이다. 여기서 이럴 것이 아니라 근처에 있는 산에 가서 생각을 다시 정리해야겠다고 마음먹고 욕실에서 나와 보니 잠깐인 줄 알았는데, 그새 한 시간 넘게 지나가 있었다. 오후 세시까지 산에 앉아 다시 한 번 시간에 대해 정리하였다. 물론 밥도 먹지 않았다. 없는 시간이 멈췄는데 밥 생각인들 나겠는가? 이때가 본격적으로 지혜가 임한 시초였다.

하지만 이것이 끝이 아니었다. 시간으로 하나님 나라를 설명하는 패러다임이 잘못된 것이라는 사실은 알았는데, 하나님 나라가 뭐냐는 것에 대해서는 그래도 잘 몰랐다. 논문은 종말론에 대한 비판과 더불어 하나님 나라를 성서신학자들의 주장대로 하나님의 통치의 개념으로 적당히 썼다. 하지만 하나님의 통치가 시공을 말하는 것이 아니라, 상태를 말하는 것이라는 사실은 그 다음 해가 되어서 비로소 깨닫게 된다.

2001년 농사를 지을 때였다. 9월 초 어느 날 오후였다. 그날은 매우 더운 날이었는데, 오전에 배추밭을 돌아보고 들어와 점심을 먹고, 서재에서 '어떤' 의 개념, 즉 상태의 개념을 설명하는 글을 보다 문득 이것이 하나님 나라라는 것을 깨닫게 되었다. 그 글은 하나님 나라와 아무 상관 없는 것인데, 나는 거기서 하나님 나라를 보았다. 하나님 나라는 유한성을 대표하는 시공의 개념이 아니다. 하나님 나라를 시간과 공간으로 표현한다면 그것은 더 이상 하나님 나라가 아니다. 하나님 나라가 우리가 살아가는 이 세상, 즉 유한 속에 존재하려면 그것은 시공이 아니라 상태의 개념이어야 한다는 것이다. 시간으로 표현되는 영원은 더 이상 영원이 아니다. 언젠가는 끝나는 유한이다. 하나님 나라가 시간 속에 있다면 그것은 시간과 함께 허무 속에 빠지고 말 것이다.

이와 같은 사실을 깨닫는 순간 온몸에 전율이 흐르고, 순간이 멈추는 것 같았다. 왜 하나님이 모세에게 율법을 주어야만 했으며, 예언자들은 돌에 새겨진 율법이 아니라 마음에 새겨진 율법을 외쳐야 했는지, 왜 예수께서 하나님 나라를 거듭난 자의 나라라고 했는지가 그냥 알아졌다. 창세기부터 요한계시록까지, 이제까지 내가 단편적으로 알았던 지식들이 하나님 나라로 정리가 되었다. 그 후 2주 동안 다시 한 번 깨달음을 정리하는 시간을 가지며, 이 깨달음에 대한 진위를 살폈다.

나는 지혜의 은사를 나의 체험에 비추어볼 때, 하나님의 은혜로 성령께서 주시는 것이며, 지혜는 세상의 이치를 지식이 아닌 앎으로 아는 것, 체득하는 것이라고 말할 수 있다. 물론 다 아는 것이 아니라, 주어진 만큼 아는 것이다. 또한 모든 은사를 교회의 유익과 그리스도를 위한 것이라는 바울의 말에 비추어 보면, 지혜의 은사는 우선적으로 사도나 교회의 치리자들에게 주어지는 은사다. 그리고 교회 안이나 세상에서 살아가는 모든 성도들에게 그리스도를 나타내는 도구로 사용되어야 하는 것이다. 지혜롭게 주를 증거하고 지혜롭게 주의 이름을 드러내는 삶을 살기 위해 성령께서 주시는 은사다. 그러므로 하나님의 섭리의 이치와 그리스도의 마음을 아는 것이 지혜의 근본이요 시작이다.

(2) **지식의 은사다.** 우리는 흔히 공부하는 학생들에게 공부를 잘할 수 있도록 지식의 은사를 구하라고 한다. 물론 공부를 잘해서 주를 위해 훌륭한 사람이 되라고 그렇게 하지만 그것은 틀린 말이다. 지식의 은사는 그런 것이 아니다. 바울이 말하는 지식의 은사는 가르치는 자, 즉 교사를 위한 것이다. 또한 지혜와 지식을 잘 구별 못하는데, 지식의 은사와 지혜의 은사를 구별하자면 이렇다. 지식의 은사가 아는 것에 관한 것이라면 지혜의 은사는 아는 것을 왜 아는지를 아는 것이다. 또한 사명으로 말하자면 지혜의 은사는 사도나 교회 치리자를 위한 은사라고 한다면 지식의 은사는 가르치는 자를 위한 것이다.

이러한 사실을 좀더 분명히 하기 위해 바울의 본문으로 돌아가 보자. 바울은 고린도전서 12장 4절부터 11절까지 여러 가지 은사에 대해 나열한 후, 몸과 지체에 대해 말한다. 즉 그리스도는 몸이요, 우리는 그의 각 지체다. 각각의 지체는 나름의 기능이 있는 것처럼 그리스도의 몸을 이루고 있는 지체로서의 성도는 자기가 주를 위해 맡은 사명이 있다. 그 사명을 감당할 수 있는 능력이 바로 은사다. 이것이 12절부터 27절까지의 내용이다.

그런 후에 바울은 이어서 이렇게 말한다. "하나님이 교회 중에 몇을 세우셨으니, 첫째는 사도요 둘째는 선지자요 셋째는 교사요 그 다음은 능력을 행하는 자요 그 다음은 병 고치는 은사와 서로 돕는 것과 다스리는 것과 각종 방언을 말하는 것이라. 다 사도이겠느냐 다 선지자이겠느냐 다 교사이겠느냐 다 능력을 행하는 자이겠느냐 다 병 고치는 은사를 가진 자이겠느냐 다 방언을 말하는 자이겠느냐 다 통역하는 자이겠느냐."(고전 12:28-30)

사도행전에 의하면 사도들은 거의 모든 은사를 자유자재로 사용하는 것을 볼 수 있다. 여기서 둘째로 말하는 선지자는 예언의 은사를 받은 예언자를 말한다. 셋째로 교사는 지식의 은사를 통해 가르치는 사명자를 말한다. 초대 교회는 사도들이 중심이 되어 이끌어갔다. 그리고 예언자들이 있었는데, 이들은 말씀 전하는 일을 했다. 요즘과는 좀 다르다. 이에 대해서는 예언의 은사 부분에서 다루기로 하고, 교사는 말씀과 교훈을 가르치는 자다. 그 대표적인 인물이 아볼로다.[42] 아볼로는 사도들과는 달리 교회에서 성도들을 가르치는 교사이자, 변증가였다. 바울도

---

42 행 18:24-28 "알렉산드리아에서 난 아볼로라 하는 유대인이 에베소에 이르니 이 사람은 언변이 좋고 성경에 능통한 자라. 그가 일찍이 주의 도를 배워 열심으로 예수에 관한 것을 자세히 말하며 가르치나 요한의 세례만 알 따름이라. 그가 회당에서 담대히 말하기 시작하거늘 브리스길라와 아굴라가 듣고 데려다가 하나님의 도를 더 정확하게 풀어 이르더라. 아볼로가 아가야로 건너가고자 함으로 형제들이 그를 격려하며 제자들에게 편지를 써 영접하라 하였더니, 그가 가매 은혜로 말미암아 믿은 자들에게 많은 유익을 주니, 이는 성경으로써 예수는 그리스도라고 증언하여 공중 앞에서 힘있게 유대인의 말을 이김이러라."
고전 3:6-8 "나는 심었고 아볼로는 물을 주었으되 오직 하나님께서 자라나게 하셨나니, 그런즉 심는 이나 물 주는 이는 아무 것도 아니로되 오직 자라게 하시는 이는 하나님뿐이니라. 심는 이와 물 주는 이는 한가지이나 각각 자기가 일한 대로 자기의 상을 받으리라."
고전 4:6 "형제들아 내가 너희를 위하여 이 일에 나와 아볼로를 들어서 본을 보였으니, 이는 너희로 하여금 기록된 말씀 밖으로 넘어가지 말라 한 것을 우리에게서 배워 서로 대적하여 교만한 마음을 가지지 말게 하려 함이라."

자신을 교사로 불렀다.[43]

바울 당시에 교사들이 가르친 교재는 무엇이었을까? 첫째는 구약성서 중에서 그리스도에 관한 예언의 말씀들이었고, 그 다음은 A.D. 40-50년경에 기록된 "예수어록", 일명 Q자료라고 하는 것과 도마복음서와 같은 초기 형태의 복음서들, 지금은 전해지지 않았지만 그 당시에는 있었을 것으로 여기는 신앙지침서 내지는 신앙고백서들,[44] 그리고 당시 교회에서 회람되던 바울의 서신들[45] 등이었을 것이다. 이들을 한마디로 교훈이라고 성경은 기록하고 있다.[46] 이 교훈을 가르쳐 올바른 그리스도 신앙을 가진 성도로 양육하는 직책을 가진 자가 교사다. 이 교사들에게 요구되는 은사가 바로 이 지식의 은사다. 오늘날로 말하자면 목회자나 교회학교 교사에게 필요한 은사가 지식의 은사다.

(3) 영 분별의 은사다. 영 분별의 은사는 초대 교회에 매우 유익한 은사다. 당시에는 오늘날처럼 정경正經으로 확정된 성경이 없었다. 사도들

---

43 딤후 1:11 "내가 이 복음을 위하여 선포자와 사도와 교사로 세우심을 입었노라."
44 참고, 롬 6:17 "하나님께 감사하리로다. 너희가 본래 죄의 종이더니 너희에게 전하여 준 바 교훈의 본을 마음으로 순종하여."
45 참고, 롬 15:4 "무엇이든지 전에 기록된 바는 우리의 교훈을 위하여 기록된 것이니 우리로 하여금 인내로 또는 성경의 위로로 소망을 가지게 함이니라."
    고후 3:3 "너희는 우리로 말미암아 나타난 그리스도의 편지니, 이는 먹으로 쓴 것이 아니요 오직 살아 계신 하나님의 영으로 쓴 것이며, 또 돌판에 쓴 것이 아니요 오직 육의 마음판에 쓴 것이라."
    갈 6:11 "내 손으로 너희에게 이렇게 큰 글자로 쓴 것을 보라."
46 골 2:6-7 "그러므로 너희가 그리스도 예수를 주로 받았으니 그 안에서 행하되, 그 안에 뿌리를 박으며 세움을 받아 교훈을 받은 대로 믿음에 굳게 서서 감사함을 넘치게 하라."
    딤전 4:6 "네가 이것으로 형제를 깨우치면 그리스도 예수의 좋은 일꾼이 되어 믿음의 말씀과 네가 따르는 좋은 교훈으로 양육을 받으리라."
    딛 2:1 "오직 너는 바른 교훈에 합당한 것을 말하여."
    요이 1:9-10 "지나쳐 그리스도의 교훈 안에 거하지 아니하는 자는 다 하나님을 모시지 못하되, 교훈 안에 거하는 그 사람은 아버지와 아들을 모시느니라. 누구든지 이 교훈을 가지지 않고 너희에게 나아가거든 그를 집에 들이지도 말고 인사도 하지 말라."

은 그리스도께 직접 복음을 전해 들었기 때문에 그들의 가르침에 대해서는 누구도 이의를 제기하지 않았다. 하지만 예언자, 교사들은 달랐다. 그들이 가르치는 교훈을 검증하여 그가 참 교사인지, 거짓 교사인지를 가려내야 할 필요가 있었다. 특히 예언은 일종의 황홀경 상태에서 하나님의 말씀을 전하는 것인데, 영적으로 깊은 상태에서 하나님의 말씀을 전하는 것인지, 아니면 자기 마음에서 나오는 말인지를 알아내는 특별한 능력이 있어야 했다. 이때 필요한 은사가 영 분별의 은사다.

영 분별에 실례가 성경에 나온다.[47] 고린도전서 14장에 따르면 예언하는 사람은 계시를 받아 하는 것인데 한 사람씩 차례로 하고, 다른 사람들은 그것을 분별하라고 했다. 그러나 분별하던 사람에게 계시가 내려 그가 예언을 하면 먼저 하던 사람은 잠잠하라고 한다. 이는 나중 예언이 먼저 예언보다 더 신뢰가 있음을 인정하는 것이다. 그리고 예언하는 사람의 영은 예언하는 사람에게 통제를 받는다고 하였는데, 이는 예언은 예언으로 분별할 수 있다고 한 것이다.

바울은 로마서 말미에서 거짓 교사들, 즉 로마 교회 교인들이 배운 교훈과는 반대로 분쟁을 일으키며 걸림돌을 놓는 자들을 살피고 그들에게서 떠날 것을 권고한다.[48] 왜냐하면 이런 자들은 우리 주 그리스도를

---

47 고전 14:29-32 "예언하는 자는 둘이나 셋이나 말하고 다른 이들은 분별할 것이요, 만일 곁에 앉아 있는 다른 이에게 계시가 있으면 먼저 하던 자는 잠잠할지니라. 너희는 다 모든 사람으로 배우게 하고 모든 사람으로 권면을 받게 하기 위하여 하나씩 하나씩 예언할 수 있느니라. 예언하는 자들의 영은 예언하는 자들에게 제재를 받나니."

48 롬 16:17-18 "형제들아 내가 너희를 권하노니 너희가 배운 교훈을 거슬러 분쟁을 일으키거나 거치게 하는 자들을 살피고 그들에게서 떠나라. 이같은 자들은 우리 주 그리스도를 섬기지 아니하고 다만 자기들의 배만 섬기나니 교활한 말과 아첨하는 말로 순진한 자들의 마음을 미혹하느니라."

고후 11:13-15 "그런 사람들은 거짓 사도요 속이는 일꾼이니 자기를 그리스도의 사도로 가장하는 자들이니라. 이것은 이상한 일이 아니니라. 사탄도 자기를 광명의 천사로 가장하나니 그러므로 사탄의 일꾼들도 자기를 의의 일꾼으로 가장하는 것이 또한 대단한

섬기는 것이 아니라, 다만 자기의 배만 섬기는 자들이기 때문이다. 또한 이들은 달콤하고 아첨하는 말로 순진한 자들의 마음을 어지럽히기 때문이다. 그리스도 대신 자신의 배만 섬긴다는 표현은 방종, 방탕과 같이 세속적이며, 육을 따라 사는 타락한 삶에 대한 은유적 표현이다.[49] 이처럼 거짓 교사를 살피고 구별하는 능력, 그리고 예언을 분별하는 능력이 영 분별의 은사다.

실제 사역에서 영 분별은 매우 중요하다. 잘못된 영적 가르침에 얼마나 많은 사람들이 그릇된 신앙에 빠지는가? 영 분별은 일단 가슴으로 감지하게 된다. 그리고 그것을 성경의 지식과 지성의 판단으로 분별하게 된다. 그러므로 영 분별은 지성에 해당된다고 보는 것이다. 영 분별의 은사는 어느 정도의 은사 수준이면 대체로 임해 있다고 보는 것이 타당하다. 그러나 그 활용에 있어서 자신의 선입견이나 상대에 대한 편견 등을 앞세우면 안 된다. 영 분별은 성령께서 주시는 은사이므로 전적으로 성령의 인도하심을 받아 분별해야만 한다. 온전히 성령의 인도하심을 받아 영 분별을 하려면 자신의 육성을 완전히 죽여야 한다. 그래야만 정확한 영 분별을 할 수 있다. 어느 정도 정확히 분별할 수 있느냐는 얼마만큼 죽었는가에 달려있다.

그러나 영 분별의 은사가 없는 일반 성도는 어떻게 영 분별을 할 수 있는가? 그것은 아주 간단하다. 열매를 보아 나무를 알 수 있듯이 은사 사역자의 삶과 그의 사역의 열매를 보면 알 수 있다. 사역자가 주를 위해 헌금을 요청한다면 신앙에 따라 그의 요구를 들어주는 것이 당연할

일이 아니니라. 그들의 마지막은 그 행위대로 되리라."
49 빌 3:19 "그들의 마침은 멸망이요 그들의 신은 배요 그 영광은 그들의 부끄러움에 있고 땅의 일을 생각하는 자라."

수는 있지만, 자신의 유익을 위한다면 그는 로마 교회에 당부한 바울의 말처럼 거짓 교사일 가능성이 매우 높다.[50] 또한 자신의 감정을 주체하지 못하고 혈기를 내는 사역자들은 무조건 피하는 것이 상책이다. 그에게는 선한 열매가 없다. 자신이 전하는 복음과 삶의 모습이 다른 사역자, 달콤한 말로 아첨하는 사역자, 그의 인격에 주님의 인격의 흔적이 없는 사역자 등은 보아도 못 본 척하라. 우리나라에 수만 명 이상의 목회자가 있다. 그들 중에 잘 분별하면 좋은 목회자가 있을 터이니 그들을 따라가면 될 것이다.

2) 정에 해당하는 은사

마음이 아프면 실제로 가슴이 아프다. 생각을 잘못하여 실수를 하면 머리를 치지만 마음이 답답하면 가슴을 친다. 신경을 많이 쓰면 머리가 아프지만 마음에 상처를 받으면 가슴에 맺혀 답답하다. 그리하여 우리의 신체 중 마음의 자리는 가슴이다. 주의 성령으로 감동받아 가슴이 뜨거워질 때 나타나는 대표적인 은사가 방언이다. 그리고 이 방언과 관련되어 방언을 통역하는 은사가 통역의 은사다. 그리고 가슴이 완전히 열려 머리로는 통제가 안 되는 상황인 황홀경 상태에서 하나님의 말씀과

---

50 디다케라고 불리는 『열두 사도들의 가르침』이라는 책이 있다. 이는 기독교 초기문서들 중의 하나인데, 거기에 이런 말씀이 나온다.
영으로 말한다고 해서 다 예언자가 아니고 오직 주님의 생활 태도를 지녀야만 예언자입니다. 거짓 예언자와 (참) 예언자는 그 생활 태도로써 밝혀질 것입니다. 식탁을 (마련하라고) 영으로 명하는 모든 예언자는 바로 그 식탁에서는 먹지 않습니다. 만일 먹는다면 그는 거짓 예언자입니다. 진리를 가르치는 모든 예언자가 만일 가르치는 것들을 행하지 않는다면 그는 거짓 예언자입니다.……그러나 누가 영으로 말한다면서 내게 돈이나 다른 어떤 것을 주시오 하거든 여러분은 그의 말을 듣지 말아야 할 것입니다. 그러나 빈궁한 이들을 위하여 달라고 하거든 아무도 그를 심판하지 마시오.(11:8-12)
정양모 역주, 『열두 사도들의 가르침: 디다케』(왜관: 분도출판사, 1993).

뜻을 전하는 은사가 예언의 은사로 정에 해당한다.

(1) 방언의 은사는 은사의 기본이라고 말한다.[51] 그것은 우리의 심령이 성령의 감동하심을 받을 때 주로 나타나는 현상이기 때문이다. 방언은 오해도 많고, 받지 못해 애쓰는 사람도 많은 은사 중의 하나다. 성경에는 두 가지 종류의 방언이 나온다. 첫째는 사도행전에 나오는 방언으로 오순절 성령강림사건 때 그곳에 모인 무리들이 모두 방언을 하였다. 그들이 한 방언은 자신들이 배운 적이 없는 외국어다.[52]

둘째는 바울이 고린도전서 12장과 14장에서 말하는 방언이다. 바울은 방언을 사람의 말이 아니라, 하나님께 하는 것으로 영의 비밀을 말하는 것이라고 한다.[53] 방언은 자기의 덕을 세우는 것으로 은사 중 유일하게 자기의 유익을 위한 것이다. 그러므로 교회의 덕을 세우기 위해서는 방언을 통역하기를 위해 기도하라고 권면한다.[54] 방언은 사람들이 알아듣지 못하므로 교회 안에서는 사용하지 말 것을 당부한다.[55]

---

51 방언은 그리스어로 글로사*glossa*인데, 이는 본디 혀란 뜻이다. 은사로서의 사전적인 정의는 습득한 일이 없이 언어를 무아의 상태에서 말하는 현상을 일컫고 있다.

52 행 2:1-8 "오순절 날이 이미 이르매 그들이 다같이 한 곳에 모였더니, 홀연히 하늘로부터 급하고 강한 바람 같은 소리가 있어 그들이 앉은 온 집에 가득하며, 마치 불의 혀처럼 갈라지는 것들이 그들에게 보여 각 사람 위에 하나씩 임하여 있더니, 그들이 다 성령의 충만함을 받고 성령이 말하게 하심을 따라 다른 언어들로 말하기를 시작하니라. 그때에 경건한 유대인들이 천하 각국으로부터 와서 예루살렘에 머물러 있더니, 이 소리가 나매 큰 무리가 모여 각각 자기의 방언으로 제자들이 말하는 것을 듣고 소동하여, 다 놀라 신기하게 여겨 이르되 보라 이 말하는 사람들이 다 갈릴리 사람이 아니냐. 우리가 우리 각 사람이 난 곳 방언으로 듣게 되는 것이 어찌 됨이냐."

53 고전 14:2 "방언을 말하는 자는 사람에게 하지 아니하고 하나님께 하나니, 이는 알아듣는 자가 없고 영으로 비밀을 말함이라."

54 고전 14:12-13 "그러므로 너희도 영적인 것을 사모하는 자인즉 교회의 덕을 세우기 위하여 그것이 풍성하기를 구하라. 그러므로 방언을 말하는 자는 통역하기를 기도할지니."

55 고전 14:19 "그러나 교회에서 네가 남을 가르치기 위하여 깨달은 마음으로 다섯 마디 말을 하는 것이 일만 마디 방언으로 말하는 것보다 나으니라."
고전 14:23 "그러므로 온 교회가 함께 모여 다 방언으로 말하면 알지 못하는 자들이나 믿지 아니하는 자들이 들어와서 너희를 미쳤다 하지 아니하겠느냐."

우리가 말하는 방언은 이 두 번째의 방언이다. 방언의 은사를 사모하는 이들이 적지 않은데, 방언은 가슴이 열리면 받는다. 즉 자신의 감정보다 성령의 감동이 더 커서 주체할 수 없을 때 방언은 터져 나온다. 나는 중학교 2학년 때 방언의 은사를 받았다. 당시 다니던 흥업침례교회에서 부흥회를 할 때였다. 설교 말씀이 끝나고 통성기도 시간에 기도를 하는데, 강사 분이 내 머리에 손을 얹고 지나가셨다. 손이 내 머리에 닿는 순간 아찔한 현기증을 느꼈고, 이어 혀가 꼬였다. 말이 되질 않았다. 방언이 뭔지도 모르고 받았다. 이처럼 방언은 성령께서 내 심령을 터치하는 무엇인가가 있을 때 받는 것이다.

그런데 방언은 어느 정도 감정이 고조되면 나오는 수도 종종 있다. 열광적인 분위기에서 할렐루야를 빨리 반복하면 혀가 꼬이기도 한다. 또는 막 부르짖어 기도하다 보면 방언처럼 되기도 한다. 그래서 방언도 진짜인지 가짜인지 검사를 한다고 한다. 이런 이유 때문에 감리교 창시자인 존 웨슬리John Wesley는 은사 중에서 방언의 은사를 신뢰하지 않았다고 한다.

방언의 은사는 그런 것이 아니다. 그런 과정에서 임할 수도 있겠으나 방언은 엄연히 성령의 역사로 임하는 것이다. 성령께서 그 마음에 감동을 주시면 방언과 더불어 먼저 회개가 나온다. 눈물콧물 정신없이 흘러나온다. 그런 연후에 마음에 참 평화가 임한다. 이렇게 받은 방언이야말로 성령께서 주시는 진정한 방언이라고 할 수 있다. 은사는 어느 정도이냐의 문제다. 성령께서 우리의 영·혼·육을 뚫고 임하시는데, 어느 정도까지 깊게 뚫고 들어오느냐, 단지 육의 부분만 터치하시는가? 아니면 영의 깊은 곳까지 터치하시느냐에 따라 다르다. 같은 방언이라 할지라도 육의 방언, 혼의 방언, 영의 방언, 천사의 방언 등으로 구분하여 말하는 이유가 이 때문이다.

우리가 '중국방언이다, 일어방언이다, 또는 미국방언이다' 라고 말하는데 이는 진짜 중국말이나 영어를 하는 것은 아니다. 단지 발음이 비슷할 뿐이다. 발음에 신경 쓸 필요는 없다. 처음에 방언을 받고나면 점차로 방언이 바뀐다. 물론 바뀌는 것은 영이 바뀌는 것이 아니라 발음이 바뀌는 것이다. 그리고는 일정한 발음으로 안정된다. 이때까지 방언으로 많이 기도하면 방언이 빨리 안정되는데 도움을 준다.

우리가 방언에 대해 가장 많이 오해하는 부분이 있다. 그것은 오랜 기간 동안 방언기도를 하다 보면 자신이 무슨 기도를 하는지 안다는 것이다. 본디 방언은 자기 자신도 알아듣지 못한다. 그러기에 마음에 열매를 맺지 못한다고 하는 것이다.[56] 그럼에도 불구하고 자신의 방언을 알아듣는다고 하는 것은 둘 중의 하나다. 첫째는 통역의 은사를 받았거나, 둘째는 그저 자신의 마음에 있는 기도를 할 때 우리말이 아닌 방언으로 하는 것이다. 이것은 그냥 우리말로 하는 것과 다를 바 없다. 우리말로 기도하더라도 외국인이 보면 다 방언이다. 또한 통역의 은사가 자신을 위한 것이 아니라 교회를 위한 것이기 때문에 자신의 방언을 스스로 통역하는 것은 논리상 잘 맞지 않는다. 그저 자신의 영이 어떤 기도를 하고 있는지를 아는 정도일 것이다.

실제로 방언을 하는 것을 어쩌다 들어보면 방언이 우리의 생각과 매우 다르다는 것을 알 수 있다. 거의 대부분이 회개 또는 감사와 찬양에 집중되어 있으며, 그것을 계속 반복한다는 것이다. 방언은 영의 비밀을 말하는 것이다. 자신의 유익을 위한 영의 비밀이 무엇이겠는가? 그것은

---

56 고전 14:14 "내가 만일 방언으로 기도하면 나의 영이 기도하거니와 나의 마음은 열매를 맺지 못하리라."

하나님과의 교통과 영의 간구, 찬양, 감사 등일 수밖에 없다. 아주 긴급한 상황을 제외하고는 우리 육신에 대한 간구는 방언에 거의 들어있지 않다고 보면 된다.

그리고 마음의 기도를 방언으로 하는 것도 그다지 나쁜 방법은 아니다. 오히려 유익을 줄 수 있다. 다만 방언은 성령의 언어이므로 입술을 정화시키는 기도를 먼저 한 후에 방언으로 기도해야 한다. 우리가 기도 제목을 놓고 하는 마음의 기도를 방언으로 하게 되면 마음은 우리의 간구를, 그리고 영으로는 하나님의 비밀을 기도하는 것인데, 그러다 보면 내 마음의 간구와 영의 간구가 기도 속에서 일치되는 경험을 종종 하게 된다. 이를 놓고 기도가 바뀐다고 말하는 것이다. 좋은 일이다. 또한 방언으로 기도하는 사람들이 방언으로 기도하면 기도에 힘이 있고 믿음이 생긴다는 말을 종종 듣게 된다. 이것은 방언이 성령 안에서 하는 기도이기 때문에 자연히 힘이 있는 기도가 나오는 것이다.

나는 가끔 산에 올라가 기도를 하는데, 나는 그저 주님의 이름을 부르고는 그의 임재를 느끼며 그냥 편안히 앉아 있는다. 한 시간이 넘게 기도해도 몇 마디 하지 않는다. 그때 가끔 생각 없이 몇 마디를 방언이나 우리말로 기도한다. 아주 짧은 기도들이다. 그런데 이때의 기도는 언어 자체의 의미는 없다. 그저 나오는 것이다. 아무 생각도 없고, 아무 느낌도 없고, 마음에 남지도 않는 기도요 방언이다. 영으로 하는 기도는 이처럼 마음에는 아무런 의미를 남기지 않는다. 그래서 마음에 열매가 없다고 하는 것이다. 모름지기 모두가 깊은 방언기도, 영·혼·육을 꿰뚫고 나오는 방언기도를 하기를 바란다.

(2) **통역의 은사다.** 통역의 은사는 글자 그대로 방언을 통역하는 은사다. 방언에는 영의 비밀이 담겨져 있기 때문에 통역을 함으로서 그 비

밀 속에 담겨진 성령의 계시를 받을 수 있다. 그래서 방언은 교회에 유익을 주지 못하나 통역은 교회에 유익을 주는 것이다.[57] 통역의 은사에서 통역은 귀로 듣는 것 같아도 실제로는 마음으로 듣고 마음으로 아는 것이다. 방언의 통역을 통해 예언도 가능하고, 통역을 함으로 그 사람의 방언의 상태와 깊이, 그리고 영 분별도 할 수 있기에 매우 유익한 은사다. 그래서 바울이 통역하기를 위해 기도하라고 한 것이다.[58] 또한 방언하는 자가 통역하여 교회의 덕을 세우지 않으면 예언하는 자만 못하다고 한 것은 통역을 예언처럼 교회의 덕을 세우는 중요한 은사로 보았다는 증거다.(고전 14:5)

나는 방언 통역하는 것을 여러 번 보았으나 실제로 통역을 해본 것은 몇 번 되지 않는다. 그리하여 통역의 은사에 대해서 깊이 있는 이야기는 할 수 없다. 다만 내 경험으로 볼 때 통역은 아무 때나 되는 것이 아니다. 물론 통역을 계속함으로 훈련된 사람이라면 할 수 있겠지만 그렇지 않은 것 같다. 내가 통역을 경험한 것은 내가 기도를 많이 하고 내 영이 아주 맑아졌을 때, 방언으로 기도하는 사람의 방언이 들렸다기보다 기도가 무슨 내용인지 알아지고 느껴졌다. 내가 말할 수 있는 정도는 이 정도다.

그러므로 방언의 통역은 영적으로 매우 맑은 상태가 되어야 한다는 것이다. 맑지 않으면 예언처럼 자기의 생각이 통역을 통해 나온다. 자기에게 스스로 속아 자기 생각으로 통역하는 것이다. 따라서 통역의 은사를 받은 사람은 스스로 영적 상태를 점검하고 깨끗하게 유지하지 않으

---

57 고전 14:5 "나는 너희가 다 방언 말하기를 원하나 특별히 예언하기를 원하노라. 만일 방언을 말하는 자가 통역하여 교회의 덕을 세우지 아니하면 예언하는 자만 못하니라."
58 고전 14:13 "그러므로 방언을 말하는 자는 통역하기를 기도할지니."

면 안하는 이만 못하다. 영적 사역은 믿음을 동반하기 때문에 잘못되어진 예언이나 통역은 한 사람을 능히 망하게도 죽일 수도 있기 때문이다.

(3) **예언의 은사다.** 고린도전서 12장과 14장을 보면 예언의 은사는 당시 교회에서 매우 중요한 은사 중의 하나로 중요하게 여겼던 것만큼은 사실인 것 같다. 바울은 방언은 자기의 덕을 세우지만 예언은 교회의 덕을 세우는 것이므로 신령한 것, 즉 은사 중에서 특히 예언하기를 사모하라고 하였다.[59]

성경 전체에 예언에 대한 말씀은 많이 나온다. 구약에서는 하나님 말씀을 전하는 것을 예언이라고 하였다. 그러한 사람을 예언자, 선지자, 선견자로 불렀다. 구약의 예언자들이 그냥 하나님의 말씀을 전한 것은 아니다. 그들은 하나님의 초자연적인 계시를 받았고, 그것을 가지고 이스라엘을 향해 외쳤던 것이다.[60] 바울도 이런 맥락에서 예언을 말한다.

구약에서의 예언의 형태를 보면 주류를 이루는 것이 이스라엘의 죄악을 고발하고 회개를 촉구한 예언들이다. 후기 예언서가 이것들이다. 그러나 개인의 문제들에 대해 하나님의 뜻을 묻는 예언도 나온다. 사울

---

59 고전 14:1 "사랑을 추구하며 신령한 것들을 사모하되 특별히 예언을 하려고 하라."
고전 14:4 "방언을 말하는 자는 자기의 덕을 세우고 예언하는 자는 교회의 덕을 세우나니."
60 삼상 3:10 "여호와께서 임하여 서서 전과 같이 사무엘아 사무엘아 부르시는지라. 사무엘이 이르되 말씀하옵소서 주의 종이 듣겠나이다 하니."
왕상 21:17 "여호와의 말씀이 디셉 사람 엘리야에게 임하여 이르시되."
사 6:8 "내가 또 주의 목소리를 들으니 주께서 이르시되 내가 누구를 보내며 누가 우리를 위하여 갈꼬 하시니, 그 때에 내가 이르되 내가 여기 있나이다 나를 보내소서 하였더니."
렘 1:2 "아몬의 아들 유다 왕 요시야가 다스린 지 십삼 년에 여호와의 말씀이 예레미야에게 임하였고."
겔 1:3 "갈대아 땅 그발 강 가에서 여호와의 말씀이 부시의 아들 제사장 나 에스겔에게 특별히 임하고 여호와의 권능이 내 위에 있으니라."

이 아버지가 암나귀를 잃어버려 그것을 찾으러 다닐 때, 예물을 가지고 나귀의 행방을 물으러 사무엘을 찾아가는 말씀이 나온다.[61] 그 중에 "(옛적 이스라엘에 사람이 하나님께 가서 물으려 하면 말하기를 선견자에게로 가자 하였으니 지금 선지자라 하는 자를 옛적에는 선견자라 일컬었더라)"는 말씀이 나온다. 이것을 보면 하나님께서 그 문제에 대해 어떻게 말씀하시는지를 물으러 사람들이 예언자를 찾아갔었다는 사실을 알 수 있다.

이러한 두 가지 모두가 바울이 말하는 예언의 은사의 역할이다. "예언하는 자는 사람에게 말하여 덕을 세우며 권면하며 위로하는 것이요" 또는 "예언은 믿지 아니하는 자들을 위하지 않고 믿는 자들을 위함이니라"[62]는 말씀을 볼 때 예언은 믿는 자들에게 그들의 문제에 대한 하나님의 말씀을 전하여 줌으로 그들이 말씀과 신앙 안에서 문제를 해결하도록 권면하고 위로하는 기능을 하였던 것이다. 그리하여 성도를 굳게 세우므로 교회에 덕을 세우는 것이다.

오늘날에도 예언의 기능은 이와 다르지 않다. 교회나 공동체만을 위한 예언이라고 생각할 필요는 없다. 개인을 위한 예언도 성서적이다. 고

---

61 삼상 9:6-9 "그가 대답하되 보소서 이 성읍에 하나님의 사람이 있는데 존경을 받는 사람이라. 그가 말한 것은 반드시 다 응하나니 그리로 가사이다. 그가 혹 우리가 갈 길을 가르쳐 줄까 하나이다 하는지라. 사울이 그의 사환에게 이르되 우리가 가면 그 사람에게 무엇을 드리겠느냐. 우리 주머니에 먹을 것이 다하였으니 하나님의 사람에게 드릴 예물이 없도다 무엇이 있느냐 하니, 사환이 사울에게 다시 대답하여 이르되 보소서 내 손에 은 한 세겔의 사분의 일이 있으니 하나님의 사람에게 드려 우리 길을 가르쳐 달라 하겠나이다 하더라.(옛적 이스라엘에 사람이 하나님께 가서 물으려 하면 말하기를 선견자에게로 가자 하였으니 지금 선지자라 하는 자를 옛적에는 선견자라 일컬었더라)."
62 고전 14:3 "그러나 예언하는 자는 사람에게 말하여 덕을 세우며 권면하며 위로하는 것이요."
   고전 14:31 "너희는 다 모든 사람으로 배우게 하고 모든 사람으로 권면을 받게 하기 위하여 하나씩 하나씩 예언할 수 있느니라."
   고전 14:22 "그러므로 방언은 믿는 자들을 위하지 아니하고 믿지 아니하는 자들을 위하는 표적이나 예언은 믿지 아니하는 자들을 위하지 않고 믿는 자들을 위함이니라."

린도 교회에서 행해진 예언 사역의 형식을 보면 어떤 주제, 개인이든 교회이든지 간에 그 주제나 문제를 놓고 예언의 은사를 받은 예언자들이 자기에게 임한 하나님의 말씀, 또는 계시를 차례차례 한 사람씩 질서를 지켜가며 예언을 한다. 그리고 예언한 것을 예언자들이 검증을 한다. 최종적으로 교회의 지도자가 그 예언을 가지고 신앙적인 권면이나 위로를 한다. 우리가 직접 보지 않아 알 수는 없지만 본문에 비추어보면 틀림없이 이런 식으로 진행하였을 것이다.

예언은 어떻게 하는 것인가? 예언은 주로 듣는 것과 보는 것에 의존한다. 이는 은사의 원리에서 말하겠지만 영적 감각 중 눈과 귀, 즉 보는 것과 듣는 것으로 한다. 듣는 것은 하나님의 말씀을 듣는 것이며, 보는 것은 환상을 통해 보는 것이다. 눈과 귀가 아니라, 다 마음으로 듣고 마음으로 보는 것이다. 여기서도 당연히 은사의 예민함과 깊이의 차이가 있다. 은사가 잘 열려있고, 영적으로 예민한 사람은 분명하게 듣고 직접적으로 본다. 그러나 은사 수준이 낮은 사람은 주로 상징을 통해 본다. 이보다도 영적 수준이 낮은 사람은 육의 의식이 강하므로 주로 잠 잘 때 꿈을 통해 나타난다. 상징은 해석이 필요하다. 그 해석의 정확성을 위해 여러 사람의 예언자가 필요하다. 그래서 바울도 몇 사람의 예언자가 돌아가면서 예언하고 그 예언을 검증하라고 했을 것이다. 설명하는 말이 힘들다. 아마도 바울이 그래서 예언의 은사를 설명하지 않고 받으라고 한 것 같다. 받으면 안다. 이 정도만 하자.

마지막으로 예언은 잘 맞지 않는 경우가 많다는 사실을 잊어서는 안 된다. 한 사람에게 예언 기도를 받고는 그것이 하나님의 뜻인 양 결론짓는 것은 위험하다. 내가 보건대 우리나라의 예언 수준은 그 정확도가 60% 정도일 것이다. 70% 이상이면 세계적인 예언가 반열에 들 수 있다. 왜 예언이 잘 맞지 않을 수 있느냐 하면, 그것은 예언의 특성상 그렇다. 예언은 마음을 통해 보고 듣는 것이다. 그렇다면 예언자의 마음이 맑고 투명해야 한다는 전제조건이 필연적으로 뒤따른다. 성령께서 100%로 내려 보내도 예언자가 자신의 편견이나 사생활 등의 문제로 인해 그 마음이 흐려있으면 100%를 다 투과하지 못한다. 그러므로 방언의 통역과 더불어 예언의 정확성은 예언자가 자기 마음을 얼마나 깨끗이 비웠느냐에 달려 있다. 즉 얼마나 육성이 죽었느냐에 달려 있다.

그렇다고 한다면 신경질적인 예언자나 사생활이 깨끗하지 못한 예언자, 기도 많이 하지 않는 예언자, 겸손이 아닌 자존감에 문제가 있는 예언자, 자기 말이나 자랑을 많이 하는 예언자 등은 당연히 피해야 한다. 그가 간혹 정확한 예언을 했다 할지라도 그것은 어쩌다 일뿐이다. 그러므로 바울도 여러 사람에게 예언을 받으라고 한 것이다. 그런데 예언들이 서로 맞지 않을 경우에는 어떻게 하는가? 섣불리 판단하지 말고 유보하라. 더 기도하고 믿음으로 주님께 맡겨라. 사실 예언보다 중요한 것이 믿음이다. 예언은 기능이므로 편리성은 있지만, 그것으로 구원받는 것이 아니다. 우직하게 믿음으로 사는 것보다 좋은 것은 없다.

한마디 더하자면 예언은 교회에 유익을 주는 것이다. 그러므로 예언을 받을 때에 자기의 욕심을 정당화시키기 위한 목적이나 욕심과 이기심을 충족시키려는 마음으로 예언을 받는 것은 올바른 신앙이 아니다.

3) 의에 해당하는 은사

은사의 의는 의지가 특히 요구되는 은사로, 능력 행하는 은사, 믿음의 은사, 치유의 은사가 이에 해당한다. 이들 은사에 대한 바울의 설명이 없는 것으로 보아 당시 사람들은 잘 알고 있어 별도의 설명이 필요

없는 은사였을 것이다. 바울이 은사들 중에 방언, 예언, 통역의 은사들에 대해서는 비교적 그 용법을 자세히 설명하는 것으로 보아 많은 사람들이 이들 은사에 대해 친숙해져 있었던 것으로 보인다. 그러나 지혜, 지식, 치유, 믿음, 능력 행하는 은사에 대해서는 별다른 언급이 없다. 따라서 이들 은사는 특별한 사명을 가진 자들을 위한 은사였을 것이다. 즉 일반 평신도가 아닌 사도나 교회의 지도자, 교사와 같이 교회를 위한 특별한 사명자들을 위한 은사들이다.[63]

의에 해당하는 은사들의 공통점이 있다. 그것은 의지가 특별히 요구된다는 것이다. 이 의지는 믿음을 기초로 한다. 믿음, 능력 행하는 것, 치유 등의 은사는 믿음이 없이는 일어날 수 없는 것들이다. 그래서 나는 이들 은사를 믿음 계열의 은사라고 부른다. 이들 은사는 따로따로 나타난다기보다 함께 나타나는 경우가 대부분이다. 사실상 구별이 쉽지 않다. 의에 해당하는 은사를 가진 사역자들을 만나보면 한결같이 담대하다. 의지가 매우 강하기 때문이다. 담대하지 않으면 능력을 발휘할 수 없다. 담대하게 복음을 증거하고 주의 일을 하기 위해서 필요한 은사가 의에 해당하는 은사다.

(1) 능력 행하는 은사다.[64] 어떤 것이 능력 행하는 은사이냐? 바울의 설명이 없으므로 알 수 없다. 그러나 여러 가지 정황을 살펴보면 바울이

---

63 고후 12:12 "사도의 표가 된 것은 내가 너희 가운데서 모든 참음과 표적과 기사와 능력을 행한 것이라."
  롬 15:18-19 "그리스도께서 이방인들을 순종하게 하기 위하여 나를 통하여 역사하신 것 외에는 내가 감히 말하지 아니하노라. 그 일은 말과 행위로 표적과 기사의 능력으로 성령의 능력으로 이루어졌으며, 그리하여 내가 예루살렘으로부터 두루 행하여 일루리곤까지 그리스도의 복음을 편만하게 전하였노라."
64 고전 12:10 "어떤 사람에게는 능력 행함을, 어떤 사람에게는 예언함을, 어떤 사람에게는 영들 분별함을, 다른 사람에게는 각종 방언 말함을, 어떤 사람에게는 방언들 통역함

말한 능력 행하는 은사가 무엇인지를 알 수 있게 된다. 우선 성경에서 능력이란 말이 어떻게 쓰였는지를 보자. 우리가 사용하는 것처럼 성경도 아주 다양하게 능력이란 말을 사용하고 있음을 알 수 있다. 말씀의 능력,[65] 귀신을 쫓아내는 능력,[66] 치유하는 능력,[67] 믿음의 능력,[68] 예언하는 능력[69] 등 다양하다. 심지어 사탄도 능력을 행한다.[70] 사실 은사 중에 능력이 아닌 은사가 어디 있는가?

바울이 능력 행하는 은사라고 부른 것은 위에 열거한 능력 중에 무엇을 말하는가? 하나씩 보자. 말씀의 능력은 지식이나 지혜의 은사에 해당한다. 치유하는 능력은 치유의 은사다. 믿음의 능력은 믿음의 은사요, 예언하는 능력은 예언의 은사다. 그렇다면 남는 것은 귀신을 쫓아내는 능력이다. 그렇다. 바울이 다른 은사와 구별되는 것으로서 능력을 행하는 은사를 말할 때에는 그것은 귀신을 쫓아내는 능력을 말한다는 결론에 도달한다.

을 주시나니."
여기서 능력은 두나미스*dunamis*란 단어다.
65 마 13:54 "고향으로 돌아가사 그들의 회당에서 가르치시니 그들이 놀라 이르되 이 사람의 이 지혜와 이런 능력이 어디서 났느냐."
히 1:3 "이는 하나님의 영광의 광채시요 그 본체의 형상이시라. 그의 능력의 말씀으로 만물을 붙드시며 죄를 정결하게 하는 일을 하시고 높은 곳에 계신 지극히 크신 이의 우편에 앉으셨느니라."
66 눅 4:36 "다 놀라 서로 말하여 이르되 이 어떠한 말씀인고 권위와 능력으로 더러운 귀신을 명하매 나가는도다 하더라."
67 눅 6:19 "온 무리가 예수를 만지려고 힘쓰니, 이는 능력이 예수께로부터 나와서 모든 사람을 낫게 함이러라."
68 살후 1:11 "이러므로 우리도 항상 너희를 위하여 기도함은 우리 하나님이 너희를 그 부르심에 합당한 자로 여기시고 모든 선을 기뻐함과 믿음의 역사를 능력으로 이루게 하시고."
69 고전 13:2 "내가 예언하는 능력이 있어 모든 비밀과 모든 지식을 알고 또 산을 옮길 만한 모든 믿음이 있을지라도 사랑이 없으면 내가 아무 것도 아니요."
70 살후 2:9 "악한 자의 나타남은 사탄의 활동을 따라 모든 능력과 표적과 거짓 기적과."

모든 은사가 다 성령께서 주시는 것이므로 성령의 능력이 동반되어 나타난다. 그러나 바울은 병을 고치는 능력과 믿음을 행하는 능력과는 구별된 귀신을 쫓아내는 능력을 능력 행하는 은사로 불렀다. 그렇다면 이 은사는 어떻게 받으며, 어떻게 활용하는가? 여기에 대해서는 뒤에 귀신 들린 사람의 치유 부분에서 자세히 다룰 것이다. 그 능력을 받는 것은 다른 은사들처럼 특별한 현상과 함께 임하는 것은 아니다. 다만 성령의 사역 속에 자연히 나타나게 된다. 성령이 임하면 능력도 임한다.[71]

(2) 믿음의 은사다. 일일이 열거하지 않더라도 성경에서 믿음도 다양한 용법으로 쓰인다. 그리고 무엇보다도 믿음은 하나님이 주시는 것이므로 그 자체가 은사다.[72] 그러나 고린도전서 12장의 본문이 구원에 이르는 믿음을 말하는 것은 아니다. 즉 하나님이 선물로 주시는 믿음으로 우리가 구원을 얻었다는 말을 하려는 것이 아니다. 그러므로 여기서 말하는 은사로서의 믿음은 또 다른 의미로 사용했음을 알아야 한다. 그 해답은 13장에 나온다. "산을 옮길 만한 모든 믿음이 있을지라도 사랑이 없으면 내가 아무것도 아니요."(13:2) 그러므로 산을 옮길 만한 믿음은 믿음으로 능력을 행하는 은사로서의 믿음이다.

이 말씀은 주님의 말씀을 연상하게 한다. 주님께서는 너희가 믿고 의심하지 않으면 이 산더러 '들려서 바다에 빠져라'고 말해도 그렇게 될 것이며, 또 기도할 때에 이루어질 것을 믿고 구하는 것은 무엇이든지 다 받을 것이라고 하셨다.[73] 그러므로 믿음의 은사는 하나님이 그렇게 해주

---

71 마 12:28 "그러나 내가 하나님의 성령을 힘입어 귀신을 쫓아내는 것이면 하나님의 나라가 이미 너희에게 임하였느니라."
72 엡 2:8 "너희는 그 은혜에 의하여 믿음으로 말미암아 구원을 받았으니, 이것은 너희에게서 난 것이 아니요 하나님의 선물이라."

실 줄로 믿을 때 그 믿음대로 되어지는 차원의 은사다. 이 차원에서는 기도하니까 믿어지는 것이 아니라 믿어지니까 기도하는 것이다. 그렇게 될 줄로 믿어지니까 행하는 것이고, 행하니까 현실이 되는 것이다.

은사 차원의 믿음에 대해서는 많은 오해가 있다. 그것 때문에 많은 성도들이 믿음을 가지고 기도하지만 이루어지지 않음으로 인해 믿음의 상처를 받는다. 그것은 믿음 차원의 은사에 대한 오해 때문이다. 내가 경험한 바로는 은사 차원의 믿음은 그 믿음이 막연한 그 어떤 신념 정도가 아니라, 실제 몸과 마음으로 감지할 수 있는 것이다. 어떤 일에 있어서 그것이 현실이 된다는 믿음이 생기면 실제로 묵직한 그 무엇이 몸으로 감지되며, 담대해지고 의심이 없다. 의심이 없어지는 것이 아니라 의심 자체가 없다.

내가 이곳 치악산에 들어올 때, 돈을 싸 가지고 들어오지 않았다. 가지고 온 것은 빚이다. 지금도 여전히 1억이 훨씬 넘는 빚이 있다.[74] 그러나 한 번도 이자가 밀리거나 카드가 연체되거나 하지 않았다. 교인도 몇 되지 않는 미자립교회요, 대외적으로 활동을 하는 것도 아니다. 책이 잘 팔려 저작권료가 들어온 적도 없다. 그저 내 사명이 이러니 이렇게 지내는 것이다. 그러나 이곳에 들어오기 전에 하나님이 나의 가정과 생활을 책임지신다는 믿음이 생겼다. 그 믿음이 나를 책임지고 있다. 필요할 때, 필요한 것을 주시는 주님의 은혜에 대한 간증을 하려면 책 한 권도

---

73 마 21:21-22 "예수께서 대답하여 이르시되 내가 진실로 너희에게 이르노니 만일 너희가 믿음이 있고 의심하지 아니하면 이 무화과나무에게 된 이런 일만 할 뿐 아니라 이 산더러 들려 바다에 던져지라 하여도 될 것이요. 너희가 기도할 때에 무엇이든지 믿고 구하는 것은 다 받으리라 하시니라."
74 이것은 내 빚이 아니라 주님의 빚이다. 교회를 구입하기 위해 대출받은 것이기 때문이다. 그래서 주님이 책임져 주시는 것이다.

모자랄 것이다.

은사 차원의 믿음은 막연한 것이 아니다. 막연한 믿음을 확실한 것으로 붙들려고 애쓰지 말라. 그것은 성령께서 주시는 은사 차원이다. 차원을 넘어서지 않으면 믿음의 은사는 없다. 믿음의 은사가 없는 자라할지라도 다만 믿고 구하는 자에게 주신다고 했으니 열심히 기도하며 구하다 보면 주님의 긍휼히 여기시는 은혜가 임해 응답받을 수도 있을 것이다.

(3) 치유의 은사다. 치유의 은사에 대해서는 치유 사역 부분에서 자세하게 다룰 것이다. 다만 치유의 은사는 은사의 의에 해당되느니 만큼 의지가 매우 중요하다. 특히 사역자의 의지가 병자의 의지보다 중요하다.

2장 은사의 원리

이제까지의 논의를 바탕으로 은사의 원리에 대한 이야기를 해보자. 우리는 흔히 은사가 열린다는 말을 한다. 그렇다면 무엇이 열리는 것인가? 어떻게 열리는가? 열려진 은사는 어떤 원리로 작용하며 활용하는가? 등을 살필 것이다. 그리고 은사는 반드시 연단받으며, 받아야만 하는데 은사가 연단받는다는 것이 무엇인지, 어떻게 연단받는지, 연단받을 때 어떻게 해야 하는지에 대해 살펴볼 것이다. 마지막으로 은사의 결론에 대해 썼다. 이는 은사에 대한 이론적인 결론이 아니라 은사의 최종 목적과 결과에 대한 것이다. 은사의 주의 사항에 대해서는 따로 말하지 않았다. 필요할 때 그때마다 다룰 것이다.

진도가 더 나가기 전에 반드시 일러줄 말이 있다. 그것은 은사가 임했다고 해서 은사에 집중하지도 말고 현상에 매이거나 집착하지도 말라는 것이다. 은사는 본디 불완전한 것이다. 은사가 완전한 것이라는 생각을 버려야 한다.[1] 그러므로 오직 주님께만 집중해야 한다. 그래야만 현상에 매이지 않고 건강한 은사를 소유하게 되며, 은사를 사사로이 쓰지 않고 오직 주님을 위해 쓰게 된다. 또한 은사 세계에서 길을 잃고 방황하지 않게 된다. 이 말이 얼마나 중요한지는 아는 사람만 안다. 그저 모르는 사람이라 할지라도 무조건 주님께만 집중하라.

---

1 고전 13:8-10 "사랑은 언제까지나 떨어지지 아니하되 예언도 폐하고 방언도 그치고 지식도 폐하리라. 우리는 부분적으로 알고 부분적으로 예언하니 온전한 것이 올 때에는 부분적으로 하던 것이 폐하리라."

1. 은사 세계의 열림

은사의 세계는 우리의 의식의 세계와는 차원이 다른, 또 다른 무한의 세계다. 차원으로 말하자면 은사의 차원은 일상의 차원보다는 높지만, 영성의 전체 차원에서 보면 그다지 높은 차원은 아니다. 오히려 영적 차원 중에서 낮은 단계에 속한다고 볼 수 있다. 물론 단순하게 비교할 수 있는 것은 아니지만, 영성에서 말하는 정화의 단계보다도 낮은 차원이다. 왜냐하면 정화의 단계는 진정한 회개가 이루어지는 단계이지만, 은사는 회개 없이도 나타나기 때문이다. 따라서 은사의 세계에 대한 동경은 금물이다. 성도가 동경해야 하는 것은 오직 주님밖에 없다. 남의 속을 들여다보는 은사보다 자기 자신을 들여다보는 것이 더 중요하며, 남을 회개시키는 것보다 내가 회개하는 것이 더 귀하다.

대부분의 사람들은 장님 코끼리 만지듯 극히 일부분만 경험하게 된다. 그럼에도 불구하고 그 경험은 실로 엄청난 것처럼 느껴진다. 아주 충격적이다. 나도 한동안 정신을 못 차렸다. 치유의 은사가 임하고 나서 그 후 은사의 세계를 두루 경험하고는 은사가 포기되어야 한다는 사실을 깨닫고 은사를 버릴 수 있게 되기까지 9년이 걸렸다. 은사로부터 자유로움을 주신 주님의 은혜에 감사할 따름이다. 이 책을 읽는 사람들도 부디 주님의 은혜로 은사로부터 자유로움을 얻게 되기를 바란다.

자, 은사의 세계가 열린다는 것이 무슨 말인가? 그것은 영적 감각이 열린다는 말과 같은 말이다.[2] 영적 감각은 우리가 의식세계에서 느낄 수

---

2 영적 감각이란 말에 대해 한마디 해야 한다. 우리가 흔히 영적 감각이라고 말하는 감각들은 우리가 의식의 세계에서 느끼는 감각과 다르기에 그렇게 부르는 것이다. 그러나 실제로 영적 감각이란 말은 정확한 말이 아니다. 은사의 세계에서 보고, 듣고, 냄새 맡고

없는 감각이지만 의식세계에서 느끼는 다섯 가지 감각이 그대로 적용된다. 즉 의식세계에서의 감각은 보는 것, 듣는 것, 냄새 맡는 것, 맛보는 것, 몸으로 느끼는 것이다. 이를 시각, 청각, 후각, 미각, 촉각으로 부른다. 그러나 이 다섯 가지 감각만 가지고는 부족하다. 이들을 통합하고 분석하여 결정을 지어주는 의식이 있다. 이 의식이 직감이다.

영적 세계의 감각도 마찬가지다. 다섯 개의 감각에다가 의식을 더한 여섯 개의 감각이 사용된다. 다만 일반 사람들이 의식세계에서 느낄 수 없는 것을 영적인 감각을 통해 감지하는 것이다. 영적인 감각은 시각, 청각, 후각, 미각, 촉각, 그리고 영적 의식인 직감이다.[3] 그러므로 영적 감각은 모두 여섯 개다.[4] 여섯 개의 영적 감각은 의식세계가 아닌 의식 너머에 있는 또 다른 세계의 감각이다. 그리고 이 영적 감각 중에 한 두 개가 열리거나 모두 다 열리거나 한 것을 은사가 열렸다고 말하는 것이다.

하는 것들은 우리의 의식의 세계에서 보고 들을 수 없는 것들이다. 다 마음으로 보고 듣고 하는 것이다. 그렇다면 이는 영의 기능이 아니라, 혼의 기능이다. 은사 사역자들이 은사를 영의 영역이 아닌 혼의 영역으로 분류하는 이유가 이것이다. 이는 영의 영역은 하나님과 영적인 교류를 하는 영역으로, 혼의 영역은 영과 육을 연결해주는 가교 역할을 하는 영역으로 보기 때문이다.

그러나 나는 이런 식의 분류를 좋아하지 않는다. 다만 설명의 편리함 때문에 이렇게 분류하고 설명하는 것뿐이다. 앞서도 말했듯이 삼분설이니 이분설이니 하는 것에는 관심이 없다. 내 책을 보고 그렇게 분류하는 사람들이 혹시나 있다면 그는 한글도 모르는 사람이다. 아니라고 썼는데, 그렇다고 말하니 그렇다.

이 책에서는 다만 우리의 의식의 영역에서 느낄 수 없고, 볼 수 없는 것들이기에 그저 편의상 영적 감각이라고 쓴다.

3 나는 영적 5감을 통합하고 분석하는 이 영적 감각을 영적 의식, 또는 직감이라고 부른다. 달리 좋은 단어가 생각나지 않아서 그렇다. 이 직감은 일종의 통찰력insight이다. 다만 의식 수준을 넘어선 통찰력을 말하며, 모든 영적 감각들을 통합하고 분석하는 기능을 한다. 이 영적 의식이 없다면 은사 중에 지혜나 지식의 은사, 영 분별의 은사를 설명하기가 어렵다. 그러므로 생소하더라도 영적 의식을 포함하여 영적 감각은 모두 6개라고 알아두었으면 한다.

4 이 여섯 개의 영적 감각은 영적 자각을 위한 감각이다. 이 외에도 수많은 영적 현상들은 있다. 이들 현상을 지각하는 것은 이 여섯 개의 영적 감각으로 말미암는다.

이 여섯 개의 영적 감각은 어느 순간에 열린다. 어느 순간에 보이고, 들리고, 냄새가 나고, 몸으로 느낀다. 보다 정확하게 말하자면 영적 감각들은 수동적이다. 보이는 것이고 들리는 것이고 느껴지는 것이다. 보인다고 하는 것은 내가 관찰자가 되는 것이다. 즉 어떤 현상이 보일 때, 내가 보는 것이 아니라, 나도 그것을 보고 있는 것이다. 내 의지로 보고 싶은 것을 보는 것이 아니라, 보이는 것을 관찰자가 되어 보는 것이다. 물론 점차로 보는 기능이 숙달되면 원하는 것을 볼 수도 있지만 적어도 열려진 초기 상태는 그렇다. 다만 원하는 것을 볼 수 있는 상태가 되었을 때는 자신의 의지와 육성을 죽여 자신의 생각으로 보지 않도록 해야 한다. 생각이나 편견들이 끼어들면 자신의 의식과 영적 의식이 혼재되어 나타나게 된다.

영적 감각이 열릴 때는 한꺼번에 열리기도 하고 하나씩 열리기도 한다. 사람에 따라 한 두 가지만 열리기도 하고, 다 열리기도 한다. 주님의 뜻대로 그런 것이다. 혼자서 여는 경우도 있고, 누군가가 열어주기도 한다. 누군가가 열어줄 때는 그 사역자의 은사적 기질이 함께 들어온다. 은사의 전이라고 말하는 것이 이것이다. 그래서 대체로 은사를 사용하는 것을 보면 어떤 부류의 영향을 받은 것인지를 대충 알 수 있다.

은사는 이 6개의 영적 감각을 사용하는 것이다. 각각의 은사마다 주로 사용하는 영적 감각들이 다르다. 예를 들면 예언은 보는 것과 듣는 감각을 주로 사용한다. 치유는 주로 몸의 감각과 후각, 그리고 시각 등을 이용한다. 통역은 주로 듣는 청각을 이용한다. 지혜나 지식의 은사는 영적 의식이 주로 사용된다. 그리고 이들 영적 감각을 해석하고 판단하는 영적 의식, 직감이 공통적으로 작용한다. 보고 듣는 것은 마음으로 하지만 냄새와 촉각은 직접 몸으로 한다. 남들이 알지 못하기에 영적 감각이라고 하지만 이것은 실제 상황과 똑같다.

이 감각의 활용에 대해서는 뭐라 설명할 것이 없다. 그때마다 다르기 때문이다. 다만 3부 치유 사역의 실제 부분에서 이 영적 감각을 가지고 사역하는 실례를 들어놓았으니 참고하기 바란다. 그리고 영적 감각이 열렸으면 닫을 줄도 알아야 한다.[5] 줄곧 열어놓은 채로 살다간 영적 침해를 받아 매우 힘들게 된다.

마지막으로 영적 감각이 열리고 하나님의 특별한 능력을 지니게 되면 자신이 대단한 사람처럼 느껴진다. 이는 착각이다. 하나님 앞에서 대단한 사람은 능력이 많은 사람이 아니라 자신이 죄인임을 고백하는 회개의 사람이다. 주님을 사랑하되 가슴이 저미도록, 미치도록 사랑하는 사람이다. 그저 나는 무익한 종이라고 고백하는 겸손한 사람이 하나님 앞에서는 대단한 사람이다. 결코 능력이 기준이 아니다. 능력은 사람을 자칫 교만하게 만드나 겸손은 주님의 사랑을 받는다. 그러므로 은사가 열렸을 때 현상에 들뜨지 말고 오직 주님께만 집중해야 한다. 주님만이 나의 구원자이시며, 나의 전부이다. 주님 없는 능력은 쓰레기다. 주를 위하지 않는 은사는 버림을 받은 자의 능력이다.

2. 은사의 원리

은사의 원리라고 하면 뭐 대단한 비결을 말하는 것 같아 보이지만, 사실 내가 말할 수 있는 은사의 원리는 단 하나다. 그것은 십자가의 원리다. 주님의 십자가에 내 정욕을 못 박아 죽이는 것이다. 내 육성이 죽

---

5 닫는 방법은 자기 나름대로의 노하우가 필요하다. 뒤에 치유 사역의 실제에서 사역 후 사역자 관리 부분을 참고하라.

은 만큼 은사가 드러나는 것이요, 죽은 만큼 능력이 나타나는 것이다. 내가 죽는 과정이 은사의 연단이다. 나는 이것을 2004년에 깨달았다.

1996년 치유의 은사가 임할 때에는 치유의 은사밖에 몰랐다. 영적 감각도 촉각 하나에 의존하고 있었다. 그러다 2003년에 영적 감각이 열림을 체험하게 된다. 이때 사역자들이 육성을 죽여야 한다는 말을 했다.[6] 그러나 그것이 구체적으로 무슨 의미인지는 몰랐다. 단지 죽여야 한다니까 뭔지 모르지만 죽으려고만 했다. 할 일 없고 시간 많은 농촌교회에서 목회를 할 때라, 특별한 일이 없으면 아침 먹고 제단에 들어가 기도하고, 점심 먹고 산에 올라가 기도하고, 저녁 먹고 제단에 들어가 기도하고 그럴 때. 2003년과 2004년을 그렇게 보냈다. 내 몸을 가지고 왕성하게 실습을 하던 때다. 은사 사역자에게 자기 몸보다 좋은 실습교재는 없다.

지금도 그렇지만 무슨 특별한 기도제목을 놓고 기도하는 것은 아니고, 단지 주님의 임재를 느끼며 앉아 있는 것이다. 주님! 하고 부르면 온몸에 찌릿찌릿한 전율과 함께 뜨거운 기운이 온몸을 감싼다. 그러면서 그 상태로 있는 것이다. 식어지면 주님! 하고 부르고는 방언으로 몇 마

---

6 이 육성을 성경은 정욕이라고 말한다. 정욕이 보다 정확한 성서적 표현이다. 다만 정욕이라고 할 때 어감상 성적인 것과 관련되기에 육성이란 표현을 많이 쓰는 것 같다. 정욕은 다양하게 쓰이는데, 마음의 정욕, 죄의 정욕, 세상의 정욕, 안목의 정욕 등은 모두 육신의 본성과 관련이 있다. 아래 구절들을 참고하라.
   벧전 2:11 "사랑하는 자들아 거류민과 나그네 같은 너희를 권하노니 영혼을 거슬러 싸우는 육체의 정욕을 제어하라."
   요일 2:16 "이는 세상에 있는 모든 것이 육신의 정욕과 안목의 정욕과 이생의 자랑이니, 다 아버지께로부터 온 것이 아니요 세상으로부터 온 것이라."
   롬 7:5 "우리가 육신에 있을 때에는 율법으로 말미암는 죄의 정욕이 우리 지체 중에 역사하여 우리로 사망을 위하여 열매를 맺게 하였더니."
   딛 2:12 "우리를 양육하시되 경건하지 않은 것과 이 세상 정욕을 다 버리고 신중함과 의로움과 경건함으로 이 세상에 살고."

디하고 또 앉아 있는다. 그런데 한 가지를 알게 되었다. 몸이 경직되거나 안 좋은 곳이 있으면 뜨거운 흐름이 방해된다는 것이다. 이것을 알게 하신 주님께 감사드린다. 그래서 기도하기 전에 초등학교 때 배운 국민체조를 정성껏 하고, 온몸과 관절 등을 충분히 푼 다음 기도를 시작했다. 몸이 결리거나 안 좋은 부분이 있을 때는 그곳에 손을 얹고 기도하거나 마음을 그곳에 집중하면 뜨거워지면서 풀린다. 그랬더니 기도의 흐름이 원활해졌다.

또한 사실 1996년부터 알았던 것이지만 호흡이 기도에 매우 중요하다는 사실도 구체적으로 알게 되었다.[7] 우리가 흔히 호흡하면 단전호흡을 떠올리고 기독교적이 아니지 않나 하는 의심을 가지게 된다. 하지만 기독교 영성의 역사를 보면 이미 5세기 때에 수도원에서 수도사들에게 호흡을 가르쳤다는 기록이 나온다. 은사의 사용도 호흡과 밀접한 관련이 있다.[8] 사실 어지간한 병은 주님의 이름을 부르며 숨만 정성껏 쉬어도 낫는다. 특히 기도할 때 호흡이 흐트러지면 기도도 흐트러진다. 당시에 이 문제를 놓고 고민을 했었다. 누구에게 배울 수도 없고, 가르쳐주는 사람도 없었다. 그런데 기도하는 중에 기도가 깊어지면 호흡도 자연히 깊어진다는 사실을 발견하게 되었다. 이 또한 주님께 감사드린다. 호흡이 기도를 깊어지게 하는 것을 몰라도 기도가 깊어지면 호흡이 따라온다. 이것을 알고 난 후로는 호흡에 대해 신경 쓰지 않는다.

---

7 창 2:7 "여호와 하나님이 땅의 흙으로 사람을 지으시고 생기를 그 코에 불어넣으시니 사람이 생령이 되니라."
8 요 20:22 "이 말씀을 하시고 그들을 향하사 숨을 내쉬며 이르시되 성령을 받으라."
  안수기도를 할 때나 상대를 진단할 때, 숨을 들여 마시면서 하는 것이 아니라, 반드시 숨을 내쉬면서 하게 된다. 숨을 내쉴 때, 능력이 밖으로 향하면 은사가 나타나는 것이며, 안으로 행하면 내적 충만에 이르게 된다.

또한 기도의 자세는 몸이 겹쳐지지 않는 것이 좋다는 것을 알게 되었다. 허리를 곧추세우고, 그래야 장기가 편안해진다. 손은 자연스럽게 모아 배꼽 아래 놓든지, 손바닥을 위로 하고 무릎 위에 놓든지 하면 된다. 손바닥이 바닥을 향하는 것은 좋지 않다. 무릎을 꿇는 자세도 좋지 않다. 피가 안 통해 오래 앉아있지 못하기 때문이다. 그걸 방지하기 위해서는 몸을 좌우, 또는 앞뒤로 흔들어야 하는데 몸이 안정이 안 되면 기도가 깊어질 수 없다. 앉는 자세는 최대한 편하고 힘이 들어가는 부분이 없도록 한다. 손을 들고 기도하면 뜨거운 능력이 쭉쭉 끌려오긴 하지만 팔이 아파 오래 못한다. 특별한 때만 그렇게 하는 것이 좋다. 이 모든 것이 내 몸을 가지고 직접 실험해서 얻은 결론이다. 이 또한 주님께 감사드린다.

이렇게 스스로 터득한 방법과 자세를 가지고 기도를 해 나갔다. 그런데 문제는 육성을 어떻게 죽이느냐는 것을 몰랐다. 나는 고민 끝에 생각과 마음과 육신을 죽이는 방법을 찾아냈다. 육신의 정욕을 제거하기 위해 온몸의 힘을 뺐다. 마음의 정욕을 제거하기 위해 뇌를 이완시키고 생각들을 없애버렸다. 뇌 해부학 책을 토대로 뇌의 구조를 생각하면서 뇌의 각 부분들의 힘을 빼고 이완시켰다.

기도하기 전에 체조와 안마, 관절 비틀기 등을 통해 몸을 충분히 풀어주고, 편하게 앉아서 주님의 임재 속으로 들어간다. 그리고는 숨을 들여 마셨다가 '생각이 죽고' 하면서 내쉰다. 이때 우리의 사고를 관장하는 대뇌피질의 힘이 빠지면서 이완된다. 안 되면 될 때까지 반복한다. 되면 똑같은 방법으로 숨을 들여 마셨다가 '마음이 죽고' 하면서 내쉰다. 물론 입으로 하는 것이 아니고 마음으로 하는 것이다. 그러면 우리의 감정을 관장하는 대뇌변연계가 이완된다. 그리고 나서 최종적으로 숨을 들여 마셨다가 내쉬면서 '생명으로' 한다.[9] 이런 식으로 몸과 마음과 생각을 이완시키면 아무 생각도 감각도 없어진다. 그저 그리스도의 생명 안으로 들어간다는 느낌도 처음에만 있다가 사라진다.

이렇게 되면 잠이 쏟아진다. 기도할 때마다 안 자려고 애를 써도 소용없다. 그냥 잔다. 앉은 자세이기에 몸이 굳어져 불편해지면 서서히 잠에서 깨어난다. 대략 40-50분 정도를 자는 것 같다. 이렇게 두세 달을 무진장 잤다. 두세 달을 자고 나니 점차 잠이 없어지기 시작했다. 그런데 놀라운 것은 의식이 죽어 생각이 없어지고 나니 아무것도 없는 줄 알았는데 점차 의식 너머에 또 다른 의식이 있다는 것을 알게 되었다.[10] 이것을 알게 하신 주님께 감사드린다.

이 의식 너머에 있는 또 다른 의식을 뭐라고 불러야 될지 모르겠다. 그래서 그냥 대충 심리학에서 말하는 초월의식이라고 부르고 있다. 정확한 표현인지는 모르겠다. 나는 이 또 다른 의식의 세계가 바로 은사의 세계요 영성의 세계라고 본다. 이렇게 말할 수 있는 것은 기도 중에 그 세계에 들어가 은사와 관련된 많은 실험을 해봤기 때문이다. 또한 그 세계의 체험을 내면화시키면 그 자체가 영성의 세계. 2004년 봄에 알기 시작해서 가을에 가서야 비로소 정리가 되었다. 이 모든 과정에 함께 하신 주님께 감사드린다.

은사의 여섯 가지 감각은 의식세계가 아닌 이 세계에 기초한다. 은사가 열리는 것은 이 세계가 열리는 것이다. 은사 체험자들은 순간적으로

---

9 숨은 부담이 없어야 한다. 억지로 많이 들여 마실 필요가 없다. 그러면 오히려 방해가 된다. 숨은 자연스럽게 해야 한다.
10 단 10:8 "그러므로 나만 홀로 있어서 이 큰 환상을 볼 때에 내 몸에 힘이 빠졌고 나의 아름다운 빛이 변하여 썩은 듯하였고 나의 힘이 다 없어졌으나."

이 세계에 접목하는 능력을 가진 자들이다. 그러나 이 세계를 잘 모르거나 육성이 완전히 죽은 상태에서 들어가지 않으면 의식세계와 이 세계가 혼재되어 나타난다. 그러기에 은사가 부정확하고 불완전한 것이다. 여기에 내가 말하는 은사의 원리가 있다. 그것은 죽음의 원리요 십자가의 원리다. 내 육성이 죽을 때, 은사의 세계가 열리는 것이다. 죽은 만큼 그 세계로 깊이 들어가는 것이다. 은사가 얼마만큼 정확한가? 어느 정도 능력인가는 내가 어느 정도 죽었느냐에 달린 것이다.[11] 나를 죽이는 능력이 치유할 때 죽은 만큼 그가 치유되는 것이다. 그러므로 은사의 원리는 죽음이요 십자가다.

이 세계에 대해 더 이상 말하는 것은 도움이 되지 않을 것 같아 이 정도로 마칠까 한다. 다만 은사와 관련된 것을 한 가지만 이야기하려 한다. 이 세계는 생각으로 움직이는 세계다. 앞에서 은사의 감각은 마음으로 보고 마음으로 듣는 것이라고 했다. 마음으로 보는 세계가 이 세계라면 마음으로 치유하고 각종 은사 사역을 마음과 생각으로 할 수 있지 않겠는가? 호흡이 기도를 깊어지게 하기도 하지만 기도가 깊어지면 호흡이 자연히 뒤따라오는 것과 같다. 육이 죽으면 영이 살아난다. 반대로 영이 살면 육이 죽는다. 육이 이완되면 영이 이완되고, 반대로 영이 이완되면 육은 자연히 이완된다. 실습해본 결과 그렇다.

보통 사람들이 말하는 영의 세계 또는 은사 세계, 내가 이제까지 말한 의식 너머의 의식세계에 들어가면 내 의식이 사라진다. 그러면 변용

---

11 나는 계속해서 육성이 죽어야 한다고 했다. 자아가 죽어야 한다고는 말하지 않았다. 그 이유는 자아의 죽음은 은사가 아닌 영성의 문제다. 육성의 죽음은 자기의식의 죽음, 의식세계의 죽음이다. 이는 은사의 문제다. 물론 이것의 구분은 쉽지도 않을뿐더러 굳이 하지 않아도 된다. 하지만 엄밀하게 구별하는 것은 영성과 은사를 구별해서 말하기 때문이다. 이 책이 영성에 관한 것이라면 나는 이를 구별하지 않았을 것이다.

된 의식이 나온다. 이 의식을 가지고 보고 듣고 치유하는 것이다. 생각이 되면 되는 것이다. 나는 치유에 있어서 사역자의 의지가 제일 중요하다고 말한다. 그 이유가 이 때문이다. 그러나 분명한 것은 생각대로 다 되는 것이 아니다. 이것은 아주 중요한 이야기다. 정확히 말하자면 생각이 되면 현실이 된다. 생각하면 현실이 되는 것이 아니다. 따라서 그 세계에 들어갔다고 해서 마음대로 바꿀 수 있는 것이 아니다.

모든 은사는 다 그렇다. 은사가 모든 불가능을 가능하게 하는 그런 것이 아니다. 은사 사역자는 아이언 맨Iron Man이나 람보가 아니다. 모든 비밀을 다 알 수 있는 것도 아니다. 다만 자신의 육성을 완전히 죽여 온전하게 은사를 사용한다면 남보다 더 큰 능력을 발휘할 수는 있겠지만 그렇지 않다. 자신의 육성을 완전히 죽이기도 어렵지만 죽인 사람은 더 이상 은사의 세계에 미련이 없다. 그런 사람은 그렇게 된다하더라도 그렇게 하지 않는다.

이 세계는 생각이 되면 현실이 되기에 믿음의 세계다.[12] 믿음이 실상이 되고 믿음의 증거가 현실이 된다. 앞에서 치유를 가능하게 하는 것이 믿음이요, 그러므로 치유는 믿음으로 받는 것이라고 말한 이유가 이것이다. 대뇌피질이나 대뇌변연계가 아니라 뇌간이 이 자리다. 생각하는 것은 대뇌피질의 작용이다. 그러나 생각이 되는 것은 생명의 활동이며 움직임이다. 따라서 뇌간의 역할이다.

다시 말하지만 생각하면이 아니라 생각이 되면 그렇게 된다. 생각을 자신의 욕심대로 바꾸려고 하면 큰일 난다. 반드시 해를 입게 될 것이다. 이 세계에도 질서가 있다. 그 질서를 무시하면 안 된다. 많은 은사

---

12 히 11:1 "믿음은 바라는 것들의 실상이요 보이지 않는 것들의 증거니."

사역자들의 말로가 안 좋은 것은 이 질서를 모르기 때문에, 또는 자신의 욕심이나 쓸데없는 자비심으로 규칙을 어기기 때문이다. 모르면 무조건 주님께 집중하라. 주님께 의탁하라. 그리고 주님이 하시도록 하라. 잘 모르겠으면 안 하는 것이 최고다.

3. 은사의 연단

대부분의 사람들이 은사받는 것에만 집중하거나 은사를 관리하는 데만 신경을 쓰지 은사도 연단받으며, 또한 반드시 받아야 한다는 사실에 대해서는 잘 모르는 것 같다. 은사의 연단은 은사 관리와는 다르다. 은사의 연단에 들어가기 전에 잠깐 은사의 관리에 대해 말하는 것이 좋겠다.

은사 관리는 받은 은사를 실제 사역에서 잘 활용할 수 있도록 갈고 닦는 것이다. 은사는 받는 것보다 관리가 더 중요하다. 은사를 잘 관리하는 것이 받는 것보다 훨씬 어렵다. 그렇기 때문에 은사는 받을 때는 황홀하지만 받고나면 힘든 노동이요 고통이다. 은사 관리도 자신의 육성을 죽여야 하는 것이기에 은사의 연단과 비슷한 점이 있다. 하지만 은사의 관리는 현재의 능력을 유지하고, 발전시켜 나가는 과정이다.

은사가 처음 임했을 때에는 그저 신기하고 기분이 표현하기 힘들 정도로 좋다. 그러다 차츰 그 열기가 식어지면 능력이 감소되는 것을 느낀다. 이때 몸이 안 좋아지기도 하고 무엇보다도 영적으로 뭐가 막히는 느낌이 든다. 이럴 때 자연히 은사 관리를 하게 된다. 좀더 기도를 많이 하게 되고, 몸과 사생활을 청결하게 유지하려고 애쓰게 된다. 자신보다 능력 있는 사역자에게 상담도 하고 기도도 받는다. 이런 식으로 은사를 관리하는 것이다. 은사 관리에 있어서 좋은 영적 스승이 있으면 행복한 사람이다. 스승이나 영적 동반자 없이 관리한다는 것은 매우 어려울 뿐더러 영적 진보도 사실상 불가능하다.

이 정도만 하고 은사의 연단에 대해 말해보자. 은사는 그 자체가 필연적으로 불완전한 것이다. 영적 세계이니 완전한 세계일 것이라는 환상은 버려야 한다. 거기서도 안 되는 것은 안 된다. 왜냐하면 성령은 완전하시지만 성령의 능력이 우리 유한한 인간을 통해 나타나는 것이 은사이기 때문이다. 그러므로 은사의 연단은 불완전하게 나타나는 은사를 완전하게 나타나도록 하는 작업이 아니다. 은사의 연단은 우리가 성령께서 주시는 거룩한 은사를 사용하기에 부족하므로 은사에 합당한 사역자가 되도록 성령께서 행하시는 작업이다.

은사는 능력이다. 그 능력으로 치유하는 것이다. 영·혼·육·삶 등 인생사 전반을 치유하는 것이다. 예언과 통역을 통해 그를 향한 하나님의 말씀과 비밀을 전하기도 하고, 지혜와 지식의 은사로 위로와 권면을 하기도 한다. 직접적으로 능력을 행하여 귀신을 쫓아내며, 치유의 은사로 영·혼·육의 질병을 치유하기도 한다. 모든 것이 다 치유다. 그런데 능력은 칼과 같아서 치유의 과정에서 상처를 줄 수 있다.

치유 과정에서 실제로 상처를 입는 사람이 의외로 많다. 상처를 내지 않고 어떻게 수술을 할 수 있는가? 위암 덩어리를 꺼낼 때 배를 가르지 않고 할 수 있는가? 약을 먹어도 그 약이 특정부위에는 효과가 있을지라도 그 외의 다른 건강한 부분에는 해를 입힌다. 후유증이다. 은사도 능력이기에 치유의 과정에서 후유증을 유발할 수도 있고 상처를 줄 수도 있다. 반드시 그런 것은 아니다. 은사가 잘 연단된 사람은 은사를 사용하되 지혜와 사랑으로 하기에 후유증이 생기지 않는다. 그러므로 지혜와 사랑으로 은사를 활용할 수 있도록 은사는 연단받아야 한다.

은사의 연단을 영적 연단, 감정의 연단, 사생활을 통한 연단, 이렇게 세 가지로 분류해서 살펴보자. 이 세 가지 모두가 다 육성, 즉 정욕을 죽이기 위한 작업이며, 오직 주님께만 집중하도록 하는 것이다. 모두가 다 십자가의 원리요, 죽음의 원리에서 비롯된 것이다.

1) 영적 연단

은사는 내게 주어진 것이기 때문에 내가 사용할 수 있다. 하나님과 상관없이 쓸 수도 있다. 자신의 욕심으로 은사를 쓸 수도 있다. 일단 여섯 가지 영적 감각이 열려지면 기도하고 주님께 여쭤봐야만 보고 들을 수 있는 것이 아니다. 그냥 보이고 느껴지고 들린다. 처음에는 "주님께 이것이 무엇입니까?", "어떤 의미입니까?" 등을 물어보게 되지만, 점차 경험이 쌓이게 되면 이 과정을 생략하고 바로 결론을 내리고 말하고 치유하곤 한다. 묻지도 않은 것을 말하고 예언하고, 질병을 주신 하나님의 의도는 생각지도 않은 채 병을 고쳐주곤 한다. 주님 대신 자신의 능력을 믿고 과신하며, 능력이 나타나고 몸이 뜨거워지는 것을 마치 주님께서 전적으로 역사하시는 것처럼 착각한다. 분을 참지 못하고 화를 낼 때도 몸은 뜨거워진다. 열받기 때문이다.

은사의 영적 연단은 바로 이 부분, 오직 주님만 의지하고 주님께만 집중하며 모든 영광을 주님께만 돌려야 하는데 그렇지 못한 것을 바로잡기 위함이다. 사실 은사를 방해하고 가로막는 것이 다른 사람이 아닌 나 자신이라는 것을 알아야 한다. 내가 주님의 일을 방해하는 것이다. 이러한 나의 영적인 문제들이 치유되는 과정이 영적 연단이다. 은사의 영적인 문제가 치유되는 과정이 은사의 영적 연단이다.

체험은 소중한 것이다. 그러나 체험은 믿음의 대상이 아니다. 체험은 현상이기 때문에 믿을 것이 못 된다. 예전에 이런 병은 이렇게 고쳤으니 이럴 것이라고 속단하는 것은 금물이다. 사람마다 다 다르다. 똑같은 사람은 아무도 없다. 그러므로 치유받기 위해 오는 사람은 누구나 다 처음이다. 다 새롭다. 오직 주님만이 아신다. 복음서에 나오는 주님의 41개 치유 사건을 아무리 분석해 봐도 어떤 정형화된 방법이나 유사성을 발견할 수 없다. 주님께도 모든 사람이 새 사람이었다. 체험을 믿지 말고 현상에 속지 말고 오직 주님께만 집중하고 주님만이 은사의 주인이시라는 것을 고백하고 주님께만 영광을 돌리도록 하는 것이 은사의 영적 연단이다.

자, 그렇다면 내가 은사에 있어서 영적인 문제가 있다는 것을 어떻게 알 수 있는가? 대표적인 것이 영적 공허감이다.[13] 이 영적 공허감은 기본적으로 믿음에 문제가 생겼을 때나 하나님과의 관계가 불편해질 때 생긴다. 은사에서 느끼는 영적 공허감은 크게 두 가지로 설명할 수 있는데, 첫째는 은사 사역을 하고 난 후에 오는 공허감이다. 둘째는 기도 등 영적 생활 등에서 느끼는 것들이다.

첫째, 은사 사역을 하고 난 후에 오는 공허감은 사역을 하는 동안 자신 속에 있는 능력이 빠져나가고 아직 채워지지 않음으로 인해 생긴다. 이 공허감이 은사 사역자들로 하여금 음주, 성, 도박, 돈의 문제 등에 빠지게 하는 문제의 주범이다. 은사가 열리면 감정이 매우 풍부해진다. 또

---

13 영성에서 느끼는 영적 공허감은 개념이 다르다. 영성의 과정, 즉 정화의 단계에서 느끼는 영적 공허감은 십자가의 성 요한이 말한 것처럼 영적 어두움이다. 그것은 인간이 거룩한 하나님을 찾으려 해도 완전히 정화되지 못하여 그 거룩성에 이르지 못할 때 나타나는 현상이다. 아주 심각한 우울증을 동반하기도 하고, 좌절과 깊은 나락을 경험하게 된다. 이때 필요한 것은 오직 믿음밖에 없다.

한 능력 있는 남자를 여자들이 좋아한다. 이것이 공허감 속에서 잘 맞아 떨어진다. 미국의 사례를 보면 오순절주의의 단점으로 사역자들의 사생활의 문제를 지적한다.[14] 우리나라는 극히 일부의 문제일 것이다. 그리고 사생활의 문제가 있음에도 불구하고 은사는 당분간 여전히 나타난다는 것이다. 그러다보니 사생활이 정리 안 된 사역자들의 인생의 말로는 좋을 수가 없다.

이 공허감은 당연히 주님으로 풀어야 한다. 눈에는 눈, 이에는 이, 생명에는 생명, 능력에는 능력이다. 은사의 능력의 공백으로 생기는 공허감은 다시 그 능력을 채우면 된다. 간단하다. 오락으로 푸는 것은 언 발에 오줌 누기다. 그때 뿐이다. 더 큰 공허감과 죄책감만 밀려올 뿐이다. 쓸데없는 것에 마음 두지 말고 오직 주님께만 집중하라. 그리고 한 가지 덧붙이자면 사역 도중에 그 누군가에게서 묻어온 것일 수도 있다. 이럴 경우는 그냥 털어내면 된다.[15] 이것은 은사의 관리 문제다.

둘째, 기도와 같은 영적 생활이나 사역과 같은 은사 활동 등에서 오는 공허감이다. 우선 은사 이후가 아닌 사역에서 느끼는 공허감은 원래 은사가 그렇기 때문에 오는 것이니 조급해하지 말아야 한다. 은사의 능력은 한결 같은 것이 아니다. 어떤 때는 폭발적으로 나타나지만 어떨 때는 죽을 쓴다. 모든 현상은 여건에 따라 달라진다. 다만 부족함을 느낄 때는 은사 관리를 보다 철저하게 하면 된다. 이 역시 주님께 맡기고 주

---

14 이에 대해서는 박영호, 『빈야드 운동 평가』(서울: 기독교문서선교회, 1996)를 참고하라.
15 묻어온다, 또는 털어낸다는 말은 은사 사역자들이 주로 쓰는 말이다. 묻어온다는 것은 사역의 과정에서 병자의 나쁜 기운이 내 몸에 들어오는 것을 말하며, 묻어 들어온 것을 정리하고 스스로 치유하는 것을 털어낸다고 한다. 물론 자기가 스스로 못한다면 옆에서 누군가 대신 해주어야 한다. 이 털어내는 것은 말로는 쉬워보여도 실상은 상당한 노하우가 필요하다.

님께 집중하라.

그리고 기도 등 영적 생활에서 오는 공허감에 대해 보자. 은사가 열린 사람이 기도를 할 때 자꾸만 허전함과 공허감이 느껴질 때는 더욱더 주님께 집중해야 한다. 더 큰 능력과 새로운 은사를 구하지 말고 주님을 구해야 한다. 그래도 허전함이 사라지지 않으면 그것은 은사의 세계가 아닌 더 높은 차원의 영성의 세계로 들어가려고 하기 때문이다. 이때 스승이 있는 자는 주님의 복을 받은 자다.

은사나 영성이나 모두 영의 세계다. 앞에서 이들을 구별하여 설명하기를 은사는 교회의 유익을 위한 사명과 관련된 것이고, 영성은 하나님과의 합일을 목적으로 한다고 하였다. 그리고 은사는 성령의 외적 활동이며, 영성은 내적 활동이라고 했다. 주님만을 구하고 주님을 사랑하는 마음이 애틋함에도 허전하다면 이는 정화의 과정에 들어선 것이다. 은사를 통해서도 영성에 들어갈 수 있다.[16] 여기서 절대적으로 필요한 것은 스승과 믿음과 오직 주님만을 사랑하는 그 사랑의 애틋함이다.

2) 감정의 연단

성령의 임재를 경험하면 누구나 감정이 매우 고양된다. 주체할 수 없을 정도로 기쁨이 밀려오고, 그윽한 평화가 임하여 아주 평온해진다. 주 안에서 문제가 해결되는 것이 아니라 해소된다. 문제가 더 이상 문제가

---

16 기독교 영성신학은 크게 둘로 나눠진다. 수덕신학과 신비신학이다. 우리가 흔히 접하고 아는 것은 수덕신학이다. 이는 서방교회, 즉 가톨릭 교회의 수도원 영성을 말한다. 그리고 신비신학은 주로 동방교회의 영성을 말하는데, 여기서는 신비체험을 통해 하나님과 하나 되는 것을 추구한다. 그러므로 은사도 일종의 신비체험이기에 이를 경험한 사람도 영성으로 들어갈 수 있다고 말한 것이다. 하지만 절대로 오해하지 말아야할 것은 신비신학에서 말하는 신비체험은 현상을 위한 은사와는 다르다. 따라서 은사체험과 같은 현상을 위한 체험은 영성을 추구하는 사람이라면 당연히 버려야 할 것들이다.

되지 않으니 근심걱정이 사라진다. 이것은 성령의 임재 안에서 주님과 둘이 있을 때나 은혜가 충만한 자리에 있을 때의 일이다. 그러나 사역을 할 때나 평상시로 돌아오면 사정이 다르다.

먼저 일상적인 이야기를 해보자. 성령을 체험하고 은혜를 충만하게 받고서 문제가 해결되거나 일이 생각지도 않게 잘 풀렸다고 하는 이야기를 들어봤을 것이다. 복받은 사람이다. 표적으로서의 기적을 경험한 것이다. 그러나 다 그런 것은 아니다. 하나님의 계획과 섭리가 있다거나 아니면 영적 차원이 달라지기 전에는 내가 은혜받았다고 해서 현실이 달라지지는 않는다. 초신자보다 기존신자일수록 더 그렇다. 그것은 초신자는 구원에 이르는 믿음을 가지도록 하나님이 뭐가를 보여주시기 때문이다. 그래서 표적으로서의 기적이다.[17] 그러나 기존 신자들은 믿음으로 사는 것이다.[18]

예를 들면 부흥회에 참석해서 성령 충만을 체험했다고 하자. 집회가 끝나고 집에 와보면 애들이 갑자기 철이 들어서 집안 청소를 해 놓지는 않는다. 믿지 않는 남편이 갑자기 변하지도 않는다. 변해 있다면 그것은 주님의 축복이다. 예전 그대로다. 오히려 믿지 않는 남편은 시비를 걸고 애들은 그날따라 더 난리 법석을 떤다. 참아야지, 참아야지 하다가 결국에는 폭발하고 받은 은혜를 한순간에 다 쏟는다. 이러한 예는 우리 일상에 널려있다.

---

17 막 16:20 "제자들이 나가 두루 전파할새 주께서 함께 역사하사 그 따르는 표적으로 말씀을 확실히 증언하시니라]."(개역개정판)
"그들은 나가서, 곳곳에서 복음을 전파하였다. 주님께서 그들과 함께 일하시고, 여러 가지 표징이 따르게 하셔서, 말씀을 확증하여 주셨다."(새번역)
18 롬 1:17 "복음에는 하나님의 의가 나타나서 믿음으로 믿음에 이르게 하나니, 기록된 바 오직 의인은 믿음으로 말미암아 살리라 함과 같으니라."

이럴 때 우리는 시험에 들었다, 또는 사탄의 꾐에 넘어갔다고 말한다. 그럴 수도 있다. 하지만 믿지 않는 남편은 평소에도 그런다. 애들은 애들이기에 항상 말썽을 부리고, 난리를 치며 산다. 평소에는 그냥 넘어가던 것들인데 참지 못하는 것은 성령의 감동을 받으면 감정이 풍부해지고 감정이입이 잘 되기 때문이다. 화를 내는 사람을 마주 대하면 그 화가 그대로 전달되어 나도 화가 난다. 상대의 감정이 그대로 연결되기 때문이다. 그러므로 성령의 사람은 노력하지 않아도 즐거워하는 사람과 함께 즐거워하고 우는 자들과 함께 진심으로 운다.[19] 성령을 체험하기만 해도 이러는데 하물며 은사를 체험하게 되면 어떠하겠는가? 인간의 감각과는 다른 영적 감각까지 열렸는데 훨씬 더 하지 않겠는가? 그러므로 감정이 연단받아야 하는 것은 당연하다.

다음은 은사 사역할 때의 감정 문제다. 은사 사역을 할 때, 병자의 치유나 상담을 할 때 그들의 몸의 상태, 감정의 상태, 영의 상태까지 알게 된다. 은사가 예민하면 할수록 더 자세하게 안다. 영의 감각으로 아는 것이다. 겉과 다른 밑바닥을 볼 때 화가 치밀어 오른다. 예전에는 집회 도중에 욕을 하는 사역자들이 더러 있었다. 이 때문이다. 이해는 되지만 그래서는 안 된다. 바울도 그러지 말라고 한다.[20] 병자의 안 좋은 상태나 감정들이 여과 없이 들어오면 짜증도 나고 신경질도 난다. 이때 감정이 연단되지 않으면 자칫 정죄하거나 사람들 앞에서 그 비밀을 생각 없이 내뱉으므로 심각한 상처를 주게 된다. 앞에서 혈기부리고 신경질 내는

---

19 롬 12:15 "즐거워하는 자들과 함께 즐거워하고 우는 자들과 함께 울라."
20 엡 5:4 "누추함과 어리석은 말이나 희롱의 말이 마땅치 아니하니 오히려 감사하는 말을 하라."(개역개정판)
　　"더러운 말과 어리석은 말과 상스러운 농담은 여러분에게 어울리지 않습니다. 오히려 여러분은 감사에 찬 말을 하십시오."(새번역)

사역자는 멀리하라고 한 이유가 이것이다. 그는 연단받지 않았기에 득보다 실이 더 많다. 한마디 더 하자면 예민하게 굴지 말라. 느껴졌으면 그저 모른 척하라. 그래야 몸과 마음에 남지 않는다.

이 영적 감정을 어떻게 연단받는 것인가? 그 결과는 어떤 것인가? 어떻게 연단받는가? 그것은 주위의 모든 사람, 모든 환경이 다 연단의 도구다. 다 함정이요, 나를 넘어뜨리는 올무다. 그러므로 주위의 모든 사람, 모든 환경은 다 나를 연단시키기 위해 주님이 쓰시는 도구다. 주께서 쓰시니 그들도 쓰임 받는 귀한 분들이다. 이것을 알면 아멘이요 감사다. 귀하신 분들에게 화낼 것도 없고, 속상해할 것도 없다.

연단의 과정 속에서 얻는 결과는 무엇인가? 그것은 우리가 감정에 속아 놀아나지 않고 주의 일을 망치지 않게 하시기 위해 우리의 감정을 죽이는 것이다. 은사는 주의 일을 위한 것인데 우리의 감정이, 그것이 아무리 영적 감각에 의한 것이라 할지라도 주의 일을 망치지 않게 하기 위함이다. 우리의 감정이 죽어지는 과정이 연단의 과정이다. 역시 이 과정 속에서도 오직 주님께만 집중해야 한다.

이 감정의 연단 과정을 거친 사람은 자신의 육성에 의한 감정이 아니라 주님의 마음을 갖게 된다. 주님의 마음으로 사람을 대하고, 주님의 마음으로 보고 듣고, 주님의 마음이 되어 어루만지고 치유한다. 바울은 이를 아비의 마음이라고도 표현했다.[21] 이 아버지의 마음은 곧 하나님의

---

21 롬 12:10 "형제를 사랑하여 서로 우애하고 존경하기를 서로 먼저 하며."
　　'우애하며'로 번역한 '필로스토르고스filovstorgos'란 단어는 오직 여기에만 나오는 단어인데, 이는 형제간의 우애를 가리키는 단어가 아니라, 부모가 자식을 사랑하는 것을 의미한다. 그러므로 부모가 자식을 사랑하는 것처럼 형제를 사랑하며, 서로 먼저 존경하라는 말씀이다.
　　바울이 형제를 아비의 심정으로 사랑하라고 하는 것은 의미 있는 표현이다. 성경에 보면 형제간의 사랑은 늘 문제가 있어왔다. 이삭과 이스마엘, 야곱과 에서, 레아와 라헬,

마음이다.[22] 감정이 온전히 연단받은 사람을 대해 보면 마음에 걸리는 것이 없다. 거리낌이 전혀 없다. 시원하다. 그저 편안하다.

3) 사생활을 통한 연단

은사 사역자는 자신이 세례 요한과 같은 존재라는 사실을 잊어서는 안 된다. 사역자는 예수가 아니다. 주님의 신발끈조차 풀 수 없는 나약한 존재다.[23] 그러므로 자신을 드러내서는 안 된다. 오로지 주님만을 드러내며 주님만을 외치고 주님께만 영광을 돌려야 한다. 이것이 연단받은 자의 모습이다. 그러나 우리가 이렇게 하지 못하니 주님은 우리를 연단하신다. 마지막 연단은 사생활을 통한 연단이다. 가족들, 이웃과 동료들, 교회와 교인들, 모두가 우리를 연단시키는 도구다.

첫째, 가정을 통한 연단이다. 은사가 임하면 처음에는 가족들도 능력 있는 목회자로 인정해준다. 그러다 점차 익숙해지면 다시 원위치다. 은사는 인정하지만 가정에 보다 충실하기를 바란다. 두 마리 토끼를 다 잡으란다. 거기다 나처럼 돈 벌 생각은 안하고 틀어박혀 있으면 찬밥 신세다. 사명이 다 다른 것인데도 남들처럼 하지 않으면 잘못된 것처럼 말하는 사람들도 주위에 많다. 은사 사역자의 가정에 대해서는 대략 두 가지인 것 같다. 하나는 가족들이 사명자의 세계를 이해하지 못함으로 인한

요셉과 그의 형제들을 보면 애증관계다. 왜냐하면 형제는 자라면서 부모의 사랑을 독차지하기 위해 서로 경쟁하면서 자라기 때문에 필연적으로 서로 상처를 주고받으며 자라난다. 아무리 형제간에 우의가 돈독하다 하더라도 부모의 사랑에는 결코 미치지 못한다. 그 아비의 심정으로 은사 사역을 하는 것이다.

22 마 5:48 "그러므로 하늘에 계신 너희 아버지의 온전하심과 같이 너희도 온전하라."
   마 6:8 "그러므로 그들을 본받지 말라. 구하기 전에 너희에게 있어야 할 것을 하나님 너희 아버지께서 아시느니라."

23 막 1:7 "그가 전파하여 이르되 나보다 능력 많으신 이가 내 뒤에 오시나니, 나는 굽혀 그의 신발끈을 풀기도 감당하지 못하겠노라."

갈등이며, 또 하나는 사명자의 사생활과 사역이 일치하지 않음으로 인한 갈등이다.

가족들이 사명자의 세계를 이해하지 못함으로 인한 갈등은 어쩔 수 없다.[24] 그것은 가족들이 그 세계를 인정해주는 수밖에 없다. 인정해 주지 않을 경우에는 그래도 함께 살아야 한다면 은사를 포기하는 수밖에 없다. 내가 잘 아는 어떤 사람이 말하기를 "젊었을 때는 바울이 혼인하지 않는 것이 더 좋다고 한 말이 싫었지만 지금은 충분히 이해한다."고 하였다.[25] 다석 유영모 선생님은 해혼을 말씀하셨다. 함께 살되 형제자매로 사는 것이다. 떠나지 못하면 떠난 것처럼 살라는 뜻이다. 맨발의 성자 이현필 선생님도 독신을 가르치셨다. 그렇게 못하겠거든 그 세계를 포기하고 맞춰 사는 수밖에 없지 않은가?[26] 나는 한 번에 한 가지씩밖에 못하는 아둔한 사람이다. 내 세계 속에 빠지면 다른 것은 인식조차 못하는 경우가 허다하다. 갈수록 심해진다. 중병이다. 다행인 것은 그래도 아내는 하고 싶은 대로 하도록 나를 내버려둘 줄 아는 현명한 여자라는 것이다.

또 하나는 사명자의 사생활과 사역이 일치하지 않음으로 인해 가족들의 신뢰가 떨어져 생기는 갈등이다. 사생활의 문제는 영적 공허감 때

---

24 마 10:34-36 "내가 세상에 화평을 주러 온 줄로 생각하지 말라. 화평이 아니요 검을 주러 왔노라. 내가 온 것은 사람이 그 아버지와, 딸이 어머니와, 며느리가 시어머니와 불화하게 하려 함이니, 사람의 원수가 자기 집안 식구리라."

25 고전 7:8 "내가 결혼하지 아니한 자들과 과부들에게 이르노니 나와 같이 그냥 지내는 것이 좋으니라."
고전 7:38 "그러므로 결혼하는 자도 잘하거니와 결혼하지 아니하는 자는 더 잘하는 것이니라."
고전 7:40 "그러나 내 뜻에는 그냥 지내는 것이 더욱 복이 있으리로다. 나도 또한 하나님의 영을 받은 줄로 생각하노라."

26 고전 7:3 "남편은 그 아내에 대한 의무를 다하고 아내도 그 남편에게 그렇게 할지라."
고전 7:6 "그러나 내가 이 말을 함은 허락이요 명령은 아니니라."

문이기도 하고 옛 습성을 버리지 못했기 때문일 수도 있다. 목회자나 은사 사역자들에게 있어서 성결하지 못한 사생활은 치명적일 수 있다. 본인은 괜찮을지 몰라도 그것을 알게 된 성도들은 참담한 심정이 된다. 차라리 사역을 접고 산으로 들어오라. 사생활의 문제의 해답은 누구나 아는 것이다. 본인의 의지적 결단으로 믿음의 신실함을 되찾는 것뿐이다.

둘째, 주변 환경으로 인한 연단이다. 목회자가 교인들을 통해 연단받게 되면 정말 힘들다. 주변 환경으로 인한 연단도 힘들기는 마찬가지다. 연단 중에 쉬운 것이 어디 있는가? 연단의 대상이나 목적은 교인도 아니요 주변 환경도 아니다. 바로 나다. 그러므로 연단을 통해 변하는 것도 환경이나 교인이 아니라 바로 나다. 주변 환경이 사역을 가로막는 것이 아니라, 내가 주님의 사역을 방해하는 것이다. 환경이나 교인은 바꾸려고 노력한다고 바뀌는 것은 아니다. 내가 지구를 떠나도 그들은 여전히 그러고 산다.[27]

연단의 목적이 나인 것처럼 변하는 것도 나다. 바꾸어달라고 기도함으로 바뀌는 것이 아니라 내가 주를 향해 올바로 섰을 때, 오직 주님께 집중하고 주님을 진실로 사랑하게 되었을 때, 내가 변한다. 내가 변하면 환경이 달라질 수도 있겠지만 달라지는 것이 아니라 달리 보인다. 이것을 주님께서는 세상을 이기었다고 말씀하신 것이다. 세상이 바뀌는 것이 아니라, 내가 변함으로 세상을 이기는 것이다.[28] 세상을 이기었다고

---

27 고전 5:10 "이 말은 이 세상의 음행하는 자들이나 탐하는 자들이나 속여 빼앗는 자들이나 우상 숭배하는 자들을 도무지 사귀지 말라 하는 것이 아니니, 만일 그리하려면 너희가 세상 밖으로 나가야 할 것이라."
28 요 16:33 "이것을 너희에게 이르는 것은 너희로 내 안에서 평안을 누리게 하려 함이라. 세상에서는 너희가 환난을 당하나 담대하라. 내가 세상을 이기었노라."
   롬 8:37 "그러나 이 모든 일에 우리를 사랑하시는 이로 말미암아 우리가 넉넉히 이기느니라."

하는 것은 차원을 넘어섰다는 말과 같다. 차원이 달라지면 환경도 달리 보인다. 그래서 변했다고 하는 것이다. 똑같은 치악산인데, 겨울산과 여름산은 다르게 보인다. 내가 겨울이면 산에 눈이 오고, 내가 봄이면 산에 꽃이 핀다.

은사가 감정의 연단을 받고 나면 어떻게 되는가? 물론 사역을 잘 하게 될 것이다. 지혜롭고 가슴이 따뜻해져서 모든 사람들에게 상처를 주지 않는 사역을 하게 된다. 사역을 통해 주님을 온전히 드러내는 주님 말씀하신대로 아주 겸손한 무익한 종이 될 것이다. 주님을 향한 애틋한 사랑이 넘쳐흘러 그 사랑으로 모든 이들을 치유하는 자가 될 것이다. 이런 자가 쓰임 받되 버린바 되지 않는 충성된 종이다.[29]

---

29 마 25:21 "그 주인이 이르되 잘하였도다. 착하고 충성된 종아 네가 적은 일에 충성하였으매 내가 많은 것을 네게 맡기리니, 네 주인의 즐거움에 참여할지어다 하고."
마 25:34-40 "그 때에 임금이 그 오른편에 있는 자들에게 이르시되 내 아버지께 복받을 자들이여 나아와 창세로부터 너희를 위하여 예비된 나라를 상속받으라. 내가 주릴 때에 너희가 먹을 것을 주었고, 목마를 때에 마시게 하였고, 나그네 되었을 때에 영접하였고, 헐벗었을 때에 옷을 입혔고, 병들었을 때에 돌보았고, 옥에 갇혔을 때에 와서 보았느니라. 이에 의인들이 대답하여 이르되 주여 우리가 어느 때에 주께서 주리신 것을 보고 음식을 대접하였으며, 목마르신 것을 보고 마시게 하였나이까. 어느 때에 나그네 되신 것을 보고 영접하였으며, 헐벗으신 것을 보고 옷 입혔나이까. 어느 때에 병드신 것이나 옥에 갇히신 것을 보고 가서 뵈었나이까 하리니, 임금이 대답하여 이르시되 내가 진실로 너희에게 이르노니 너희가 여기 내 형제 중에 지극히 작은 자 하나에게 한 것이 곧 내게 한 것이니라 하시고."

3장 은사의 결론

여기서 다룰 은사의 결론은 이제까지 말한 은사에 대한 이론적인 결론이 아니다. 오히려 은사의 종착점에 대한 이야기다. 바울은 고린도전서 12장 마지막 절과 13장에서 은사 다음 이야기를 한다. 앞서 말했듯이 은사는 불완전한 것이다. 부분적으로 알고, 부분적으로 예언하고, 치유하는 것이다. 믿음이나 능력으로 모든 것을 다 할 수 있는 것이 아니다.[1] 되어지는 것만 되는 것이다. 그렇다면 완전한 것은 무엇인가?

바울은 그것을 사랑이라고 했다.[2] 사랑이 없는 그 어떠한 은사나 능력은 아무것도 아니다.[3] 이 말은 은사는 사랑으로 온전해질 때까지 연단받아야 한다는 말도 되지만 그 보다 더 깊은 의미가 담겨있다. 즉 은사는 사랑의 차원까지 승화되어야 한다는 말이다. 사랑의 차원으로 승화되지 않은 은사나 그 어떠한 대단한 능력도 아무 유익이 없다. 여기서의 유익은 교회의 유익을 말하나 자신의 유익이라 말해도 좋다. 사랑의 차

---

1 고전 13:8-10 "사랑은 언제까지나 떨어지지 아니하되 예언도 폐하고 방언도 그치고 지식도 폐하리라. 우리는 부분적으로 알고 부분적으로 예언하니, 온전한 것이 올 때에는 부분적으로 하던 것이 폐하리라."

2 고전 13:12-13 "우리가 지금은 거울로 보는 것 같이 희미하나 그 때에는 얼굴과 얼굴을 대하여 볼 것이요, 지금은 내가 부분적으로 아나 그 때에는 주께서 나를 아신 것 같이 내가 온전히 알리라. 그런즉 믿음, 소망, 사랑, 이 세 가지는 항상 있을 것인데 그 중의 제일은 사랑이라."

3 고전 13:1-3 "내가 사람의 방언과 천사의 말을 할지라도 사랑이 없으면 소리 나는 구리와 울리는 꽹과리가 되고, 내가 예언하는 능력이 있어 모든 비밀과 모든 지식을 알고 또 산을 옮길 만한 모든 믿음이 있을지라도 사랑이 없으면 내가 아무 것도 아니요. 내가 내게 있는 모든 것으로 구제하고 또 내 몸을 불사르게 내줄지라도 사랑이 없으면 내게 아무 유익이 없느니라."

원으로까지 승화되지 않은 은사나 사역은 설사 남의 병을 고쳐주었다 할지라도 정작 자신은 유익이 없는 막대기에 불과하다.

그렇다면 사랑의 차원은 무엇인가? 바울이 말하는 사랑은 그리스도다. 예수 그리스도께서 우리를 사랑하사 죽으셨다.[4] 바울은 우리가 그 사랑을 알기를 원했으며, 그 사랑을 깨달아 하나님의 충만 가운데 들어가기를 간구했다.[5] 은사의 능력이 대단하여 큰일을 하는 것보다, 산을 옮기는 믿음의 능력을 행하는 것보다, 모든 비밀을 알고 말하는 것보다 그리스도의 사랑을 깨닫고 그리스도 자체를 아는 지식을 가장 귀하다고 했다. 그리스도 외에는 모든 것이 배설물과 같은 것이다.[6] 그러므로 앞에서 말하기를 그가 없는 능력은 쓰레기이며, 주를 위하지 않는 은사는 버림을 받은 자의 능력이라고 했던 것이다. 따라서 모든 은사는 불완전한 것인데, 그러므로 은사가 사랑의 차원으로 승화되지 않으면 아무 유익이 없다.

나는 예전에 치유 목회 세미나를 할 때에 꼭 빼놓지 않고 하는 말이 있다. "은사는 내면화되지 않으면 안 된다. 은사가 포기되지 않으면 생

---

4 갈 2:20 "내가 그리스도와 함께 십자가에 못 박혔나니 그런즉 이제는 내가 사는 것이 아니요 오직 내 안에 그리스도께서 사시는 것이라. 이제 내가 육체 가운데 사는 것은 나를 사랑하사 나를 위하여 자기 자신을 버리신 하나님의 아들을 믿는 믿음 안에서 사는 것이라." 엡 5:2 "그리스도께서 너희를 사랑하신 것 같이 너희도 사랑 가운데서 행하라. 그는 우리를 위하여 자신을 버리사 향기로운 제물과 희생제물로 하나님께 드리셨느니라."
5 엡 3:14-19 "이러므로 내가 하늘과 땅에 있는 각 족속에게 이름을 주신 아버지 앞에 무릎을 꿇고 비노니, 그의 영광의 풍성함을 따라 그의 성령으로 말미암아 너희 속사람을 능력으로 강건하게 하시오며, 믿음으로 말미암아 그리스도께서 너희 마음에 계시게 하시옵고 너희가 사랑 가운데서 뿌리가 박히고 터가 굳어져서, 능히 모든 성도와 함께 지식에 넘치는 그리스도의 사랑을 알고, 그 너비와 길이와 높이와 깊이가 어떠함을 깨달아 하나님의 모든 충만하신 것으로 너희에게 충만하게 하시기를 구하노라."
6 빌 3:8 "또한 모든 것을 해로 여김은 내 주 그리스도 예수를 아는 지식이 가장 고상하기 때문이라. 내가 그를 위하여 모든 것을 잃어버리고 배설물로 여김은 그리스도를 얻고."

명으로 들어갈 수 없다." 은사는 교회의 유익을 위한 것이므로 본래 자기 자신에게는 유익이 없는 것이다. 자신에게 신앙적으로나 영적으로 유익이 있으려면 외부로 나가는 은사의 능력을 자신의 내부로 돌려야 한다. 은사를 내면화시키는 것이다. 즉 성령의 뜨거움과 능력을 사역하는 것에만 쓰지 말고 자신의 내면으로 향하게 해서 내 안에 성령 충만의 상태를 만들어야 한다. 남의 비밀을 보는 데만 신경 쓰지 말고 자기를 들여다봐야 한다. 남만 고치려 하지 말고 자신을 고쳐야 한다. 은사가 내면화된다는 말은 영성의 차원으로 은사를 승화시키라는 말이다.

2004년 8월 하순에 단양에 있는 용두산 정상에서 밤에 산 기도를 하다가 주님을 만나는 체험을 했다. 그때 은사가 포기되지 않으면 생명으로 들어갈 수 없다는 것을 깨달았다. 은사가 내면화되려면 외부를 향하는 은사를 포기해야 한다. 은사 사역 도중에 주님을 만나고 말씀을 듣고 하지만, 그것은 자신에게는 아무 유익이 없다. 자신의 영성에 유익이 되려면 외부로 향하는 은사는 포기해야 한다. 그 은사가 포기될 때 내면에서 주님을 만나게 된다. 내면에서 주님을 만나야 주님의 생명으로 들어가게 된다.

은사의 결론은 간단하다. 은사 그 자체는 불완전한 것이며 자신에게 유익이 없다. 자신의 영성에 유익이 되려면 바울의 말처럼 사랑의 차원으로 승화시키든지 아니면, 물론 같은 말이지만 은사를 자신의 내면으로 향하게 하여 영성의 차원으로 승화시켜야 한다.

3부 치유 사역의 실제

3부에서는 이제까지 검토한 1부와 2부의 내용들을 실제 사역에 어떻게 적용시키는가 하는 것을 다룰 것이다. 내 은사의 주 종목이 치유이므로 치유의 은사의 활용에 대해서만 살펴볼 것이다. 물론 치유 사역이라고 해서 병 고치는 것만 하는 것은 아니다. 진단할 때나 치유할 때, 치유 이후의 돌봄의 과정에서 모든 은사를 골고루 사용한다. 이른 바 여섯 가지 감각들을 사용한다. 그 감각들을 어떻게 사용하여 치유 사역을 하는 것인지를 밝히고자 한다.

여기서 다룰 내용들은 은사의 세계는 여섯 가지 감각이 있다고 했는데 그 감각들을 사용하여 어떻게 치유하는가? 어떤 과정을 거치는가? 치유를 위한 기도는 어떤 것이 있으며, 어떻게 하는 것이 효과적인가? 치유받은 후에 재발하는 경우가 종종 있는데 왜 재발하는가? 재발되지 않으려면 어떻게 해야 하는가? 마지막으로 귀신 들린 사람은 어떻게 치유하는가? 그 방법이나 과정, 그리고 주의해야 할 점은 어떤 것인가? 등이다. 이들을 실례를 들어가며 실제 사역에 대해 써나갈 것이다.

다만 은사의 감각은 사람마다 다르고, 은사도 그 활용하는 방법이 다르다. 여기에 서술한 내용들은 나의 경험에 의한 것이다. 따라서 이 책은 치유 사역은 꼭 이렇게 해야 된다는 치유 교과서는 아니다. 치유 사역은 각자에게 주신 은사대로 하는 것이니 참고하는 정도면 좋을 것이다. 나아가 나의 경험이 치유 사역자들에게 도움이 되었으면 하는 바람이다.

1장 치유의 은사와 사역의 실제

1. 치유의 은사

은사의 지·정·의 부분에서 치유의 은사는 다루지 않았다. 그러므로 여기서 먼저 치유의 은사에 대해 살펴볼 것이다. 주의 일이나 목회하는 것이나 치유 아닌 것이 있는가? 하나님 나라의 회복을 위한 모든 일이 치유하는 일이다. 그러나 우리가 일반적으로 은사로서의 치유를 말할 때는 병 고치는 은사를 가리키는 것이다.[1] 바울은 능력 행하는 은사, 그리고 믿음을 행하는 은사와 구별하여 치유의 은사를 말한다. 그러므로 은사를 분류해서 말할 때 치유의 은사는 병 고치는 은사를 말하는 것이다. 치유의 은사는 기적의 은사와 믿음의 은사와 같이 능력의 은사로 분류된다. 은사 중에 의에 해당한다. 치유의 은사는 주님의 몸 된 교회를 위한 소수의 특별한 사람에게 주시는 특별한 능력의 은사다. 그리고 치유 사역자는 하나님이 주신 치유하는 능력으로 사람들의 건강을 회복시키고 치료하는 사람으로 하나님과 인간(병자) 사이를 중개하는 역할을

---

1 고전 12:9 "다른 사람에게는 같은 성령으로 믿음을, 어떤 사람에게는 한 성령으로 병 고치는 은사를."

고전 12:28 "하나님이 교회 중에 몇을 세우셨으니, 첫째는 사도요 둘째는 선지자요 셋째는 교사요 그 다음은 능력을 행하는 자요 그 다음은 병 고치는 은사와 서로 돕는 것과 다스리는 것과 각종 방언을 말하는 것이라."

고전 12:30 "다 병 고치는 은사를 가진 자이겠느냐 다 방언을 말하는 자이겠느냐 다 통역하는 자이겠느냐."

병 고치는 은사는 그리스어로 카리스마타 이아마톤*carivsmata ijamavtwn*이다. 이아마 *ijama*는 치료, 치유healing라는 뜻이다. 영어로는 gifts of healings(KJV)이다. 치유를 뜻하는 healing이란 단어가 KJV에는 healings으로 표기되지만 현대어에서는 healing이다.

하는 자다.

치유의 은사는 특별한 사역자에게 주는 특별한 은사임에 틀림이 없다. 그러나 이 치유의 은사는 현실적으로 둘로 나누어서 설명해야 한다. 즉 일반 은사로서의 치유 은사와 특별 은사로서의 치유의 은사다. 일반 은사로서의 치유 은사라 함은 누구나 믿고 구하면 병을 고칠 수 있기에 일반 은사라고 말하는 것이다. 교회에서도 병든 자를 위해 합심하여 기도할 때 병이 낫는 경우가 종종 있다. 왜 낫는지, 어떻게 낫는지는 모르겠지만 하여튼 믿고 기도하니까 병이 나은 것이다.

주님께서 말씀하시기를 "믿는 자들에게는 이런 표적이 따르리니 곧 그들이 내 이름으로 귀신을 쫓아내며 새 방언을 말하며 뱀을 집어올리며 무슨 독을 마실지라도 해를 받지 아니하며 병든 사람에게 손을 얹은즉 나으리라."고 하셨다.(막 16:17-18) 이는 믿는 자에게 보편적으로 나타날 수 있는 치유의 현상을 말하는 것이다. 또한 야고보서를 보면 "너희 중에 병든 자가 있느냐 그는 교회의 장로들을 청할 것이요 그들은 주의 이름으로 기름을 바르며 그를 위하여 기도할지니라."고 하였다.(약 5:14) 여기서 병든 자가 초청하는 교회의 장로는 치유의 은사를 받은 자들이 아니라 장로라는 직책을 가진 자다. 이것을 보더라도 치유의 특별 은사를 받지 않더라도 병든 자를 위해 기도하는 것이 초대 교회의 전통이라는 것을 알 수 있다. 따라서 치유의 은사는 특별한 것이기는 하지만, 누구에게나 일어날 수 있는 일반적인 것이기도 하다.

치유의 은사는 믿는 자가 병 낫기를 위해 기도하면 병이 낫는 일반적인 은사이며, 동시에 치유의 특별한 은사를 받은 자가 치유의 능력을 행하는 특별 은사이기도 하다. 예를 들면 교회 피아노 반주를 하는 딸아이는 손가락으로 피아노를 친다. 피아노 치는 것을 배우지 못한 나는 피아노를 못치느냐 하면 그렇지 않다. 나도 피아노를 친다. 나는 온몸으로 친다. 주먹으로 칠 때도 있고, 어떤 개그맨처럼 코로 칠 수도 있다. 피아노를 치면 소리가 난다. 치유의 은사도 그런 것이다. 특별한 치유의 은사를 받은 사람보다는 못하지만 누구나 믿는 자에게는 치유의 은사가 나타날 수 있다. 어떻게 치든 간에 소리가 나는 것처럼 믿고 기도하면 치유는 일어난다. 그러므로 치유의 은사는 특별 은사이면서 동시에 일반 은사다.

그렇다면 치유의 특별 은사와 일반 은사를 어떻게 구별하는가? 일반 은사로서의 치유는 소가 뒷걸음질 치다 쥐를 밟았는데, 왜 밟았는지, 어떻게 밟았는지를 모르는 것처럼 병든 자를 위해 믿고 기도해서 낫는데 언제, 어떻게, 왜 낫는지를 모른다. 특별 은사로서의 치유 은사는 그러한 과정을 안다. 영적인 여섯 가지 감각을 이용하여 안다. 병이 나을 것인지, 낫지 못할 것인지, 그 병의 원인이 무엇인지, 하나님이 그 병을 통해 무엇을 바라시는지 등을 알 수 있다. 물론 다 아는 것은 아니다. 전에도 말했지만 은사는 그 자체가 불완전한 것이므로 성령께서 알려주시는 만큼 안다.

내 경험에 비추어 볼 때 치유의 은사가 임하고 나면 몸의 체질 자체가 변하는 것 같다. 전에는 일 년에 몇 번씩 감기가 걸리곤 했다. 나는 감기가 걸리면 꼭 편도선이 부어 병원에 가서 주사를 맞고 약을 먹어야만 나았다. 그런데 치유의 은사가 임하고 나서는 그런 것이 없어졌다. 피곤은 해도 몸살이나 몸이 아파 드러눕는 경우도 없다. 몸이 안 좋으면 온몸에 열이 난다. 뜨거워진다는 표현이 어울릴 것이다. 그러고 나면 몸이 가벼워진다. 그것이 끝이다.

다만 영적으로 고양되고 영이 맑게 깨어있을 때는 잠을 잘 자지 못한다는 문제가 있다. 이것은 많은 은사 사역자들도 경험하는 것이다. 흔히 몸이 식어야 잠도 잘 수 있다고 말한다. 내가 집회에 나가면 새벽기도회를 극구 사양하는 이유가 이것이다. 은사 사역을 하다보면 영이 깨어있고, 몸이 뜨거워져 있어 새벽까지 잠을 못 잔다. 몸은 너무 힘들지만 또 막상 사역을 시작하면 새 힘이 나온다. 차라리 몸 상태가 좋은 것보다 안 좋을 때가 능력이 강하게 나온다. 이것은 아마도 육성이 약해지기 때문일 것이다.

마지막으로 특별 은사로서의 치유 은사는 믿음으로 전이가 된다. 나는 집회에 나가면 담임목사에게 기도도 하지 말고, 그저 내가 하는 것을 옆에서 지켜보기만 하라고 한다. 그리고 궁금한 것은 물어보라고 한다. 이것은 내 경험이다. 예전에 치유 사역자들을 만날 때, 그들과 은사와 체험에 관한 많은 이야기를 나누었다. 그리고 그들이 하는 사역을 옆에서 지켜봤다. 모르는 것은 물어보았다. 그렇게 지켜보고 물어보고 하면 그들의 은사가 이해된다. 이해가 되면 믿어지고 믿어지면 나도 그렇게 해 본다. 해보면 나에게도 똑같이 그 능력이 나타난다. 모든 사역은 한 성령 안에서 이루어지는 것이다. 능력을 받기 위해 엄청나게 기도하지 않아도 성령 안에서 서로의 인격이 연결되면 그대로 전이된다. 이것은 이 책을 읽는 자에게 주는 보너스다.

2. 치유 사역의 과정

이제부터는 특별 은사로서의 치유 사역 전체 과정을 살펴볼 것이다. 여기서도 물론 나의 경험과 방법을 바탕으로 쓸 것이다. 자신의 사역과 다르다고 생각되는 것도 많을 것인데, 그것은 은사의 다양성 때문에 그런 것이다. 주의 일은 서로 다르기 때문에 합력해야 하고 서로 자기에게 주어진 은사를 가지고 합력할 때 선을 이루는 것이다.[2] 그러므로 팀을 이루어 사역하는 것이 가장 바람직하다.

초창기에 사역을 할 때 나는 영적 감각이라고는 촉감밖에는 없었다. 그래서 보는 영적 감각을 가진 자를 옆에 두고 사역을 한 적이 있다. 내가 사역을 하면서 물어보면 그는 사역의 과정을 보고 중계를 해준다. 또한 주님의 뜻을 물어보기도 한다. 이렇게 각각 남보다 뛰어난 영적 감각을 가진 자들이 모이면 여섯 가지 감각들을 통해 종합적으로 치유 사역을 할 수 있다. 그러므로 서로의 은사가 다르고 서로의 보는 시각과 감각이 다를 때에는 서로 도와야 한다. 그러면 주님의 사역을 온전히 이룰 수 있는 장점이 된다.

치유 과정에 들어가기 전에 한 가지 일러둘 말이 있다. 그것은 치유의 은사가 있다고 병 고쳐주려고 하지 말라는 것이다. 치유의 유형에서도 보았듯이 치유는 반드시 병을 고쳐야만 되는 것은 아니다. 꼭 병을 고쳐야만 한다는 강박관념을 버려라. 병을 고치지 않고도 치유는 받는다. 그에게 하나님 나라가 임하면 그것이 치유이지 꼭 병을 고쳐야만 치유되었다고 생각하면 안 된다. 치유 은사도 치유를 위한 것이다. 치유는 하나님 나라의 회복이다. 그러므로 의사처럼 병을 고치려하지 말고 주님처럼 사람을 고쳐야 한다. 즉 그 사람으로 하여금 하나님 나라를 경험하고 그의 영·혼·육에 하나님 나라가 임하도록 해야 한다.

치유의 과정뿐 아니라 그 결과도 주님의 몫이다. 쓸데없는 자비심이

---

2 롬 8:28 "우리가 알거니와 하나님을 사랑하는 자 곧 그의 뜻대로 부르심을 입은 자들에게는 모든 것이 합력하여 선을 이루느니라."

나 욕심으로 병 고치려 한다면 병을 고치더라도 치유는 할 수 없다.[3] 치유는 하는 것이 아니라 받는 것이다. 주님이 하시기 때문이다. 다시 말하지만 영적 세계의 질서를 무지함으로 깨뜨리려 해서는 안 된다. 잘 모르겠으면 그냥 내버려둬라. 이것은 직무 유기가 아니다. 능력의 한계, 영적 질서의 한계를 벗어나지 말라는 뜻이다. 어차피 주님의 자녀인데, 주님이 어련히 알아서 하시게 내버려두는 것도 치유 사역의 일부다. 아프면 주님을 찾게 되고 그러면 주님이 응답하신다. 치유 사역에서 내가 하는 것은 없으며, 없어야 한다.

치유 사역의 과정은 크게 5단계로 나눌 수 있다. 만남부터 시작하여, 치유 이후 병자와 사역자의 관리까지의 과정이다. 각 과정마다 자신에게 주어진 영적 감각을 최대한 활용하는 것이 중요하다. 그리고 각 과정마다 자신의 경험을 의지해서는 안 된다. 다시 말하지만 체험이나 현상은 믿을 것이 못 된다. 오직 주님만이 믿음의 주인이시다. 그러므로 오직 주님께만 집중하고 주님만 의지해야 한다. 나는 없다. 이를 하나씩 살펴보자.

1) 만남

치유는 만남으로부터 시작한다. 사람이 결혼할 때 제일 중요한 것은

---

3 쓸데없는 자비심이란 말이 오해가 있을 것 같아 한마디 하려 한다. 주님께서 그러하셨듯이 우리도 한없는 사랑으로 모든 사람들을 사랑해야 한다. 어찌할 수 없을 정도로 불쌍히 여기는 마음은 주님이 주시는 것이다. 그것은 주님의 마음이 있어야 가능하다. 그 마음 때문에 자신의 전 존재를 바치는 것은 이른 바 성자의 길이다. 그러나 주님의 마음이 아닌 자비심이나 사랑은 욕심에서 비롯된 것이다. 치유 사역자들은 주님의 마음이 되어 치유하는 자다. 주님께서 사랑하시기에 그를 데려가기를 원하심에도 인간적인 생각으로 그를 불쌍히 여겨 살려달라고 기도하는 것은 쓸데없는 자비심이다. 병을 통하여 그를 연단시켜 성숙한 성도로 만들기 원하시는데도 인간적인 마음으로 그를 고치려하는 것도 쓸데없는 자비심이다.

누구와 결혼하느냐 하는 것이다. 이처럼 치유도 누구를 만나느냐, 어떤 사역자를 만나느냐가 제일 중요하다. 정말로 능력 있고, 은사가 잘 연단된 사역자를 만나는 것은 하나님이 주시는 복이요 은혜다.

대부분의 경우 병자가 치유 사역자를 찾아온다. 찾아온 병자가 치유를 위해 기도해 달라고 무턱대고 기도해 주면 안 된다. 먼저 자신의 영적 상태를 살펴야 한다. 사역해도 좋은 상태이면 치유의 과정을 진행해도 좋지만, 그렇지 못할 경우에는 양해를 구하고 다음에 만날 약속시간을 정해야 한다. 영적 상태가 좋지 않을 경우에 병자도 문제지만 사역자가 더 큰 문제가 생긴다는 것을 알아야 한다. 기도해 주고 얻는 후유증은 그때마다 정리해주지 않으면 자칫 심각해질 수 있다.

사역자는 'No' 라고 말할 수 있어야 한다. 많은 병자들이 사역자의 상태에 대해서는 전혀 고려하지 않는다. 하나님은 당신에게 병을 고치라고 능력을 주셨고, 나는 아프다. 그러니 나는 기도받을 권리가 있고, 당신은 기도해서 내 병을 고칠 의무가 있다. 이런 식으로 무례할 정도로 접근하기가 일쑤다. 주님도 이렇게 달려드는 자들을 피하시기도 하셨다.[4] 주님도 그러셨는데 우리도 당연히 무례하게 달려드는 병자들을 피하거나 거절할 줄 알아야 한다.

사역자가 육체적으로 힘들 때에 거절할 줄 알아야 한다. 아무리 은사

---

4 막 3:8-10 "유대와 예루살렘과 이두매와 요단 강 건너편과 또 두로와 시돈 근처에서 많은 무리가 그가 하신 큰 일을 듣고 나아오는지라. 예수께서 무리가 에워싸 미는 것을 피하기 위하여 작은 배를 대기하도록 제자들에게 명하셨으니, 이는 많은 사람을 고치셨으므로 병으로 고생하는 자들이 예수를 만지고자 하여 몰려왔음이더라."
마 8:16-18 "저물매 사람들이 귀신 들린 자를 많이 데리고 예수께 오거늘 예수께서 말씀으로 귀신들을 쫓아 내시고 병든 자들을 다 고치시니, 이는 선지자 이사야를 통하여 하신 말씀에 우리의 연약한 것을 친히 담당하시고 병을 짊어지셨도다 함을 이루려 하심이더라. 예수께서 무리가 자기를 에워싸는 것을 보시고 건너편으로 가기를 명하시니라."

사역자라 할지라도 육체의 한계는 넘어설 수 없다. 물론 일시적으로는 가능하다. 그러나 그것이 쌓이면 반드시 문제가 된다. 그리고 사역할 때도 육체적으로 힘들면 자신도 모르게 육성이 나온다. 짜증이 나고 신경질이 난다. 그럴 때 오직 주님께 집중하지 않으면 사역에 무리가 오고 사람들에게 상처를 주게 된다. 운동선수들이 경기에 임하기 전에 최상의 컨디션을 유지하는 것처럼 항상 육체적으로나 영적으로 최상의 컨디션이 되도록 관리를 잘 해야 한다.

나는 산속에 사는지라 찾는 이도 없고, 마치 잊힌 사람처럼 살기에 평소에는 은사에 대해 무방비 상태다. 그러나 집회 요청이 오거나 사역할 일이 있을 때에는 대략 한 주간 전부터 준비를 한다. 나는 이를 몸만들기라고 부른다. 전할 말씀을 준비하면서 영적 감각들이나 은사의 능력 등을 점검하고 다시 감각을 살리고 능력을 고조시켜 나간다. 몸과 영적 상태를 최상의 상태로 끌어올린다. 100M 달리기를 할 때, 총성이 울리면 몸을 박차고 뛰어나가게 되는데, 바로 그 뛰어나가기 직전의 상태로 만드는 것이다. 이것이 내가 하는 몸만들기다.

그러나 오해하지 말아야 할 것은 능력 충만, 성령 충만을 구하거나 그렇게 하는 것이 아니라는 것이다. 내가 하는 몸만들기는 나를 비우는 작업이다. 나를 비운만큼 주님의 능력이 나타난다는 것을 알기에 철저히 나를 비우는 작업을 한다. 은사의 원리에서 말한 죽음의 원리의 적용이다. 내가 죽으면 영적 감각들이 살아난다. 나를 비우면 주님의 능력이 채워진다. 이것이 사역을 위한 준비다.

자, 이제 자신이 사역을 할 준비가 되었으면 만남부터 시작해보자. 만남은 우연이 아니다. 그것은 주님의 섭리요, 계획에 따라 준비된 것이다. 주님께서 나에게 능력 주신 것은 바로 이 만남을 위해서다. 그러므로 이 만남은 서로에게 매우 중요한 운명이다. 이 만남은 처음 만남이다. 의사는 임상 경험이 중요하겠지만 사역에서 과거의 경험은 도움이 되지 않는다. 처음 만났을 때의 인간적인 느낌이나 선입견 등은 버려라. 오히려 사람이 보이지 않아야 한다. 사람이 보이면 판단하게 되고, 자신의 경험에 의한 선입견을 갖게 된다. 아비의 심정으로 주님의 마음이 되어 만나는 것이다. 오직 주님만이 이 만남의 주인이시다.

병자가 나를 왜 만나러 왔겠는가? 그것은 나를 만나러 왔겠는가? 아니다. 그렇다면 착각이다. 내가 병을 고칠 수 있기에 왔겠는가? 과연 나는 병을 고칠 능력이 있는가? 아니다. 그도 주님만이 능력이시라는 것을 안다. 주님의 치유의 능력을 전달할 수 있는 은사가 내게 주어졌기 때문에 나를 찾아온 것이다. 그러므로 이 만남의 주인은 주님이시다. 따라서 주님만 의지한다는 자세로 만남을 가져야 한다.

2) 진단하기

올바른 진단이 나와야 올바른 처방을 하고 그래야 병이 낫는 것은 당연한 이치다. 그것처럼 병자를 위한 진단은 매우 중요하다. 병원과는 달리 교회에서는 아주 짧은 시간 안에 그 병의 원인과 아픈 부위, 그리고 통증의 정도, 병력病歷, 영적 상태, 주님께서 고치시기를 원하시는지 등을 진단할 수 있어야 한다. 다시 말하지만 진단할 때 과거의 경험은 중요하지 않다. 무시해야 올바른 진단을 할 수 있다. 사람마다 다 다르다.

그리고 올바른 진단을 위해서는 인체에 대한 해부학적 이해가 필요하다. 이를 위해 사역자들은 인체해부학 책 정도는 읽어두어야 한다. 인체의 구조를 파악해 두면 인체 투시할 때나 사역을 진행할 때 상당한 도움이 된다.

(1) 어떻게 진단하는가? 진단은 영적 감각으로 하는 것이다. 먼저 나를 순간적으로 비운다. 나를 비우는 것은 은사의 원리에서 말한 것처럼 죽음의 원리다. 나를 비우면 영적 감각들이 활동하게 된다. 최대한으로 영적 감각을 열어 놓는다. 병자가 앞에 있으면 그의 몸에 손을 얹던가 아니면 그 사람에게 마음을 집중한다. 이때 내가 무엇을 보겠다든지, 듣거나 느끼려고 하지 말라. 그저 나를 비운 채 주님께서 어떻게 하시는지를 기다려라. 그러면 필요에 따라 주님께서 병자의 병의 내용 등을 영적 감각을 통해 알게 하신다.

이때 영적 감각으로 진단하기 위해 말을 하지 않고 가만히 있을 필요는 없다. 영적 감각은 육체적 감각과는 별도로 활동한다. 의식세계와 의식 너머의 세계를 동시에 사용할 수 있다. 이는 조금만 연습하면 영적 세계가 열린 사람은 누구든지 할 수 있다. 연습하지 않아도 사역하다 보면 자연적으로 활용이 가능해진다.

나는 주로 냄새 맡는 것과 몸의 촉각으로 진단하고, 치유 과정을 진행한다. 때에 따라 보기도 하는데, 보는 것은 마음으로 보는 것이다. 인체 투시일 경우에는 수술 부위나 질병 상태, 혈관이나 장기 등을 본다. 마음의 상태나 귀신의 존재나 모양, 몸속의 위치 등은 주로 환상으로 본다. 다 마음으로 보는 것이다. 그러려면 자신의 마음이 얼마나 비워져 있고 열려 있느냐에 따라 얼마나 정확하게 볼 수 있느냐가 결정된다. 그리고 냄새를 맡는 것은 실제로 냄새 맡는 것과 차이가 없다. 다만 남들이 맡지 못하는 것을 내가 맡을 뿐이다. 마지막으로 몸의 촉각은 나의 사역에서 중요한 위치다. 내가 생각하기로는 나를 비우면 병자와 나의 생체 리듬이 일치되는 것이 아닌가 한다. 즉 병자의 아픔이 마음이 되었든, 몸이 되었든 그대로 내게 전이되어 온다는 것이다. 그 위치나 아픔의 강도도 거의 똑같다.

(2) 진단이 안 될 경우는 어떻게 하나? 병자에게 손을 얹었을 때, 아무런 느낌도 감각도 없을 때가 있다. 그럴 때는 경험적으로 볼 때, 하나님과 문제가 있는 경우가 대부분이다. 또는 사람 사이에 풀지 못한 것이 있기 때문이다. 하나님과의 관계가 문제가 있으니 사역자가 모르는 것은 당연할 수도 있다. 이때 당신은 하나님과 문제가 있거나 사람 사이에 풀지 못한 그 어떤 것이 있으니 회개하라고 하면 상처를 받을 수도 있다. 나는 이럴 경우 모르겠다고 솔직하게 말해준다. 그러면서 주를 향해 마음을 열고 진실하게 기도하라고 권면한다.

시간이 허락되면 상담을 하는 것이 좋다. 본인이 수용하고 진실하게 기도하고 계속적으로 안수해 주면 마음이 열리는데, 열리면 진단이 가능해진다. 진단이 된다는 것은 하나님이 고치시기를 원한다는 것이다. 사역자에게 병을 알려주시는 것은 고치라고 알려주시기 때문이다. 이때 성급하지 말아야 한다. 치유는 서서히 할수록 좋다.

(3) 진단이 되면 병자와 진단한 내용을 가지고 대화를 한다. 대화는 진단 내용을 확인하는 절차다. 이때도 은사의 감각은 항상 열어두어야 한다. 대화할 때 주의해야 할 점은 건너 짚지 말아야 한다는 것이다. 모르는 것은 모르는 것이다. 경험이나 체험을 과도하게 적용시켜 "당신은 이러하니 이렇다."라고 단언해서도 안 된다. 사랑은 무례히 행치 않는 것이다. 병자를 대할 때 죄인 다루듯이 해서도 안 되고, 반말이나 막말을 해서도 안 된다. 주님 앞에 온 사람이니 주님이 그를 대하듯 대해야 한다.

진단 내용을 말해주면 대부분의 병자들은 신비감을 갖게 된다. 이때 주님께서 나를 고치실 것을 믿게 된다. 하지만 다 그런 것은 아니다. 오히려 자신의 비밀이 드러날까 두려운 마음도 동시에 갖는다. 그렇게 되면 자기보호 본능이 발동하여 숨는 경우도 발생한다. 대화는 솔직하게 해야 한다. 나를 열 때, 상대도 자신을 여는 것이다. 상대를 여는 데에 진실함과 솔직함보다 더 좋은 것은 없다.

(4) 병자와 대화를 하면서 동시에 하나님과도 대화해야 한다. 의식세계와 의식 너머 세계는 동시에 활용이 가능하다. 주님께 진단의 내용과 대화의 내용을 확인하는 것이다. 치유의 주인은 주님이시기에 치유의 전 과정에서 주님과 늘 함께하고 늘 대화해야 한다. 병의 원인, 영적 상태, 병을 통한 주님의 의도 등에 대해 여쭤봐야 한다. 대화가 아무리 솔직하게 이루어진다 하더라도 사람은 자기 자신에 대해 잘 모르기 때문에 병자가 주는 정보가 부정확할 수 있다. 무엇보다도 주님과 늘 대화를 해야 하는 이유는, 병에 대한 정보는 사람을 통해서도 얻을 수 있지만, 치유에 대한 정보는 오직 주님께만 얻을 수 있기 때문이다.

(5) 진단은 되는데 정작 본인이 모를 경우가 종종 있다. 한 번은 의정부에서 집회를 할 때, 20대 후반의 여자 청년이 나왔다. 머리에 손을 얹어 보니 왼쪽 가슴 아래 부분에 통증이 느껴졌다. 나는 그곳을 가리키며 여기가 아프지 않느냐고 물었다. 그 청년은 아니라고 대답했다. 전에도 그런 적이 없었다고 했다. 다시 한 번 기도해 봐도 마찬가지로 통증이 있었다. 나는 시간이 없는 관계로 그냥 머리에 손을 얹고 그곳에 능력을 집중했다. 이를 사역자들은 흔히 불을 넣는다고 말한다. 그랬더니 악취가 풍기면서 치유가 되었다. 그녀는 자신도 모르는 병을 치유받은 것이다. 이처럼 자신도 모르는 질병이 진단되어 치유되는 경우도 있다.

(6) 치유에 대한 본인의 의지를 확인하는 절차다. 나는 이것이 매우 중요하다고 생각한다. 주님께서도 치유 사역을 하실 때 낫기를 원하는

지를 물으셨다.[5] 주님 앞에 나온 병자가 왜 나왔겠는가? 그것은 당연히 병 낫기를 위해 나온 것이다. 그런데 그것을 알면서도 주님은 왜 물으셨는가? 그것은 그 사람으로 하여금 주님을 통해 낫고자 하는 믿음의 고백을 하기를 원하시기 때문이다. 입으로 시인하여 구원에 이르는 것처럼[6] 치유받기 전에 자신의 입으로 주님의 능력이 나를 고치시기를 원한다고 하는 믿음의 고백을 하도록 하는 것이다.

(7) 마지막으로 대화의 과정과 진단 과정에서 알게 된 개인의 사생활의 비밀은 지켜주어야 한다. 지속적인 신앙 지도에 필요한 것이라면 담임목사에게 조용히 말해주는 것이 좋지만 그렇지 않은 경우에는 말해서는 안 된다. 사역이 끝나면 그 즉시로 잊어버려야 한다. 이것은 매우 중요하다. 잊어버리지 않으면 몸과 마음에 그 상처와 흔적이 남게 된다. 잊어버리지 않고 자신의 몸속에 쌓아두면 병이 된다. 그 사람의 비밀을 지키기 위해 잊어버리는 것보다 사역자 자신을 위해 잊어버려야 한다. 그래서 나는 잊는 것도 은사라고 말한다. 잊어버린다고 아주 기억에서 사라지는 것은 아니다. 사람은 그럴 수 없다. 다음날 그 사람과 사역이 속개되면 다시 생각난다. 하지만 돌아서면 잊어버리는 것은 은사 중의 은사요, 주님의 큰 은혜.

---

5 요 5:6 "예수께서 그 누운 것을 보시고 병이 벌써 오래된 줄 아시고 이르시되 네가 낫고자 하느냐."
막 10:51 "예수께서 말씀하여 이르시되 네게 무엇을 하여 주기를 원하느냐. 맹인이 이르되 선생님이여 보기를 원하나이다."
마 8:2-3 "한 나병환자가 나아와 절하며 이르되 주여 원하시면 저를 깨끗하게 하실 수 있나이다 하거늘, 예수께서 손을 내밀어 그에게 대시며 이르시되 내가 원하노니 깨끗함을 받으라 하시니 즉시 그의 나병이 깨끗하여지라."
6 롬 10:9-10 "네가 만일 네 입으로 예수를 주로 시인하며 또 하나님께서 그를 죽은 자 가운데서 살리신 것을 네 마음에 믿으면 구원을 받으리라. 사람이 마음으로 믿어 의에 이르고 입으로 시인하여 구원에 이르느니라."

3) 치유하기

진단과 대화를 통해 병에 대한 충분한 이해가 되었으면 이제 본격적인 치유 사역에 들어간다. 이해가 되면 믿어지고 믿어지면 현실이 된다. 치유는 믿음이 현실이 되는 절차다.

(1) 어떻게 치유하는가? 나를 비우면 영적 감각이 살아난다. 그 감각을 이용하여 치유하는 것이다. 우선 환부에 손을 얹는다. 환부에서 가까울수록 좋다. 하지만 손을 대기 민망한 부분이 있다. 특히 여자일수록 그렇다. 그럴 때는 그냥 머리나 등에 손을 얹으면 된다. 그리고 환부에 집중하면 된다.

대부분의 치유 사역자들이 그렇듯이 손을 얹으면 손에서 뜨거움과 약한 전류같이 찌릿한 그 무엇이 흘러나온다. 그것을 환부에 흘려 들여 넣는다. 이를 불을 넣는다고 말한다. 손만 얹으면 그냥 들어가기도 하지만 약하다. 사역자가 의지로 밀어 넣는 것이다. 이때 호흡이 동반된다.[7] 병자 자신이 마음을 열고 간절히 사모하면 잘 들어간다. 불이 잘 들어갈 때는 표현하기 거북하지만 쭉쭉 빨려 들어가는 느낌이 든다.

평소에 기도를 많이 하거나 영적으로 예민한 사람들은 자신의 몸속으로 들어오는 그 느낌을 분명하게 알 수 있다. 그러나 마음이 열리지도 않고 영적 감각도 거의 없는 사람은 잘 들어가지 않는다. 사역자들 사이에서는 이를 불이 튄다는 표현들을 쓴다. 그럴 때면 가볍게 안찰을 해주는 것이 도움이 된다. 능력이 들어가게 되면 아무리 영적으로 둔감한 사람이라 할지라도 차츰 그 느낌을 알게 된다. 그리고 반응한다. 본인이 능력이 들어가도 잘 모를 경우 성급히 모른다고 다그치거나 믿음 없다

---

7 이때 호흡은 날숨이다. 숨을 내쉬면 능력이 흘러나오기에 내쉬면서 불을 넣는 것이다. 이때 호흡은 깊게, 가늘고, 길게 하는 것이다.

고 책망해서는 안 된다. 다 시간이 해결해준다. 기다려라.

능력이 들어가서 환부를 치유하는 과정을 아는 것은 영적 감각으로 아는 것이다. 인체투시를 통해 보기도 하고, 촉각을 통해 몸으로 느끼기도 한다. 또한 그 과정에서 주님과의 대화를 통해 듣게 되기도 한다. 자신의 영적 감각이 열린 만큼 아는 것이다.

(2) 친구의 어머니가 뇌출혈로 응급수술을 받고 중환자실에 계시다는 연락을 받았다. 중환자실에 가니 로비에 연락 받고 온 친구들과 그 가족들이 있었다. 면회시간이 아니라 들어가지 못하고 밖에서 서로 안부도 묻고 친구 어머니의 상태도 들었다. 두 번에 걸쳐 수술을 했는데, 수술은 그런대로 잘 되었지만 현재로는 두고 보는 수밖에 없다고 했다. 이야기를 하는 도중에 나는 영적 감각을 펼쳐 어머니의 상태를 점검해 봤다. 의식과 의식 너머의 의식을 동시에 사용한 것이다. 의식으로는 친구와 대화를 하고 의식 너머의 의식으로는 영적 감각들을 총동원하여 진단을 하는 것이다.

뇌 중앙 약간 뒤에서 위쪽으로 2-3cm 되는 부분의 혈관이 문제였다. 내가 보기에도 수술은 잘 되었다. 혈관들이 충혈 되어 있었지만 다시 재발할 문제는 없어 보였다. 나는 내 몸을 비우고 친구 어머니의 몸과 일치를 시켜보았다. 그랬더니 내 머리에도 쿡쿡 쑤시고 띵한 통증이 느껴졌다. 주님의 이름을 부르며 내 머리에 능력을 집중시켰더니 통증이 사라지기 시작한다. 몇 차례 그렇게 하니 상태가 많이 좋아졌다. 그제야 나는 친구에게 걱정하지 말라고 말했다. 뇌를 다치셨기 때문에 후유증이 아주 없을 수는 없겠지만 일상적인 생활을 하는 데는 지장이 없을 것이라고 말해주었다. 면회시간이 되어 중환자실에 들어가 기도를 해드리고 나왔다. 이때의 기도도 내내 마찬가지다. 통증이 있는 부분에 마음을 집중하고 그곳에 불을 넣어주는 것이다. 약속이 있어 병원을 나와 차를 몰고 가다가 머리에 통증이 오면 기도로 통증을 없앴다. 그 후 한 달여 병원에 계셨고 나중에 걸어 다닐 정도가 되었다. 지금은 거의 정상이다. 일상적인 생활을 하는 데는 아무 지장이 없다. 사람들은 기적이 일어났다고 말했다. 내가 그럴 것이라고 말할 때는 사실 아무도 믿지 않았던 것이다.

(3) 치유하는 방법은 은사 사역자마다 받은 은사의 정도나 열린 은사의 감각들이 다 다르기 때문에 사실 정도는 없다. 주어진 대로 하는 것이다. 어떻게 하든지 자신만의 노하우로 하는 것이지만 남들이 보기에 거북한 방법은 자제하는 것이 좋다. 예를 들면 병자의 나쁜 것들을 뽑아내기 위해 헛구역질을 하거나 실제로 토하는 사람도 있다. 귀신을 쫓아내거나 예언할 때 두 눈을 찌르며 기도하는 사람도 있다. 그것도 그들만의 치유를 위한 노하우다.

하지만 그렇게 안 하고도 얼마든지 치유는 가능하다. 일종의 학습된 습관이며, 그렇게 하는 것이 효과적이라고 믿는 믿음의 버릇이다. 성령의 사역은 무례하지도 않고 거리낌도 없다. 거북한 방법을 쓰는 사역자들은 편안한 방법을 찾아야 할 것이다. 처음에는 불편해도 차츰 새로운 방법에 익숙해지면 나름대로 노하우가 생길 것이다.

(4) 사역자나 병자나 모두 믿음을 가지고 치유에 임한다. 그러나 믿는다고 다 치유받는 것은 아니다. 여기서의 믿음은 믿는 것이 아니라 믿어지는 것이다. 믿어지는 믿음이 치유를 가능하게 하는 것인데, 이 믿어지는 믿음은 처음부터 생길 수도 있고, 치유 과정 속에서 생길 수도 있다. 그러므로 치유에서 속단은 금물이다. 하나님이 이사야를 보내 히스기야에게 죽을 것이니 삶을 정리하라고 하셨다.[8] 하지만 그가 주를 향해

전심으로 마음을 열고 기도할 때 하나님은 그의 생명을 연장시켜 주시지 않았는가? 그러므로 속단하지 말고 그저 주님의 처분만을 기다리는 믿음으로 주님이 그만하라고 하실 때까지 기도하는 것이 마땅하다.

(5) 치유받지 못하는 병은 없다. 병 고침받지 못하는 경우는 있지만 치유받지 못하는 병은 없다. 주님께 암이나 감기나 무슨 차이가 있겠는가? 어려운 것은 인간이 어려운 것이지 천지만물을 창조하신 주님께는 어려운 것이 있을 수 없다. 이 말은 치유 사역을 할 때 주님의 능력을 제한하지 말라는 뜻이다. 주님의 무한하신 능력이 제대로 발휘되지 않아 치유받지 못하는 것은 주님께 문제가 있는 것이 아니라 사역자의 문제다. 내가 주님의 사역을 방해하는 것이다. 나를 온전히 비우지 않으니 주님께서 일하시는데 내가 걸림돌이 된다. 문이 열린 만큼 빛이 들어오는 것이요, 기드온의 항아리가 깨진 만큼 빛이 드러나는 것이다.[9] 역시 은사는 죽음의 원리다. 육성이 죽지 않으면 주님의 사역에 걸림돌이 된다. 자꾸만 거치적거리면 주님께서 나중에는 치워버리신다는 것을 잊어서는 안 된다.

---

8 왕하 20:1-6 "그 때에 히스기야가 병들어 죽게 되매 아모스의 아들 선지자 이사야가 그에게 나아와서 그에게 이르되 여호와의 말씀이 너는 집을 정리하라 네가 죽고 살지 못하리라 하셨나이다. 히스기야가 낯을 벽으로 향하고 여호와께 기도하여 이르되, 여호와여 구하오니 내가 진실과 전심으로 주 앞에 행하며 주께서 보시기에 선하게 행한 것을 기억하옵소서 하고 히스기야가 심히 통곡하더라. 이사야가 성읍 가운데까지도 이르기 전에 여호와의 말씀이 그에게 임하여 이르시되, 너는 돌아가서 내 백성의 주권자 히스기야에게 이르기를 왕의 조상 다윗의 하나님 여호와의 말씀이 내가 네 기도를 들었고 네 눈물을 보았노라. 내가 너를 낫게 하리니 네가 삼 일 만에 여호와의 성전에 올라가겠고, 내가 네 날에 십오 년을 더할 것이며 내가 너와 이 성을 앗수르 왕의 손에서 구원하고 내가 나를 위하고 또 내 종 다윗을 위하므로 이 성을 보호하리라 하셨다 하라 하셨더라."
9 삿 7:19-20 "기드온과 그와 함께 한 백 명이 이경 초에 진영 근처에 이른즉 바로 파수꾼들을 교대한 때라 그들이 나팔을 불며 손에 가졌던 항아리를 부수니라. 세 대가 나팔을 불며 항아리를 부수고 왼손에 횃불을 들고 오른손에 나팔을 들어 불며 외쳐 이르되 여호와와 기드온의 칼이다 하고."

(6) 치유는 시간이 말해준다. 사람들은 한두 번 기도받고 바로 고침을 받아야 좋아한다. 몇 년 동안 병으로 고생하며, 병원에 다녔어도 낫지 않은 병을 몇 번 기도받고 낫지 않으면 너무 쉽게 포기한다. 내가 보기에 적어도 병원에 다닌 횟수의 십 분지 일만 기도받아도 주님께서 병에 대한 또 다른 계획이 있지 않는 한 다 고침받을 수 있다. 치유는 포기하는 순간부터 끝이다. 포기하지 않으면 이루어진다. 왜 도중에 치유를 포기하느냐, 그것은 치유를 단지 병을 고치는 것이라고 생각하기 때문이다. 차도가 없으면 병원을 옮기는 것처럼 다른 사역자를 찾아가거나 아예 포기한다.

치유는 단지 병 고치는 것이라는 생각을 버려야 한다. 병에 대한 하나님의 섭리를 생각해야 한다. 하나님은 병 주고, 약 주고 그러시는 분이 아니다. 병은 하나님이 주신 기회다. 하나님을 향한 믿음이 보다 완숙해지고, 하나님의 뜻을 깨달아 인생의 방향을 수정하고, 그리스도를 위한 삶으로 변화시키기 위한 기회다. 그러므로 병을 고치려면 병원에 가고, 나를 고치려면 치유를 받아야 한다.

나는 치유 목회 세미나를 할 때마다 하는 말이 있다. "은사 있다고 병 고쳐주지 말라." 치유 사역자는 의사가 아니다. 사람을 고쳐야 한다. 치유의 목적이 하나님 나라의 회복에 있으며, 새로운 사람 즉 신인간으로 변화시키는 것이다. 그러므로 치유 사역자는 병을 고치려 하지 말고 사람을 고치려 해야 한다. 그러기 위해서는 빨리 병 고쳐주지 말고 시간을 오래 끌어야 한다. 아주 천천히 치유하라. 사람이 완전히 바뀔 때까지 시간을 질질 끌면 끌수록 잘하는 것이다.

병을 극복함으로 병을 고치는 경우도 있지만 병을 버림으로써 병을 고칠 수도 있다. 나를 버림으로 그리스도의 생명을 얻는 것이다. 나를 십자가에 못 박음으로 생명을 얻는 것이다. 십자가의 원리다. 치유 기간을 오래 잡으라고 하는 것은 자신과 함께 병을 주님의 십자가에 못 박아 아예 근원부터 없애는 시간을 충분히 주라는 뜻이다.

감기는 충분히 쉬면 낫는다. 병도 충분히 아프면 낫는다. 그래야 병에 대한 저항력이 생긴다. 왜 병에 걸렸는지, 이 병을 통해 하나님의 뜻이 무엇인지를 충분히 깨달을 수 있는 시간을 주어야 한다. 그러면 내가 고치지 않아도 주님이 고치신다. 병자가 자신을 온전히 돌아보고 회개하고 의지로 자신의 삶을 바꾸며, 무엇보다도 주님을 애틋한 마음으로 사랑할 때까지 함께 있어주고 함께 아파하고, 함께 고침을 받아야 참된 치유다.

4) 돌봄

병이 고쳐졌다고 치유가 끝난 것은 아니다. 병원에서는 병이 고쳐지면 퇴원을 하지만, 치유에서는 퇴원이라는 것이 없다. 오히려 새로운 차원의 삶, 회복된 하나님 나라의 시민으로 살아가기 시작하는 서막이 병고침이다. 이제부터다. 치유 사역자도 병을 고쳤으니 이제 끝난 것이라고 생각해서는 안 된다. 그들이 병들기 이전의 상태로 되돌아가지 않도록 관리하고 나아가 하나님 나라의 삶을 살도록 돌봐야 한다.

그런데 치유 사역자들 중에는 치유 이후에 대한 관리가 잘 안 되는 사람이 많다. 그것은 은사의 특성상 그렇다. 관리는 일반 목회하는 분들이 잘한다. 목양의 사명이기 때문이다. 능력이 나타나고, 치유가 일어나고, 예언자가 나오고 하는 교회가 부흥할 것 같지만 그렇지 못한 이유가 이 때문이다. 교회 성장과 치유는 은사가 다르다. 성도들이 병 고침받은 후에 일반교회로 떠나는 이유가 치유 이후의 관리가 잘 안 되기 때문이다. 힘들여 고쳐놓으니 병 낫고 떠나는 것이 좀 야속하기는 하지만 내 사명이 그러려니 하고 위안 받으면 된다.

돌봄에 대해서는 나도 자신이 별로 없다. 우리교회에 교인이 몇 안 되는 것만 봐도 그렇다. 자신이 없으면 교인들을 조직화시키고 잘 돌보는 교회로 보내주는 것도 좋은 방법이다. 못하는 것은 못하는 것이요, 안 되는 것은 안 되는 것이다. 그곳에서 신앙생활 잘하면 그것으로 만족한다. 이제 돌봄에 대한 자신 없는 이야기는 그만 두자. 그리고 주님의 능력으로 치유받았음에도 불구하고 재발하는 경우가 많은데 병의 재발에 대해서는 뒤에 나오는 습관의 치유에서 다룰 것이다.

5) 치유 이후의 사역자 관리

치유 과정과 치유 이후에 사역자 자신에 대한 관리는 매우 중요하다. 한 번하고 관둘 것이라면 몰라도 그렇지 않다면 사역자는 자기 관리에 신경을 써야 한다.[10] 치유할 때 병자의 나쁜 기운이 전이된다. 이를 사역자들은 타고 들어온다, 또는 묻어온다는 표현을 한다. 이 전이된 병의 기운들, 그 후유증들을 정리하고 처리하는 것이 치유 이후의 사역자 관리다.

미국의 오순절주의자들의 글을 보면 이 후유증에 대한 글이 거의 나오지 않는다. 찾을 수가 없었다. 오순절주의자들은 후유증이 별로 없는 것처럼 보인다. 그에 반해 우리나라 사역자들은 그 후유증이 상당히 심하다. 그것은 아마도 문화적인 차이 때문일 것으로 생각된다. 즉 미국의 오순절주의자들은 주로 부성적 영성을 가지고 있어서 능력을 밀어 넣는

---

10 살전 5:23 "평강의 하나님이 친히 너희를 온전히 거룩하게 하시고 또 너희의 온 영과 혼과 몸이 우리 주 예수 그리스도께서 강림하실 때에 흠 없게 보전되기를 원하노라."

다, 또는 능력을 행한다고 생각하기 때문에 병자의 기운이 자신의 몸에 타고 들어온다는 생각을 안 하는 것이다. 미국의 오순절주의자들의 사역에 관한 글을 보면 주로 명령하는 기도나 선언하는 기도를 한다. 믿음을 바탕으로 능력을 행하는 것이다.

그러나 우리나라 사역자들은 모성적 영성을 가지고 사역을 한다. 사랑으로 병자의 아픔을 감싸주고 함께 아파해주는 어머니와 같은 심정으로 사역하기 때문에 그 병자의 아픔에 대한 후유증이 있다. 요즘은 오순절주의자들의 영향으로 명령하거나 선언하는 기도를 많이 하지만 예전에는 주로 안수기도를 많이 했다. 안수를 할 때에는 병자와 하나가 되기에 그 아픔이 자신의 몸에 그대로 나타난다. 그러므로 이를 제때 처리하지 못하면 병이 된다.

나는 영적으로 상당히 예민한 편이라 사역을 시작한 처음부터 치유의 후유증이 상당히 심했다. 그 후유증 때문에 사역을 해야 하나, 말아야 하나 하고 고민한 적이 한두 번이 아니다. 이 후유증 때문에 병을 얻어 사역을 포기하는 사람도 있다. 그리하여 후유증을 처리하는 방법에 대해 사역자들을 만날 때마다 자문을 구하곤 했다. 그 결과 터득한 대처 방법은 대략 네 가지다.

첫째, 오순절주의자들처럼 능력을 행하는 것이다. 사역자들을 만나보더라도 선언이나 명령을 주로 하는 사람들에게는 치유의 후유증이 별로 없다는 것을 발견하게 된다. 주님의 능력이 병을 치유하는 것인데 어찌 치유된 병이 내게로 들어올 수 있느냐는 믿음을 가지고 치유하는 것이다. 이러한 믿음이 사역자를 보호해주는 것으로 보인다.

둘째, 보호막을 치는 방법이다. 사역하기 전에 주님의 보혈의 피를 자신에게 발라서 사악한 기운들이 자신의 몸에 침투하지 못하게 보호막을 치는 것이다. 사역 후에도 자신의 몸을 피로 씻는다. 이것은 마음으로 그리하는 것이다. 자신의 영적 감각을 열어 마음의 눈으로 보며 주님의 피를 자신의 몸에 마음으로 바르는 것이다. 이 방법을 사용하는 사람들을 보면 이 방법도 상당한 효과가 있는 것처럼 보인다.

셋째, 자신을 치유하는 방법이다. 이는 내가 주로 사용하는 방법이다. 병자의 몸이나 머리에 손을 얹으면 상대의 아픈 부위와 그 통증의 정도, 어떻게 아픈지가 내 몸에도 나타난다. 그것으로 진단하고 치유하는 것이다. 주로 영적 촉각을 사용하여 치유하는 방법이다. 진단이 되면 그의 환부에 능력을 밀어 넣는다. 그렇게 되면 그의 몸이 치유되면 치유된 만큼 내 몸에 나타난 통증이 사라진다. 함께 치유되는 것이다. 이것을 뒤집어 사용하는 방법이다. 즉 손을 얹고 병자의 통증을 내 몸으로 느끼면 병자에게 불을 넣는 것이 아니라, 내 몸에 불을 넣어 내 몸을 치유하는 것이다. 서로 연결되어 있기에 내 몸이 치유되면 그도 치유된다. 이 방법의 장점은 내 몸의 관리와 치유를 동시에 할 수 있다는 것이다. 앞서 은사의 원리에서 말한 방법이다. 영이 이완되면 육도 이완되고, 반대로 육이 이완되면 영도 이완된다는 원리를 적용한 것이다.

넷째, 사역 후 기도로 터는 방법이다. 이것은 전통적인 방법이다. 전통적인 방법은 이미 그 효과가 인정되었다는 말이다. 위의 세 가지 방법을 사용하더라도 그 후유증은 아주 없어지지 않는다. 따라서 사역 후 기도로 최종 정리를 하는 이 전통적인 방법은 누구든지 해야만 한다. 대략 1시간 사역했으면 2시간 기도하는 것이 원칙이다. 은사보다 은사 관리가 더 어렵다는 말이 이것이다.

내가 주로 사용하는 방법은 이렇다. 우선 내 몸을 비운다. 그러면 사역 도중에 받은 후유증과 통증이 살아난다. 이때 자신의 몸에 불을 넣는다. 내 몸에 직접 안수를 하는 것도 좋다. 그래도 통증이나 안 좋은 것이 사라지지 않으면 가벼운 안찰을 하여 풀어주고 다시 기도한다. 이 과정을 반복하여 완전히 없어질 때까지 계속한다. 이것은 사역하기 전에도 실시하는 것이 좋다. 그래야 내 몸을 완전히 비우고 사역에 임하기 때문이다. 내 몸이 완전히 비워져야 정확히 진단할 수 있기 때문이다.

3. 치유를 위한 기도

기독교의 모든 신앙 행위는 기도로 표현된다. 주님과 관계하는 행위 자체가 기도이기 때문이다. 치유를 위한 기도도 마찬가지다. 주님과의 관계가 형성되어야 주님의 능력이 임하기 때문이다. 따라서 치유를 위한 기도는 주님의 능력이 임하는 통로이자, 능력이 발휘되는 현장이다. 도로 중에 가장 효율적으로 설계되고 시공된 도로가 고속도로다. 그러므로 우리는 고속도로를 이용하여 가장 빨리 목적지에 도달할 수 있다. 비싼 통행료를 지불하면서까지 고속도로를 이용하는 이유가 그것이다.

기도에는 왕도가 없다. 하지만 효과적인 기도는 있다. 기도에 왕도가 없다는 것은 오직 기도만이 주님과 연결되는 통로이기 때문이며, 기도는 믿음을 전제로 하지 않고서는 할 수 없는 것이기 때문이다. 또한 효과적인 기도가 있다는 것은 그러한 믿음을 바탕으로 주님과의 통로가 확보되었다면 보다 신속하게 목적지로 갈 수 있는 지름길, 즉 고속도로와 같은 길이 있다는 말이다. 그러므로 여기서는 여러 사역자들이 경험한 효과적인 기도법과 성경이 말하는 기도에 대한 교훈들을 정리하였다.

1) 진실한 마음의 기도

이것은 내가 주장하는 기도다. 사실 주장하고 말고도 없는 내용이다. 그러나 이것을 치유를 위한 기도법의 제일 앞에 놓는 이유는 이 가장 기초적인 부분이 종종 무시되기 때문이다. 모든 기도에 대한 글들을 보면 거의 전부가 능력, 믿음, 치유 등과 관계된 것들이다. 능력 이전에 마음가짐에 대해서는 별로 언급이 없다. 그러므로 치유를 위한 기도는 무엇보다도 진실한 마음을 전제로 해야 한다는 것을 강조하기 위해 이 진실한 마음의 기도를 맨 앞에 두는 것이다

치유를 위한 기도에 있어서 가장 중요한 것은 치유를 위한 믿음의 자세다. 치유를 가능하게 하는 능력, 치유의 주체, 치유의 전 과정의 주인은 오직 주님이시다. 주님만이 치유하신다. 그렇다면 치유받고자하는 자는 주님 앞으로 나가야 한다. 주님께 자신의 병만 아니라, 모든 것, 전 존재를 가지고 나가야 한다. 주님 앞에 나가는 자는 진실해야 한다. 이 진실한 마음의 기도가 병을 치유한다. 이때의 마음이 어린아이와 같은 진실한 마음이다.[11] 어린아이는 부모를 전적으로 신뢰한다. 부모가 인생의 전부다. 내 인생의 전부이신 하나님 아버지 앞에 나가는 어린아이의 심정으로 기도하는 것이 진실한 마음의 기도다.

이를 심리학에서는 퇴행이라고 말한다. 스코트 팩M. Scott Peck은 말하기를 "깊은 치유가 진행될 수 있으려면 환자는 일정 단계부터는 어느 정도 퇴행을 해야만 한다.……퇴행 없이는 치료 또한 없다. 아주 간단한

---

11 막 10:14-15 "예수께서 보시고 노하시어 이르시되 어린 아이들이 내게 오는 것을 용납하고 금하지 말라. 하나님의 나라가 이런 자의 것이니라. 내가 진실로 너희에게 이르노니 누구든지 하나님의 나라를 어린 아이와 같이 받들지 않는 자는 결단코 그 곳에 들어가지 못하리라 하시고."

진리다."라고 하였다.[12] 진실한 마음이란 하나님께 대한 전적인 신뢰를 가지고 자신의 인생을 자기주장 없이 하나님께 맡기는 것을 말한다. 부모를 절대적으로 신뢰하는 어린아이의 마음으로 되돌아가는 것, 즉 퇴행하여 오직 주님만을 의지하는 마음이 진실한 마음이다. 그때의 기도가 진실한 마음의 기도다. 성경 속에서 나오는 응답 받은 수많은 기도들은 다 어린아이와 같은 마음, 진실한 마음에서 한 것이다. 그 기도들 중에 히스기야의 기도를 예로 들어보자.

히스기야는 25세에 그의 아버지 아하스의 뒤를 이어 유다의 왕이 되었다. 그는 아버지와는 달리 여호와 보시기에 정직하게 행하였다.[13] 당시의 국제 정치 상황은 강대국 아시리아에 의해 중동 지역이 유린당하고, 아시리아의 횡포가 극에 달하던 시기다. 히스기야 제6년에 아시리아는 북 왕국 이스라엘을 멸망시켰다.[14] 그로부터 5년 뒤 아시리아 왕 산헤립이 18만 5천의 병사를 거느리고 올라와 예루살렘을 포위하였다. 그러나 하나님께서는 주의 사자를 보내어 하룻밤에 아시리아의 군사 18만 5천 명을 치심으로 예루살렘이 위기에서 벗어난다.[15] 바로 이 시기에 히스기야가 병들어 죽게 되었다.

하나님은 이사야 예언자를 보내어 이제 네가 죽을 것이니 집안의 모든 일을 정리하라고 말씀하셨다. 이 말을 듣고 히스기야는 그의 얼굴을

---

12 스코트 팩, 『거짓의 사람들』, 윤종석 옮김(서울: 두란노, 1999), 234-35.
13 왕하 18:2-3 "그가 왕이 될 때에 나이가 이십오 세라 예루살렘에서 이십구 년간 다스리니라. 그의 어머니의 이름은 아비요 스가랴의 딸이더라. 히스기야가 그의 조상 다윗의 모든 행위와 같이 여호와께서 보시기에 정직하게 행하여."
14 왕하 18:10 "삼 년 후에 그 성읍이 함락되니 곧 히스기야 왕의 제육년이요 이스라엘 왕호세아의 제구년에 사마리아가 함락되매."
15 왕하 19:35 "이 밤에 여호와의 사자가 나와서 앗수르 진영에서 군사 십팔만 오천 명을 친지라 아침에 일찍이 일어나 보니 다 송장이 되었더라."

벽 쪽으로 돌리고 심히 통곡하며 하나님께 기도한다. 사람이 한 번 태어나면 한 번 죽는 것은 정한 이치이지만 히스기야는 죽을 수가 없었다. 왜냐하면 당시의 상황으로는 자신이 죽으면 나라와 민족이 매우 어려움을 당할 것이기 때문이다. 당시 히스기야는 34살 정도였다. 그리고 그의 아들 므낫세는 12살의 어린아이였다. 언제 나라가 아시리아에게 멸망당할지 모르는 위급한 상황에 자신이 죽으면 나이 어린 므낫세가 왕위에 올라 나라를 지켜낼지 걱정이 태산 같았을 것이다. 자신은 죽을 수 있지만 죽어서는 안 되는 상황이다.

히스기야는 기도했다. 모든 희망이 다 사라져버리고 몸은 병들어 죽게 되었을 때, 사람이 할 수 있는 일이 아무것도 남지 않았을 때, 사람이 할 수 있는 일이란 하나님께 기도하는 것밖에는 없다. 그럼에도 불구하고 기도하지 않는 것은 자신의 삶을 포기했다는 것이다. 하나님께 구하지 않는 것은 하나님의 도움의 손길이 필요하지 않다고 하는 교만이다. 히스기야는 하나님 앞에 꿇어 엎드렸다. 그리고 기도했다.(사 38:10-20)

히스기야는 진실한 마음, 오직 하나님만 바라는 마음으로 심히 통곡하며 간절히 기도했다. 그 기도를 하나님이 들으셨고 응답하셨다. "내가 네 기도를 들었고, 네 눈물을 보았노라" 그리고 수명을 15년간 연장시켜주셨으며, 나라를 아시리아의 손에서 건져내시겠다고 약속해주셨다. 오직 하나님만 바라보고 기도하는 진실한 마음의 기도를, 우리 눈에서 흘리는 눈물을 하나님은 보신다. 그리고 우리의 기도를 이루어주신다.

초고를 완성하고 최종 검토를 하기 전에 말기 암 환자가 교회로 찾아왔다. 2년 전에 대장암 수술을 했는데, 재발하여 이제는 병원도 포기하고 마약성분의 진통제로 하루하루를 견디어가는 분이다. 혹시나 하는 마음에 찾아오셨다. 나는 나이를 물었다. 68살이라고 하셨다. 나는 초

면에 너무 직설적인 질문을 양해해 달라고 하면서 더 살아야할 이유가 있느냐고 물었다. 없다고 했다. 나는 죽음에 대해 설명하고 죽임이야말로 최고의 완벽한 치유이며, 죽음은 그다지 고통스럽지도 않으며 아주 황홀한 경험이 될 것이라고 말했다. 치유의 다섯 번째 유형에 대해 설명해 주었다.

그와 함께 온 아내 되시는 분이 본인이 아직 회개가 되지 않는다고 했다. 나는 눈물, 콧물 흘려가며 하는 회개만이 회개가 아니라, 회개는 자신의 마음을 하나님께 드리는 것이며, 자신이 살아온 삶을 돌아보며, 뉘우칠 것은 뉘우치고, 즐거운 것이 생각나면 웃는 것이 회개라고 말해 주었다. 암으로 인한 통증이 올 때, 이제까지 살아온 날들을 돌이키며 잘못 살아온 날들에 대해 벌 받는 것이라고 생각하라고 했다. 예전에 아이들이 잘못하면 선생님이 회초리로 손바닥을 때리시곤 했는데 그때 맞고 나면 용서 받은 것으로 간주되지 않았느냐며 지금의 통증은 예전의 잘못에 대해 벌 받는 것이며, 용서 받는 것이라고 생각하라고 했다. 통증이 올 때마다 주님의 이름을 부르고, 고통 속에서 그 이름을 부를 때 아픈 만큼 용서 받는 것이며, 동시에 회개가 이루어지는 것이라고 했다. 고통 속에서 주님의 이름을 부르는 것이 진실한 마음의 기도라고 말했다.

나는 그러면서 한 가지 예를 들어 말했다. 호수에 작은 돌 하나가 떨어지면 동심원을 그리며 물결이 퍼져나가 결국에는 온 호수 전체에 물결이 인다. 이는 돌멩이 하나가 호수 어딘가에 떨어졌다는 사실을 호수 전체가 안다는 것이다. 그러므로 작은 돌멩이보다 큰 하나님의 자녀가 진실한 마음으로 주님의 이름을 부르면 그 마음이 물결 퍼져 나가듯 퍼져나가 온 우주가 그 기도를 듣고 안다. 나중에 주님 앞에 섰을 때, 내가 진실한 마음으로 주님의 이름을 불렀다는 사실에 대해 온 우주가 증인이 되어줄 것이다. 진실한 마음의 기도는 이와 같은 것이다. 진실하게 주님의 이름을 부를 때, 온 우주에 충만하신 우리 주님이 들으시고 응답하신다.

진실한 마음의 기도가 이루어지면 기도의 방법은 하나님이 가르쳐주시는 대로 하면 된다. 기도에는 왕도가 없다. 치유를 위한 기도의 방법이 중요한 것이 아니라, 항상 하나님 앞에서 진실함이 중요하다. 진실함을 가지고 지속적으로 기도하는 것이 중요하다. 진실하게 하나님 앞에서 '그 말씀이 내게 이루어지이다' 하며 순종할 때,[16] 온 우주가 우리의 기도에 화답하며, 하나님은 최선의 때에 최선의 방법을 통하여 최선의 것을 우리에게 주신다.

2) 춧츠파의 기도

춧츠파chutzpah의 기도와 다음에 나오는 적시는 기도는 프랜시스 맥너트가 소개한 기도다.[17] 춧츠파란 이디쉬어의 속어로 강심장, 철면피, 어떤 행동에 있어 극단적인 확신이란 뜻이다. 춧츠파란 말은 맥너트가 자기의 친구에게 배운 용어다. 치유를 위한 기도는 "만약……이라면 고쳐주세요." 하는 것과 같은 기도가 아니다. 치유를 위한 기도는 맥너트가 말한 것처럼 '춧츠파의 믿음'을 가지고 전적으로 매달리는 기도다. 사실 인간이 하나님께 기도할 때 그저 하나님의 자비하심과 사랑을 믿고 매달리는 것밖에는 없다. 하나님이 보시기에 철면피 같고 염치없지만 하

---

16 눅 1:38 "마리아가 이르되 주의 여종이오니 말씀대로 내게 이루어지다 하매 천사가 떠나가니라."

17 우리나라에 소개된 맥너트의 책은 다음과 같다. 『치유』, 변진석 · 변창욱 옮김(서울: 도서출판 무실, 1992); 『치유의 능력』, 조원길 옮김(서울: 전망사, 1979); 『성령의 권능이 임할 때』, 예영수 옮김(서울: 예루살렘, 1999).

님께 매달리고 부르짖지 않으면 누구에게 매달리고 기도하겠는가?

우리는 춧츠파의 믿음으로 나아가 주님의 옷자락을 만진 혈루증 걸린 여인에게서 그 예를 찾아볼 수 있다.[18] 이 여인은 몸에서 흘러나오는 피로 부정한 여인이지만 율법을 범하면서까지 주님의 옷자락을 만졌다. 나을 줄로 믿고 손을 대었을 때 고침을 받았다. 치유는 이처럼 과감한 용기와 믿음, 그리고 순종이 필요하다.

또 다른 예를 우리는 열 명의 나병환자에게서 볼 수 있다.[19] 주님께서 한 촌으로 들어가시니 나병환자 열 명이 멀리 서서 주님을 보고 소리를 질렀다. "예수 선생님이여, 우리를 긍휼히 여기소서." 나병환자들은 부정한 사람이라 사람들 가까이 갈 수 없다.[20] 가까이 가면 사람들이 돌을 던져 멀리 쫓아 보낸다. 아마도 이들은 사람들이 돌을 던져 맞지 않을 정도의 거리에서 주님께 소리를 질렀을 것이다. 절규하듯 불러대는 그 소리를 우리 주님이 들으셨다. 그리고 그들에게 "제사장에게 가서 너희 몸을 보이라"고 말씀하셨다. 율법에 의하면 제사장이 나병 여부를 판단하도록 되어 있기 때문이다. 나병이 나았다고 제사장이 판결을 내리면

---

18 눅 8:43-48 "이에 열두 해를 혈루증으로 앓는 중에 아무에게도 고침을 받지 못하던 여자가 예수의 뒤로 와서 그의 옷 가에 손을 대니 혈루증이 즉시 그쳤더라. 예수께서 이르시되 내게 손을 댄 자가 누구냐 하시니 다 아니라 할 때에 베드로가 이르되 주여 무리가 밀려들어 미나이다. 예수께서 이르시되 내게 손을 댄 자가 있도다. 이는 내게서 능력이 나간 줄 앎이로다 하신대, 여자가 스스로 숨기지 못할 줄 알고 떨며 나아와 엎드리어 그 손 댄 이유와 곧 나은 것을 모든 사람 앞에서 말하니, 예수께서 이르시되 딸아 네 믿음이 너를 구원하였으니 평안히 가라 하시더라."
19 눅 17:11-14 "예수께서 예루살렘으로 가실 때에 사마리아와 갈릴리 사이로 지나가시다가 한 마을에 들어가시니 나병환자 열 명이 예수를 만나 멀리 서서 소리를 높여 이르되 예수 선생님이여 우리를 불쌍히 여기소서 하거늘, 보시고 이르시되 가서 제사장들에게 너희 몸을 보이라 하셨더니 그들이 가다가 깨끗함을 받은지라."
20 레 13:45-46 "나병환자는 옷을 찢고 머리를 풀며 윗입술을 가리고 외치기를 부정하다 부정하다 할 것이요. 병 있는 날 동안은 늘 부정할 것이라 그가 부정한즉 혼자 살되 진영 밖에서 살지니라."

그 사람은 그의 가족과 공동체로 돌아갈 수 있다.[21] 이들은 지금은 낫지 않았지만 믿음을 가지고 제사장에게로 갔다. 가는 도중에 그들 모두가 고침을 받았다.

우리가 기도할 때 누구의 사정을 봐주면서 기도하는가? 우리가 하나님의 사정을 봐가며 기도하는가? 하나님 힘 드실까봐 쉬운 걸로 살살 기도하는 사람도 있는가? 그건 기도가 아니다. 하나님이 우리의 사정을 보시는 것이지 우리가 하나님의 사정을 봐주는 것이 아니다. 열 나병환자도 비록 자신들이 나병에 걸려 가까이 갈 수 없었지만 주위의 사람들이 뭐라 하든 아랑곳하지 않고 소리를 질렀다. 주님께서 뭐라 하실지 그들은 생각하지 않았다. 그들에게 있어서 중요한 것은 오직 그들의 병이 낫는 것이었다. 그것을 위해 주위의 비난이나 주님의 생각이나 사정을 고려하지 않았다. 철면피처럼 인정사정 볼 것 없이 그들은 오직 병 낫기를 위해 소리를 질렀다. 그리고 결국 해냈다. 그들은 고침을 받았다.

3) 적시는 기도

치유를 위한 기도는 이루어질 때까지 포기하는 것이 아니다. 포기하는 순간 치유는 실패한다. 하나님이 기도를 포기하도록 명령하시기 전까지 기도를 포기해서는 안 된다. 하나님이 기도를 포기하도록 하시는 것은 질병을 통해 이루고자 하시는 하나님의 계획과 섭리가 있거나 육신의 소욕을 따라 잘못 구하였기 때문이다.[22] 그때 하나님은 우리의 기

---

21 나병환자에 대한 규례에 대해서는 레위기 14장을 참고하라.
22 갈 5:17 "육체의 소욕은 성령을 거스르고 성령은 육체를 거스르나니, 이 둘이 서로 대적함으로 너희가 원하는 것을 하지 못하게 하려 함이니라."
  약 4:3 "구하여도 받지 못함은 정욕으로 쓰려고 잘못 구하기 때문이라."

도를 바꾸어 주신다. 기도가 바뀌지 않는 한 우리는 절대로 포기하지 말고 밤낮 부르짖으며 기도해야 한다.

치유를 위한 기도법으로 맥너트는 포기하지 않는 기도를 적시는 기도soaking prayer라는 말로 표현하였다. 적시는 기도는 만성질환과 같은 질병 또는 한번 기도해서 낫지 않는 경우에 이를 효과적으로 치유하기 위한 기도법이다. 나을 때까지 지속적으로 기도하는 것을 말한다. 마치 돌과 같이 딱딱하게 굳은 마음이나 질병들에 대하여 성령의 능력을 부어줌으로, 성령의 능력에 푹 적셔질 때까지 포기하지 않고 기도함으로 마침내 치료하는 것이다.

이는 치유 사역자들이 한 병자를 나을 때까지 한자리에서 계속해서 기도해 주거나, 시간을 두고 몇 개월, 몇 년 동안 기도하는 것이다. 포기하지 않고 하나님이 고치신다는 믿음을 가지고 나을 때까지 지속적으로 기도하면 내 경험으로도 대부분 고침받는다. "구하라 그리하면 너희에게 주실 것이요, 찾으라 그리하면 찾아낼 것이요, 문을 두드리라 그리하면 너희에게 열릴 것이니, 구하는 이마다 받을 것이요, 찾는 이는 찾아낼 것이요, 두드리는 이에게는 열릴 것이니라."(마 7:7-8)는 말씀처럼 열릴 때까지, 찾아질 때까지, 구해질 때까지 기도하는 것이 적시는 기도다.

이 적시는 기도는 성경에 많이 나온다. 그 예를 주님께서 비유로 말씀하신 "과부의 간구"에서 볼 수 있다.[23] 어느 도시에 한 과부가 있었는

---

23 눅 18:1-8 "예수께서 그들에게 항상 기도하고 낙심하지 말아야 할 것을 비유로 말씀하여 이르시되 어떤 도시에 하나님을 두려워하지 않고 사람을 무시하는 한 재판장이 있는데, 그 도시에 한 과부가 있어 자주 그에게 가서 내 원수에 대한 나의 원한을 풀어 주소서 하되, 그가 얼마 동안 듣지 아니하다가 후에 속으로 생각하되 내가 하나님을 두려워하지 않고 사람을 무시하나 이 과부가 나를 번거롭게 하니 내가 그 원한을 풀어 주리라. 그렇지 않으면 늘 와서 나를 괴롭게 하리라 하였느니라. 주께서 또 이르시되 불의한 재판장이 말한 것을 들으라. 하물며 하나님께서 그 밤낮 부르짖는 택하신 자들의 원한을

데 그녀는 한 적대자와의 원한 관계가 있었다. 이것은 적대자가 그녀의 정당한 권리를 침해하였기 때문이다. 그녀는 재판관에게 줄곧 찾아가 자신의 정당한 권리를 찾아달라고 요구하였다. 하나님을 두려워하지 않는 이 불의한 재판관은 줄곧 매달리는 과부가 귀찮아서 결국 그녀의 소원을 들어주었다는 이야기다. 이 본문에서 하나님과 재판관이 서로 비교된다. 즉 불의한 재판관이라 할지라도 밤낮 매달리면 그 하소연을 들어주는데 하물며 하나님께서 밤낮 부르짖는 택한 백성들의 간구를 들어주시지 않겠느냐는 말씀이다. 또한 한 밤중에 찾아온 친구의 비유도 있다. 한 밤중에 떡을 빌리러온 친구의 요구에 대해 친구로서가 아니라, 그의 강청함에 못 이겨서 떡을 필요한 만큼 내어준다는 말씀이다.[24]

병자의 몸에 손을 대보면 병이 있는 환부의 특징은 차고 딱딱하게 굳어있다. 이를 귀신론으로 설명하는 사람들은 흔히 귀신이 집을 지었다고 말한다. 병이 오래될수록 더 딱딱하다. 그러므로 치유는 이 차가운 환부에 뜨거운 불을 넣어 따뜻하게 해주며, 딱딱하게 굳어있는 부분을 풀어주는 것이다. 안수를 해보면 안다. 오래된 병일수록 쉽게 풀리지 않는다. 이럴 때 적시는 기도가 매우 유용하다. 환부가 완전히 풀어지고 차가운 기운이 완전히 사라질 때까지 기도하는 것이다. 나을 때까지 하

풀어 주지 아니하시겠느냐. 그들에게 오래 참으시겠느냐. 내가 너희에게 이르노니 속히 그 원한을 풀어 주시리라. 그러나 인자가 올 때에 세상에서 믿음을 보겠느냐 하시니라."
이 본문에서 말하는 과부의 원한은 권리로 번역하는 것이 타당하다.(새번역 참고)
24 눅 11:5-8 "또 이르시되 너희 중에 누가 벗이 있는데 밤중에 그에게 가서 말하기를 벗이여 떡 세 덩이를 내게 꾸어 달라. 내 벗이 여행중에 내게 왔으나 내가 먹일 것이 없노라 하면, 그가 안에서 대답하여 이르되 나를 괴롭게 하지 말라. 문이 이미 닫혔고 아이들이 나와 함께 침실에 누웠으니 일어나 네게 줄 수가 없노라 하겠느냐. 내가 너희에게 말하노니 비록 벗 됨으로 인하여서는 일어나서 주지 아니할지라도 그 간청함을 인하여 일어나 그 요구대로 주리라."

는 것이 적시는 기도다.

4) 명령하는 기도

명령하고 선언하는 기도는 치유 사역자의 강한 믿음이 바탕이 된다. 믿음으로 명령하는 것이다. 여기에 그렇게 될 줄로 믿는 믿음의 확신이 없다면 명령할 수도 없거니와 해도 제대로 안 된다. 그러나 믿음으로 한 번 해보면 의외로 쉽고 효과적이라는 것을 알 수 있다. 주위에 명령하는 기도를 하는 사역자가 있거나 그런 집회에 갔을 때, 신기하게만 바라보지 말고, "주님 내게도 저러한 믿음과 능력을 주옵소서." 그렇게 기도하면서 유심히 지켜보라. 보다보면 내게도 그 사역이 이해되기 시작하면서 점차 믿음이 생긴다. 믿음이 생기면 교인이나 가족들에게 실습을 해보라. 하면 된다.

주님께서도 명령함으로 병을 고치신 것이 성경에 많이 나온다. 나병환자를 고치신 것,[25] 맹인의 눈을 뜨게 하신 것,[26] 귀신을 쫓아내신 일[27] 등 주님의 치유 사역의 대부분은 다 명령과 선언하는 것으로 되어 있다. 그 말씀이 믿어지면 현실이 된다. 주님은 당신께서 하신 일을 믿는 자들도 할 수 있을 뿐 아니라 더 큰 일도 할 수 있다고 하셨다.[28]

---

25 막 1:40-42 "한 나병환자가 예수께 와서 꿇어 엎드려 간구하여 이르되 원하시면 저를 깨끗하게 하실 수 있나이다. 예수께서 불쌍히 여기사 손을 내밀어 그에게 대시며 이르시되 내가 원하노니 깨끗함을 받으라 하시니, 곧 나병이 그 사람에게서 떠나가고 깨끗하여진지라."

26 눅 18:41-42 "네게 무엇을 하여 주기를 원하느냐. 이르되 주여 보기를 원하나이다. 예수께서 그에게 이르시되 보라 네 믿음이 너를 구원하였느니라 하시매."

27 막 5:8 "이는 예수께서 이미 그에게 이르시기를 더러운 귀신아 그 사람에게서 나오라 하셨음이라."

28 요 14:12 "내가 진실로 진실로 너희에게 이르노니 나를 믿는 자는 내가 하는 일을 그도 할 것이요 또한 그보다 큰 일도 하리니 이는 내가 아버지께로 감이라."

실제 사역에서 이 명령하는 기도를 사용해보면 내과적인 질병보다는 외과적인 질병에 더 효과적임을 알 수 있다. 눈, 귀, 중풍, 디스크 등에는 즉각적인 효과가 있다. 그러나 이 기도법의 약점은 재발이 잘 된다는 것이다. 빨리 끓는 냄비가 빨리 식는 것처럼 재발이 잘 된다. 또한 기존 신자보다는 초신자에게 더 효과적이다. 아마도 산전수전 다 겪은 묵은 신자보다는 초신자가 아직까지 믿음이 좀더 순수하기 때문일 것이다.

의정부에서 집회를 할 때, 중풍 걸려 제대로 걷지도 못하시는 할머니 권사님이 계셨다. 통성기도 시간에 권사님을 일으켜 세우고 "예수 이름으로 걸을지어다." 선언하고는 다리를 몇 번 치고 손을 잡고 교회 안을 이리저리 걸어 다녔다. 처음에는 잘 못 걷다가도 조금 지나면 점차 잘 걷게 된다. 나중에는 손을 놓고 교회 안을 이리저리 걸어 다니게 되었다. 지팡이 없이 운신도 못하던 분이 집에서 교회까지 지팡이 없이 걸어왔다.

충주에서 목회할 때, 백내장 수술을 잘못해서 눈이 어른거려 제대로 보기 힘들어하는 할머니 권사님이 계셨다. 나는 교인들에게 통성기도를 시키고는 권사님을 앞으로 나오라고 해서 어디까지 보이는 지 물었다. 제단 뒤에 걸린 십자가가 어리어리해서 잘 안 보인다고 했다. 눈에다 손을 얹고 "예수 이름으로 잘 보일지어다."라고 명령하고는 잘 보이냐고 물었다. 권사님은 잘 보인다고 했다. 십자가 뒤에 있는 철사까지 보인다고 했다. 내가 보니 십자가 뒤에 형광등을 켜놓았는데, 아래쪽으로 전선이 삐져나와 있었다. 십자가도 제대로 안 보이던 분이 그 옆에 있는 전선줄까지 잘 보인다고 했다.

그러나 의정부에 있는 목사님을 나중에 만나 물어보니 집회 후 1-2주 지나고 나니 예전보다는 낫지만 다시 지팡이를 짚고 다니신다고 했다. 충주의 권사님도 예전보다는 좋지만 처음 고침받았을 때보다는 흐리게 보인다고 했다. 이 기도는 재발이 잘 된다는 약점이 있다. 그것은 당연한 것이다. 기독교의 치유는 병을 고치는 것이 아니라, 사람을 고치는 것인데, 사람이 고쳐질 시간도 없이 병만 고치니 다시 재발하는 것은 당연한 것이다. 따라서 재발이 안 되게 하려면 목회자의 지속적인 돌봄이 있어야 한다. 신앙의 차원이 달라지고, 사람이 변해야 재발하지 않으니 속히 신앙의 차원을 높이는 것이 필요하다.

그리고 내과적인 질병은 생각만큼 효과적이지 않다. 내 경험으로는 내과적인 질병은 적시는 기도가 가장 효과가 크다. 내과적 질병들은 주로 심인성 질환인 경우가 많다. 그러므로 믿음 안에서 그 마음을 다스려 용서가 되고, 회개가 이루어져야 치유도 이루어진다. 이를 위해 꾸준한 신앙 지도와 더불어 나을 때까지 적시는 기도를 해주는 것이 필요하다.

5) 구체적인 기도와 명상을 이용한 기도

치유를 위한 기도를 할 때는 "하나님, 나의 병을 고쳐주세요."라고 막연하게 기도하기보다는 구체적으로 기도하는 것이 중요하다. 예를 들어 골절된 뼈의 치유를 위해 기도하고 있다면 "하나님, 모든 감염을 막아주시고, 뼈가 제자리를 찾아 들어가도록 세포의 성장을 촉진시켜 주시고 골절된 모든 부위가 완전하게 붙게 해주세요."라고 구체적으로 기도하는 것이다. 이렇게 함으로써 환자 자신이 구체적인 믿음을 갖게 되고, 환자가 마음속으로 병이 치료되는 모습을 그려봄으로써 믿음을 자극시키게 되는 것이다.

구체적인 기도는 자신이 앓고 있는 병의 증상을 하나하나 있는 그대로 하나님께 아뢰는 것이다. 그리고 하나님이 자신의 병을 구체적으로 고치시는 것을 믿음의 눈으로 보는 것처럼 기도하는 것이다. "골절된 뼈가 붙게 하옵소서."라고 기도할 때는 하나님의 능력이 자신의 뼈를 붙게 하는 것을 상상하며 기도하는 것이다. 이러한 구체적인 기도는 현재의 증상을 강조하는 것이 아니라, 치유하시는 하나님의 모습과 치유 과정에 대한 확신에 찬 기도다. 이를 위해 사역자는 인체해부도나 뇌해부도를 보고 신체에 대한 충분한 이해와 각 장기들의 위치를 분명히 알 필요가 있다.

치유를 위한 구체적인 기도에서 상상력을 이용한 명상의 기도는 매우 효과적이다.[29] 명상의 기도를 할 때는 우선 가장 편안한 장소와 자세가 중요하다. 앞서 은사의 원리에서 말한 기도의 자세를 따라 하면 된다. 그리고 하나님이 나와 함께하심을 자각하라. 하나님의 함께하심을 자각할 수 없다면 마음으로 함께하시는 하나님을 그려보라. 다음으로는 치유를 위해 구체적인 기도를 하고, 함께하시는 하나님의 생명의 빛(능력)이 내 몸 안으로 흘러 들어오는 것과 나의 병든 몸을 치유하시는 것을 느껴라. 느낄 수 없다면 상상하라. 이것은 일종의 자기 암시일 수 있다. 하지만 이 방법은 자기 암시 이상이다. 자기 암시는 자신의 믿음(신념)으로 되는 것이지만, 이 방법은 하나님의 능력을 믿고 전적으로 그 능력에 자신을 맡기는 것이다. 앞서 말한 은사의 원리를 이용하면 훨씬 효과적이다.

구체적인 기도와 명상을 이용한 기도는 믿음의 확신 없이는 할 수 없다. 치유를 위해 기도할 때, "만약 주님의 뜻이라면"이라고 기도하는 것

---

29 이 명상을 이용한 기도는 애그네스 샌포드 여사가 소개한 기도법이다. 자세한 것은 그녀의 저서, 『치유의 빛』, 제인 그레이 토리 옮김(서울: 도서출판 기독양서, 1999); 『하나님을 바라보라』, 역자 미상(서울: 도서출판 한국양서, 1992)를 참고하라.

은 확신을 가지지 못하는 기도일 수 있다. 우리가 읽는 개역개정판 성경에 '만약'이란 단어가 몇 번 나올 것이라고 생각하는가? 신구약 통틀어 단 한 번도 나오지 않는다. 그 이유는 하나님께 대한 믿음 때문이다. 하나님은 치료하시는 분이며, 전지전능하신 분이시며, 못하시는 것이 전혀 없으신 분이라는 확고한 믿음 때문이다. 그런데 왜 기도할 때 만약이란 단어를 쓰는가? 그것은 믿음이 없는 잘못된 기도일 수 있다.

주님께서 귀신 들린 아이를 치유하신 사례를 보자.(막 9:14-27) 귀신 들린 아이의 아버지가 주님께 "그러나 무엇을 하실 수 있거든 우리를 불쌍히 여기사 도와 주옵소서."라고 말한다. 그러자 주님께서 이르시기를 "할 수 있거든이 무슨 말이냐 믿는 자에게는 능히 하지 못할 일이 없느니라."라고 말씀하셨다.[30] 그때 아이의 아버지가 "내가 믿나이다."라고 소리를 질러 말할 때 예수께서 귀신을 쫓아내고 아이의 병을 고쳐주셨다. 치유를 위한 기도를 할 때, "만약 주님의 뜻이라면"이라는 가정을 쓸 때는 자칫 믿음이 좋은 것처럼 보일지 모르지만 실상은 믿음이 없는 경우가 많다. 낫지 않음으로 인해 받을 믿음의 상처가 두려운 것이다. 그러므로 치유를 위한 기도는 무엇이든지 기도하는 것은 받은 줄로 믿고 구하는 확신의 기도여야 한다.[31] 사람들은 결과를 봐야만 감사를 한다. 그러나 믿음의 사람들은 결과를 믿음의 눈으로 보고 미리 감사의 기도부터 한다.

---

30 막 9:23 "What do you mean, 'If I can'?" Jesus asked. "Anything is possible if a person believes."(NLT)
31 마 21:22 "너희가 기도할 때에 무엇이든지 믿고 구하는 것은 다 받으리라 하시니라."
　빌 4:6 "아무 것도 염려하지 말고 다만 모든 일에 기도와 간구로, 너희 구할 것을 감사함으로 하나님께 아뢰라."
　히 11:1 "믿음은 우리가 바라는 것들을 보증해 주고 볼 수 없는 것들을 확증해 줍니다." (공동번역)

6) 안수기도

치유 사역자가 병자를 위해 기도하는 전형적인 방법이 안수기도다. 손을 머리나 환부에 얹고 하는 기도인 안수는 모든 사역자들이 그 필요성과 능력을 인정하는 방법이다. 성경에도 안수에 의한 기도가 많이 나온다. 예수께서도 치유하실 때 안수하셨고,[32] 바울도 안수함으로 병을 고쳤다.[33] 예수께서도 제자들에게 "병든 사람에게 손을 얹은즉 나으리라."고 약속하셨다.[34]

치유 사역자들도 안수를 적극 권장한다. 존 윔버John Wimber는 "나는 될 수 있는 대로 그 사람의 환부에 손을 얹고 기도하려고 하고 있다."고 말한다. 헌터 부부Charles & Frances Hunter는 "병든 사람에게 손을 얹은즉 나으리라."는 약속을 믿고 안수하라고 적극적으로 권하고 있으며, 다른 사람뿐 아니라 자기 자신이 아프면 자신의 머리에 또는 환부에 손을 얹고 기도하라고 한다. 프랜시스 맥너트는 "안수 그 자체가 능력을 가진 기도"라고 말한다. 또한 맥너트는 "육체적인 질서 속에 주어진 어떤 생명력이 우리가 병자들을 위해 안수할 때 나누어지고 전달되어진다."고 말한다.

나도 치유를 위한 기도로서 안수는 매우 중요하다고 생각한다. 안수

---

32 막 7:32 "사람들이 귀 먹고 말 더듬는 자를 데리고 예수께 나아와 안수하여 주시기를 간구하거늘."
   막 8:23 "예수께서 맹인의 손을 붙잡으시고 마을 밖으로 데리고 나가사 눈에 침을 뱉으시며 그에게 안수하시고 무엇이 보이느냐 물으시니."
   눅 13:13 "안수하시니 여자가 곧 펴고 하나님께 영광을 돌리는지라."
33 행 28:8 "보블리오의 부친이 열병과 이질에 걸려 누워 있거늘 바울이 들어가서 기도하고 그에게 안수하여 낫게 하매."
34 막 16:17-18 "믿는 자들에게는 이런 표적이 따르리니 곧 그들이 내 이름으로 귀신을 쫓아내며 새 방언을 말하며, 뱀을 집어올리며 무슨 독을 마실지라도 해를 받지 아니하며 병든 사람에게 손을 얹은즉 나으리라 하시더라."

할 때 하나님의 능력이 손을 통하여 병자에게 전달되는 것을 체험한다. 그러나 안수가 전적인 기도 방법은 될 수 없다. 예수께서도 안수 이외의 방법으로 많은 병을 고치셨기 때문이다. 그렇지만 안수기도는 치유를 위한 가장 효과적인 기도요, 능력 있는 기도다.

안수는 환부에 가장 가까이 손을 얹을수록 효과적이다. 그렇지 못할 경우 머리에 손을 얹든지, 아니면 환부에 가장 가까운 부분의 등에 손을 얹으면 된다. 그리고 손에서 찌릿한 약한 전류나 뜨거운 것이 흘러나와 환부에 흘러들어가도록 하는 것이다. 주님이 주신 생명의 능력이 손을 통해 직접적으로 전달되는 것이다. 그리고 사역자는 그 느낌, 흘러들어가는 느낌을 감각으로 알든가, 눈으로 보아야 한다. 흘러들어가는 그 느낌에 대한 영적 감각을 잘 추적해야 한다. 그리고 흘러들어간 능력이 치유하는 것에 대한 감각을 감지할 수 있어야 한다.

나는 집회에 나가면 첫 날 첫 시간부터 안수를 한다. 머리에 손을 얹기 전에 영적 감각을 최대한 열어놓는다. 이는 집회 시작 전부터 준비하는 것이다. 나는 매시간 집회 시작 전 제단에 올라가 최소한 30분 이상 기도한다. 그때의 기도는 능력 충만을 위한 기도가 아니다. 나를 온전히 비우는 기도다. 그리고 주님의 임재 속에서 나의 영적 감각을 감지하고 운용해 본다. 몸이 어느 정도 만들어지면 나를 비운 채 그대로 생각 없이 앉아 있는다. 회중기도가 끝나면 자리에서 일어나 의자에 앉는다. 그리고 찬양 후에 설교를 한다. 원고는 가지고 가지만 보지는 않는다. 나를 비웠기에 주님이 말씀하신다. 나도 무슨 소리를 하는지 모를 때도 많고 어떤 때는 나도 내 설교를 듣는다. 자리에 앉아있는 성도들의 모습도 보이지 않는다. 그렇게 1시간 이상 설교를 한다.

설교 후에 통성기도를 시킨다. 나는 기도를 할 때 회중 앞에 불러 세워 놓고 하지는 않는다. 그렇게 되면 사람들이 사역자에 대한 신비감과 동시에 두려움을 갖게 된다. 또한 기도받는 사람 외에는 구경꾼이 된다. 어떻게 하나, 정말 낫는가, 신기하게 생각한다. 나도 치유받을 수 있다는 믿음을 심어주기는 하지만 자칫 믿음의 허황기만 불러일으킬 수 있다. 그리하여 나는 설교 후 통성기도를 시킨다. 그리고 한 사람씩 제단 위나 제단 밑에 방석을 놓고 앉게 하고는 머리에 손을 얹는다.

손을 얹고 능력을 흘려 들여보낸다. 이때 영적 감각을 이용해서 잘 봐야 한다. 어느 정도 능력이 들어가는가, 당사자가 믿음으로 기도를 받고 있는가, 능력이 들어가다 막히는 곳은 없는가, 온몸 전체로 잘 들어가는가, 아니면 한 곳으로 집중되어 들어가는가, 냄새가 나는가, 어떤 냄새가 나는가, 당사자의 영적 상태가 어느 정도인가 등을 잘 살펴야 한다. 이를 하나씩 살피는 것이 아니라 한꺼번에 알아야 한다. 만약에 능력이 막히는 부분이 있으면 능력을 좀더 강하게 밀어 넣어 본다. 그리고 반응을 본다. 어느 정도, 어디까지 밀려들어가는가도 살펴야 한다. 미심쩍은 것이 있으면 짧은 대화를 통해 물어본다. 확인을 한 후에 다시 한번 더 시도한다. 그리고 한 번에 끝낼 생각은 하지 않고 진전이 어느 정도 있음을 확인한 후에 다음 사람으로 넘어간다.

이때 능력이 잘 들어간다고 해서 무리하게 능력을 넣거나 욕심을 내서 기도하는 것은 금물이다. 안수기도를 할 때 무리하거나 욕심을 내면 기도받는 당사자나 특히 사역자에게 후유증이 온다. 적당한 선에서 멈추고 다음 시간을 기약하는 것이 좋다. 집회 마지막 시간이라고 욕심내도 안 좋다. 담임목사가 있으니 그가 알아서 하리라 믿고 그냥 떠나오는 것이 좋다. 내가 하는 것이 아니라 주님이 주님의 자녀에게 하시는 일인데, 하며 주님께 맡기고 떠나라.

아무리 영적인 감각이 없는 사람도 둘째 날 낮부터는 자기 몸으로 능력을 느끼게 된다. 그렇게 계속해서 능력을 넣어주면 마지막 날에는 모두들 천사의 얼굴을 하게 된다. 개중에 몇 명은 크게 은혜를 받는 사람이 꼭 나온다. 이들의 영적인 상태를 바로 잡아주고 와야 한다. 그리고 주님이 주시는 필요한 말이나 영적 교훈을 전해야 한다. 그렇지 않을 경우 영적으로 급진전을 이루었기 때문에 집회 후에 영적 혼란을 겪게 된다. 이를 제대로 대처할 능력이 담임목사에게 없을 경우 자칫 교회에 문제가 생길 수도 있다. 이른바 집회 후유증이다.

그리고 교회 내에서 치유를 위한 안수기도를 할 때는 위의 방법대로 하면 된다. 다만 무리하지 말고 장기적으로 천천히, 아주 천천히 사람이 변할 때까지 신앙 지도를 하면서 기도를 해주어야 한다. 이때 하는 기도가 적시는 기도다. 병이 나을 때까지 하는 것이다. 그런데 하다보면 처음에는 진전이 있다가도 진전이 없기도 하고, 오히려 퇴보하기도 한다. 그럴 때면 기도해주는 사람도 지치고, 받는 사람도 지친다. 이때 믿음이 없느니, 기도하지 않아서 그렇다느니 하지 말라. 다 과정 속에 있는 것이다. 좀더 진실한 마음으로 주님께 다가가 마음을 더 열도록 하고, 삶의 열매가 맺히도록 지도를 하면 된다. 주님께 집중하고 사랑으로 치유하도록 해야 한다. 계속 기도를 받다보면 어느 순간에 병에 대한 생각이 없어진다. 생각이 없어지면 병도 없어진다.

7) 안찰기도

말도 많고 탈도 많은 것이 이 안찰기도다. 결론부터 말하자면 이 안찰기도는 매우 효과적인 기도 중의 하나다. 문제는 안찰기도를 너무 무리하게 하기 때문에 문제가 생기는 것이다. 무리하지 않고 잘 활용하면 좋은 결과를 얻을 수 있다.

성경에 안찰이란 말이 딱 한군데 나온다. 그나마 이것도 개역개정판 이전의 개역한글판 성경에 나오는 것이다.[35] 개역한글판 성경의 안찰이 란 단어는 손을 얹는다는 뜻이다. 그리하여 개역개정판에서는 이를 '손을 얹다.'로 바로 잡았다. 그러므로 우리가 아는 그런 안찰기도는 성경에 없는 셈이다. 우리나라 안찰기도의 효시는 철원에 있는 대한수도원이다. 고 전진 원장께서 주님의 계시를 받고 시작한 것이다. 안찰은 환부 또는 온몸을 손바닥으로 두드리는 것이다. 이를 행하면 혈액순환이 원활해져 병이 낫는다. 또한 환부의 특징이 차고 굳어있는 것인데, 안찰을 하면 효과적으로 그 부분이 뜨거워지고 굳은 것이 쉽게 풀린다.

나는 5, 6년 전에 대한수도원에 가서 직접 안찰을 받아봤다. 특별히 아픈 곳이 있어서 간 것은 아니고, 안찰의 본고장에서 직접 안찰을 경험해 보고자 갔었다. 받아보니 맞아서 안 아픈 사람 없다더니 정말로 많이 아프다. 그리고 그 효과도 좋다. 온몸이 개운해지고 가벼워진다. 지금도 몸이 무겁고 거북할 때 안찰 잘하는 사람에게 안찰 받고 싶다는 생각이 든다.

나는 안찰기도가 성경에 나오지 않는다고 해서 잘못된 것이라고 생 각하지는 않는다. 문화가 다르고 생활습관이 다르기 때문에 우리의 방식이 성경에 나오지 않을 수도 있다. 성경을 고집하는 사람들도 추어탕이나 보신탕을 먹지 않는가? 성경에는 고추장이 나오지 않지만 우리는

---

35 왕하 13:16 "또 이스라엘 왕에게 이르되 왕의 손으로 활을 잡으소서 곧 손으로 잡으매 엘리사가 자기 손으로 왕의 손을 안찰하고."(개역한글판)
"또 이스라엘 왕에게 이르되 왕의 손으로 활을 잡으소서 하매 그가 손으로 잡으니 엘리사가 자기 손을 왕의 손 위에 얹고."(개역개정판)

거의 모든 음식에 이를 사용하지 않는가? 그러므로 꼭 성경에 안 나온다고 이단시 할 필요는 없다.

안찰기도는 어떻게 사용하느냐가 매우 중요하다. 나도 초기 사역할 때 안찰기도를 활용했었다. 그리고 그 효과가 좋다는 것을 경험했다. 안찰은 그 방법만 알면 누구나 할 수 있다는 장점도 있다. 내가 경험하여 정리한 안찰을 하는 방법은 이렇다. 안찰의 기본은 환부의 맨 살에다가 맨 손으로 하는 것이다. 그렇지 못 할 경우에 옷 입은 위에다가 해도 되지만 효과는 떨어진다. 안수기도할 때 능력이 들어가다 막히는 부분이 있을 경우에도 가볍게 그 부위를 두드려주고 기도해도 효과가 있다.

맨 살에다 할 경우 세게 치려하지 말아야 한다. 힘을 실어 치게 되면 자칫 불상사가 생길 수 있다. 복부나 가슴이 그렇다. 특히 내과 환자들은 장기가 약해져 있는데 그곳을 세게 치다가는 장기파열을 불러올 수도 있다. 안찰하다 사람이 죽는 경우가 바로 이 때문이다. 세게 치면 병자뿐 아니라 사역자에게도 그 후유증이 동반되어 나타날 수 있으니 세게 치면 안 된다. 내 방법은 손목을 이용하여 힘을 실지 않고 치는 것이다. 손에 능력이 있는 사람은 세게 치지 않아도 된다. 그리고 눕혀 놓고 하면 자칫 위험할 수 있으니 될 수 있는 한 세워놓고 하든지, 앉은 자세로 하는 것이 좋다.

안찰의 방법도 두 가지가 있다. 하나는 우리가 익히 아는 대로 손바닥으로 치는 것이요, 또 하나는 손을 오므려 손바닥을 둥글게 해서 치는 것이다. 손바닥으로 치면 멍이 든다는 단점이 있고, 손바닥을 둥글게 해서 그 안의 공기로 치는 것은 멍이 들지 않는 장점이 있다. 어떤 방법을 쓰든지 간에 자신의 경험으로 자신에게 잘 맞는 방법을 쓰면 될 것이다.

손바닥으로 칠 경우 몸의 안 좋은 부분에 새까만 피가 올라온다. 안찰은 이 피가 제대로 올라올 때까지 치는 것인데, 피가 올라오면 나중에 멍이 된다. 그리고 그 멍이 점차로 사라지면 어지간한 병도 함께 사라진다. 내 경험으로는 관절염이나 혈액순환 계통, 두통, 가슴 답답한 것, 소화기 계통의 질병들 등에는 아주 효과가 좋다. 이는 안찰이 주로 풀어주는 효과가 뛰어나기 때문인 것 같다. 디스크는 효과가 별로다. 안찰 후에는 반드시 안수를 해서 안찰한 부위에 능력을 흘려 보내주어야 더욱 효과가 있다.

특별한 능력이 없어도 안찰은 효과적이다. 혈액순환만 잘 되거나, 아픈 부위가 뜨거워지기만 해도 결린 것이나 소화 안 되는 것들은 쉽게 낫는다. 다만 선무당이 사람 잡는다고 무리하게 시도했다가는 낭패를 보게 된다. 모르면 안 하는 것이 최선이다. 모르면 안찰하는 흉내 내지 말고 안마 수준으로 하라. 그래도 몸은 시원해진다. 그리고 안찰은 제대로 하는 사람에게서 그 노하우를 전수받는 것이 좋다.

8) 중보기도

중보기도는 아무리 강조해도 지나치지 않다. 모두가 마음을 합하여 함께 기도하는 중보기도는 기도의 효과도 대단할 뿐 아니라, 기도하는 마음이 아름답지 않는가? 한마음이 되어 주님께 부르짖는 기도, 모든 마음들이 주의 이름으로 하나가 되어 드리는 기도는 주님의 마음을 감동시킨다. 그 감동이 응답으로 내려온다. 그 응답은 모두의 응답이며, 모두에게 큰 기쁨과 믿음의 확신을 준다.

성경에는 중보기도에 대해 많은 말씀과 사례가 나온다. 우리가 단 두 사람만이라도 함께 마음을 합하여 무엇이든지 구하면 하나님 아버지께서 그 기도를 이루게 하신다고 우리 주님이 약속하셨다.[36] 또한 야고보서 기자는 믿음을 가지고 서로 병 낫기를 위해 기도하면 주께서 저를 (병상에서) 일으키신다고 하셨다.[37] 서로 있는 장소가 다를지라도 마음을 합하여 기도할 때 역사가 일어난다.

사도행전에 보면 베드로가 옥에 갇혀있을 때 교회의 모든 성도들이 그를 위해 간절히 기도하였고, 헤롯이 베드로를 죽이려고 하던 전날 밤에 홀연히 주의 천사가 나타나 잠자던 베드로를 깨워 옥에서 구해내는 사건이 나온다.[38] 그와 같은 기적을 일으킨 것은 다름 아닌 중보기도의 역사다. 온 교회가 합심하여 기도할 때 기적은 일어난다. 온 교회가 하나 되어 기도하는 교회는 문제가 없다. 만약에 교회에 문제가 있거든 먼저 합심하여 기도하는 중보기도부터 시작하라.

바울도 자신과 사역을 위해 교회들에 기도를 거듭 부탁한다.[39] 또한

---

36 마 18:19 "진실로 다시 너희에게 이르노니 너희 중의 두 사람이 땅에서 합심하여 무엇이든지 구하면 하늘에 계신 내 아버지께서 그들을 위하여 이루게 하시리라."
37 약 5:15-16 "믿음의 기도는 병든 자를 구원하리니 주께서 그를 일으키시리라. 혹시 죄를 범하였을지라도 사하심을 받으리라. 그러므로 너희 죄를 서로 고백하며 병이 낫기를 위하여 서로 기도하라. 의인의 간구는 역사하는 힘이 큼이니라."
38 행 12:5-12 "이에 베드로는 옥에 갇혔고 교회는 그를 위하여 간절히 하나님께 기도하더라. 헤롯이 잡아 내려고 하는 그 전날 밤에 베드로가 두 군인 틈에서 두 쇠사슬에 매여 누워 자는데 파수꾼들이 문 밖에서 옥을 지키더니, 홀연히 주의 사자가 나타나매 옥 중에 광채가 빛나며 또 베드로의 옆구리를 쳐 깨워 이르되 급히 일어나라 하니 쇠사슬이 그 손에서 벗어지더라. 천사가 이르되 띠를 띠고 신을 신으라 하거늘 베드로가 그대로 하니 천사가 또 이르되 겉옷을 입고 따라오라 한 대, 베드로가 나와서 따라갈새 천사가 하는 것이 생시인 줄 알지 못하고 환상을 보는가 하니라. 이에 첫째와 둘째 파수를 지나 시내로 통한 쇠문에 이르니 문이 저절로 열리는지라 나와서 한 거리를 지나매 천사가 곧 떠나더라. 이에 베드로가 정신이 들어 이르되 내가 이제야 참으로 주께서 그의 천사를 보내어 나를 헤롯의 손과 유대 백성의 모든 기대에서 벗어나게 하신 줄 알겠노라 하여, 깨닫고 마가라 하는 요한의 어머니 마리아의 집에 가니 여러 사람이 거기에 모여 기도하고 있더라."
39 롬 15:30-32 "형제들아 내가 우리 주 예수 그리스도와 성령의 사랑으로 말미암아 너희를 권하노니 너희 기도에 나와 힘을 같이하여 나를 위하여 하나님께 빌어, 나로 유대에서 순종하지 아니하는 자들로부터 건짐을 받게 하고 또 예루살렘에 대하여 내가 섬기는 일을 성도들이 받을 만하게 하고, 나로 하나님의 뜻을 따라 기쁨으로 너희에게 나아가

바울도 교회들을 위해 기도한다고 고백하였다.[40] 바울과 여러 교회들이 합심하여 서로를 위하여 중보기도를 하는 것이 초대 교회의 전통이다.[41] 목회자를 위해 합심으로 기도하는 교회, 성도를 위하여 기도를 쉬지 않는 목회자, 이 얼마나 아름다운가? 초대 교회로부터 내려온 이 아름다운 전통이 살아있는 교회는 복받은 교회다.

나라와 민족을 위한 합심 기도는 큰 역사를 일으킨다고 성경은 말한다. 유다 왕 여호사밧 때 모압 자손과 암몬 자손들이 연합하여 유다를 침공하였다. 그러나 유다는 저들의 공격을 막아낼 힘이 없었다. 오직 여호와 하나님만 바라볼 뿐이었다.[42] 여호사밧은 온 백성에게 금식을 선포하고 기도할 것을 공포하였다. 그러자 온 백성들이 각자 자기 성읍에 모여 합심하여 여호와께 간구하였다.[43] 하나님은 온 민족이 한마음이 되어

　너희와 함께 편히 쉬게 하라."
　골 4:3 "또한 우리를 위하여 기도하되 하나님이 전도할 문을 우리에게 열어 주사 그리스도의 비밀을 말하게 하시기를 구하라. 내가 이 일 때문에 매임을 당하였노라."
　살전 5:25 "형제들아 우리를 위하여 기도하라."
　살후 3:1 "끝으로 형제들아 너희는 우리를 위하여 기도하기를 주의 말씀이 너희 가운데서와 같이 퍼져 나가 영광스럽게 되고."
40 빌 1:9-11 "내가 기도하노라 너희 사랑을 지식과 모든 총명으로 점점 더 풍성하게 하사, 너희로 지극히 선한 것을 분별하며 또 진실하여 허물 없이 그리스도의 날까지 이르고, 예수 그리스도로 말미암아 의의 열매가 가득하여 하나님의 영광과 찬송이 되기를 원하노라."
　살후 1:11 "이러므로 우리도 항상 너희를 위하여 기도함은 우리 하나님이 너희를 그 부르심에 합당한 자로 여기시고 모든 선을 기뻐함과 믿음의 역사를 능력으로 이루게 하시고."
　몬 1:4 "내가 항상 내 하나님께 감사하고 기도할 때에 너를 말함은."
41 골 4:12 "그리스도 예수의 종인 너희에게서 온 에바브라가 너희에게 문안하느니라. 그가 항상 너희를 위하여 애써 기도하여 너희로 하나님의 모든 뜻 가운데서 완전하고 확신 있게 서기를 구하나니."
42 대하 20:12 "우리 하나님이여 그들을 징벌하지 아니하시나이까 우리를 치러 오는 이 큰 무리를 우리가 대적할 능력이 없고 어떻게 할 줄도 알지 못하옵고 오직 주만 바라보나이다 하고."
43 대하 20:3-4 "여호사밧이 두려워하여 여호와께로 낯을 향하여 간구하고 온 유다 백성에게 금식하라 공포하매, 유다 사람이 여호와께 도우심을 구하려 하여 유다 모든 성읍에서 모여와서 여호와께 간구하더라."

기도하는 그 소리를 들으셨다. 그리고 야하시엘을 통하여 말씀하셨다. "두려워하거나 놀라지 말라 이 전쟁은 너희에게 속한 것이 아니요 하나님께 속한 것이니라.……이 전쟁에는 너희가 싸울 것이 없나니 대열을 이루고 서서 너희와 함께 한 여호와가 구원하는 것을 보라. 유다와 예루살렘아 너희는 두려워하지 말며 놀라지 말고 내일 그들을 맞서 나가라 여호와가 너희와 함께 하리라."(대하 20:15-17) 유다는 가만히 서서 여호와의 구원하심을 보았고, 나중에 전리품만 취하였는데 너무 많아 사흘 동안 전리품을 취하였다고 하였다.[44]

온 민족이 함께 마음을 합하여 기도할 때 하나님이 응답하셔서 유다 민족의 위기를 극복하게 하신 것은 우리 민족에게 시사하는 바가 크다. 우리도 나라와 민족을 위해 중보 기도를 해야 한다. 오늘 천안함의 침몰에 대한 조사단의 보고가 있었다. 남북이 통일의 길에서 점점 멀어져가는 것처럼 보인다. 나라가 자칫 위기에 봉착할 수도 있다. 이럴 때 우리도 유다처럼 나라와 민족을 위한 합심기도를 해야 할 때다.

내가 어렸을 때만 해도 부흥회 때 나라와 민족을 위한 통성기도를 빼놓지 않고 했는데, 요즘은 그런 기도를 찾아보기 힘들다. 교회들이 개인주의화, 개교회주의화 되어간다. 사회적 치유와 국가의 치유는 교회의 손을 떠난 듯이 보인다. 다시 한국교회가 민족을 책임지는 교회로 거듭났으면 한다. 그리고 온 교회가 나라와 민족을 위해 기도할 때, 민족의 숙원인 남북통일과 번영의 시대가 올 것이다. 지금은 기도해야 할 때다.

---

44 대하 20:25-26 "여호사밧과 그의 백성이 가서 적군의 물건을 탈취할새 본즉 그 가운데에 재물과 의복과 보물이 많이 있으므로 각기 탈취하는데 그 물건이 너무 많아 능히 가져갈 수 없을 만큼 많으므로 사흘 동안에 거두어들이고, 넷째 날에 무리가 브라가 골짜기에 모여서 거기서 여호와를 송축한지라. 그러므로 오늘날까지 그 곳을 브라가 골짜기라 일컫더라."

2장 습관의 치유

치유에 대한 사람들의 오해 가운데 하나가 병의 재발에 관한 것이다. 하나님의 능력으로 병을 고쳤으니 다시 재발하지 않는다고 믿는데, 그것은 오해다. 그런데 이상한 것은 치유 이후 재발된 경우에 관한 글들을 성경은 물론 치유 관련 서적에서도 찾아보기 힘들다는 것이다. 그것은 하나님이 고치신 것이므로 재발될 가능성이 없다고 믿는 믿음이 좋은 것인지, 아니면 이들의 관심이 병 낫는 것에만 있지 그 이후에는 관심이 없어서 그런 것인지, 아니면 재발할 수 있다고 말하는 것이 자신들의 능력의 권위에 손상을 주기 때문에 그런 것인지 모르겠다.

주님의 능력으로 고침받았는데 왜 재발하는가? 이 문제를 놓고 고민하다가 습관이 치유되어야 재발하지 않는다는 결론에 도달하였다. 병고침받은 후에 신앙생활을 제대로 하지 않거나 삶이 바뀌지 않고 예전의 삶으로 되돌아간다면 대부분 재발한다. 귀신을 쫓아내도 다시 들어온다.[1] 우울증과 같은 정신질환은 말할 것도 없다. 치유받은 모든 질병은 재발할 가능성이 있다. 그 이유는 하나님의 능력은 완전하시지만 인간이 불완전하기 때문이다. 이 문제를 다룬 것이 습관의 치유다.

앞서 나는 치유는 병을 고치는 것이 아니라 사람을 고치는 것이라고

---

1 마 12:43-45 "더러운 귀신이 사람에게서 나갔을 때에 물 없는 곳으로 다니며 쉬기를 구하되 쉴 곳을 얻지 못하고, 이에 이르되 내가 나온 내 집으로 돌아가리라 하고 와 보니 그 집이 비고 청소되고 수리되었거늘, 이에 가서 저보다 더 악한 귀신 일곱을 데리고 들어가서 거하니 그 사람의 나중 형편이 전보다 더욱 심하게 되느니라. 이 악한 세대가 또한 이렇게 되리라."

했다. 사람의 전 인격, 전 존재, 그의 삶 전부가 고침받는 것이 치유다. 치유는 병원에서 치료하는 것과 다르다. 하나님의 능력이 인간에게 들어와 그의 삶 전체를 하나님 나라로 바꾸는 것이다. 그런데도 사람이 고쳐지지 않고 병만 고쳐지면 당연히 재발할 수밖에 없다. 사람이 그리스도의 사람으로 완전히 변할 때까지 천천히 신앙 지도를 하며 병을 고쳐야만 한다고 했다. 그럼에도 병만 고치니까 재발하는 것이다.

치유받은 질병들이 다시 재발하지 않게 하기 위해서는 두 가지 측면의 고려가 있어야 한다. 첫째는 치유받은 자의 측면과 둘째는 치유 사역자의 측면이다. 먼저 치유받은 자는 자신이 왜 질병에 걸렸는가를 생각하고 다시는 그 질병의 원인을 되풀이하지 않는 것이다. 습관이 치유되어야 재발하지 않는다. 앞에서 치유는 아주 천천히 할수록 좋다고 말한 이유가 이것이다. 질병의 원인이 된 습관이 신앙 안에서 완전히 고쳐질 때까지 치유를 늦추는 것이다. 이렇게 치유받으면 재발할 가능성이 없어진다.

둘째는 치유 사역자의 측면이다. 이것도 앞에서 치유 이후의 돌봄에서 다루었던 문제다. 즉 지속적인 목양적 돌봄이다. 병 낫는 것으로 그치는 것이 아니라, 고침받은 자들로 하여금 다시는 질병의 원인인 예전의 습관으로 돌아가지 않게 돌보아 보다 높은 차원과 온전성으로 나아가도록 영적 지도를 해야 한다.

습관의 치유의 성서적 배경은 요한복음 5장 14절과 8장 11절에 근거하고 있다. 요한복음 5장에 보면 주님께서 예루살렘에 올라가셨을 때, 양문 곁 베데스다 연못에서 38년 된 병자를 고치신 사건이 나온다. 잠시 자리를 피하셨다가 그 후에 그 고침받은 자를 성전에서 만나 말씀하시기를 "보라 네가 나았으니 더 심한 것이 생기지 않게 다시는 죄를 범하지 말라."고 하셨다.[2] 이 말씀은 그 사람의 병의 원인이 죄였으며, 그 죄를 반복하게 되면 다시 재발할 뿐 아니라 더 심하게 재발된다는 것이다. 그러므로 재발하지 않도록 다시는 죄를 범하지 말라고 하신 것이다.

두 번째는 요한복음 8장에 나오는 것으로 주님께서 간음한 현장에서 붙잡힌 여인을 구해주시는 장면에 나온다. 주님은 죽음 직전에 몰린 여인을 "너희 중에 죄 없는 자가 먼저 돌로 치라."는 지혜의 말씀으로 구해주신다.[3] 사람들이 하나 둘 사라지고 나서 그 여인에게 "나도 너를 정죄하지 아니하노니 가서 다시는 죄를 범하지 말라."고 하신 말씀이다.[4] 죄에서 구원(치유)하여 주신 주님이 여인에게 다시는 죄를 범하지 말라고 하신 것은 구원(치유) 이전 상태로 되돌아가지 말라고 하신 것이다. 따라서 치유받은 이후 재발되지 않으려면 치유 이전 상태로 되돌아가지 말아야 한다.[5]

사도 바울도 에베소 교회에 보낸 편지에서 지난날의 생활방식대로 허망한 욕정을 따라 살다가 썩어 없어질 그 옛 사람을 벗어버리고, 심령을 새롭게 하여, 하나님의 형상을 따라 참 의로움과 참 거룩함으로 지으심을 받은 새 사람을 입으라고 말한다.[6] 이는 치유받은 이후에 우리가 어떻게 살아야 할 것을 말해주는 것이다. 계속해서 바울은 어떤 삶을 살

---

2 요 5:14 "그 후에 예수께서 성전에서 그 사람을 만나 이르시되 보라 네가 나았으니 더 심한 것이 생기지 않게 다시는 죄를 범하지 말라 하시니."
3 요 8:7 "그들이 묻기를 마지 아니하는지라. 이에 일어나 이르시되 너희 중에 죄 없는 자가 먼저 돌로 치라 하시고."
4 요 8:11 "대답하되 주여 없나이다. 예수께서 이르시되 나도 너를 정죄하지 아니하노니 가서 다시는 죄를 범하지 말라 하시니라."
5 롬 6:6 "우리가 알거니와 우리의 옛 사람이 예수와 함께 십자가에 못 박힌 것은 죄의 몸이 죽어 다시는 우리가 죄에게 종 노릇 하지 아니하려 함이니."
6 엡 4:22-24 "여러분은 지난날의 생활 방식대로 허망한 욕정을 따라 살다가 썩어 없어질 그 옛 사람을 벗어버리고, 마음의 영을 새롭게 하여, 하나님의 형상을 따라 참 의로움과 참 거룩함으로 지으심을 받은 새 사람을 입으십시오."(새번역)

아야 하는지를 구체적으로 밝힌다. 거짓을 버리고 참된 것을 말하라. 분을 내어도 죄를 짓지 말며 해가 지도록 분을 품지 말라. 도둑질하는 자는 다시 도둑질하지 말고 돌이켜 가난한 자에게 구제할 수 있도록 자기 손으로 수고하여 선한 일을 하라. 무릇 더러운 말은 너희 입 밖에도 내지 말고 선한 말을 하여 듣는 자들에게 은혜를 끼치게 하라. 하나님의 성령을 근심하게 하지 말라. 너희는 모든 악독과 노함과 분냄과 떠드는 것과 비방하는 것을 모든 악의와 함께 버리고 서로 친절하게 하며 불쌍히 여기며 서로 용서하기를 하나님이 그리스도 안에서 너희를 용서하심과 같이 하라.(엡 4:25-32)

따라서 모든 질병으로부터 치유받아 하나님 나라를 회복한 사람은 하나님 나라의 백성으로 하나님 나라의 삶을 살아야 한다. 그러기 위해서 모든 질병의 원인이 되는 옛 사람의 습관을 벗어버리고 그리스도로 옷 입어야 한다. 하나님 나라를 회복한다는 것이 관념 속에서, 또는 정신세계 속에서 이루어지는 것은 아니다. 그것은 삶 전체, 전 존재가 그리스도화하는 것이다.[8] 질병의 치유가 하나님 나라의 회복이므로 하나님 나라는 더 이상 질병이 없는 나라다. 그러므로 하나님 나라의 삶을 살아갈 때 더 이상 질병의 재발도 없고 질병의 고통도 없다.[9]

---

8 롬 8:29-30 "하나님이 미리 아신 자들을 또한 그 아들의 형상을 본받게 하기 위하여 미리 정하셨으니, 이는 그로 많은 형제 중에서 맏아들이 되게 하려 하심이니라. 또 미리 정하신 그들을 또한 부르시고 부르신 그들을 또한 의롭다 하시고 의롭다 하신 그들을 또한 영화롭게 하셨느니라."
롬 8:12-14 "그러므로 형제들아 우리가 빚진 자로되 육신에게 져서 육신대로 살 것이 아니니라. 너희가 육신대로 살면 반드시 죽을 것이로되 영으로써 몸의 행실을 죽이면 살리니, 무릇 하나님의 영으로 인도함을 받는 사람은 곧 하나님의 아들이라."
9 계 21:3-4 "내가 들으니 보좌에서 큰 음성이 나서 이르되 보라 하나님의 장막이 사람들과 함께 있으매 하나님이 그들과 함께 계시리니, 그들은 하나님의 백성이 되고 하나님은 친히 그들과 함께 계셔서 모든 눈물을 그 눈에서 닦아 주시니, 다시는 사망이 없고 애통

자, 이제부터는 습관의 치유에 대해 좀더 자세히 알아보자. 습관의 치유에서는 질병이 습관에 의해 온다고 말할 수 있다. 죄의 습관, 정서적 습관, 육체적 습관 등에 의해 인간에게는 질병이 온다. 그리고 그 습관들이 고쳐짐으로 치유되며, 치유된 사람은 더 이상 옛 습관에 머물지 않는다.

1. 죄의 습관의 치유

죄라고 하는 것은 반복적인 속성이 있다. 그래서 죄의 노예라고 말하는 것이다. 나쁜 줄 알면서, 잘못된 줄 알면서도 죄에 이끌려 죄를 반복하게 되면 그 죄로 인하여 육체적 질병이나 마음의 병 그리고 영적 질병에 걸리게 된다. 죄가 질병의 원인이 된다는 것은 1부 질병의 원인에서 다루었던 것들이다. 여기서는 그 죄를 습관으로 보는 것이다.

습관은 자아의 속성이다. 자아는 연속성과 편리성을 추구한다. 생존의 최적의 조건, 생존을 위한 최상의 시나리오를 프로그램화하는 작업이 자아의 본능이다. 이 자아의 본능에 의해 프로그램화 된 것이 습관이다. 대표적인 것이 "도망이냐, 싸움이냐Run and Fight"다. 이때 사용하는 호르몬이 분노를 일으키는 호르몬이다. 그리하여 분노는 생존을 위한 가장 기초적인 본능 중의 하나다. 자아의 생존 프로그램은 도망칠 것이냐, 싸울 것이냐, 이 둘 사이의 조합으로 되어져 있다.

습관의 치유에서 죄의 습관의 치유를 말하는 것은 바로 이 자아로부터의 해방 또는 자아의 죽음을 말한다. 내가 그리스도와 함께 죽는 것은

하는 것이나 곡하는 것이나 아픈 것이 다시 있지 아니하리니 처음 것들이 다 지나갔음이러라."

바로 이 자아가 죽는 것이다. 옛 사람이 자아ego이며, 그리스도와 함께 살아난 것이 새 사람Self이다.[10] 그리스도 안에서 참 자유를 얻었다고 하는 것은 자아가 만들어낸 프로그램으로부터 자유로움을 얻었다는 말이다.[11] 자아의 습성으로 자유로움을 받으려면 자아의 노력으로 될 수 없다. 그것은 오직 하나님의 은혜로 되는 것이다.[12] 자아로부터 자유로움을 얻은 자는 하나님 나라의 삶을 사는 자다. 진정한 치유가 이것이다.

2. 정서적 습관의 치유

사람이 마음에 상처를 받았다고 하는 것은 무엇을 말하는가? 상처는 관계 속에서 발생한다. 상처는 자신과의 관계 또는 타인과의 관계에서 자신의 예측이 예상한 것보다 낮게 나타날 때 생긴다. 스트레스다. 이 상처를 처리하는 방법이 자아에 의해 습성화 된 프로그램으로 나타난다. 대표적인 것이 심리학에서 말하는 억압Repression, 투사Projection, 합리화Rationalization 등과 같은 방어기제Defence Mechanism다.[13] 이렇

---

10 갈 2:20 "내가 그리스도와 함께 십자가에 못 박혔나니 그런즉 이제는 내가 사는 것이 아니요 오직 내 안에 그리스도께서 사시는 것이라. 이제 내가 육체 가운데 사는 것은 나를 사랑하사 나를 위하여 자기 자신을 버리신 하나님의 아들을 믿는 믿음 안에서 사는 것이라."
11 요 8:31-32 "그러므로 예수께서 자기를 믿은 유대인들에게 이르시되 너희가 내 말에 거하면 참으로 내 제자가 되고 진리를 알지니 진리가 너희를 자유롭게 하리라."
12 롬 3:24 "그리스도 예수 안에 있는 속량으로 말미암아 하나님의 은혜로 값 없이 의롭다 하심을 얻은 자 되었느니라."
   롬 11:6 "만일 은혜로 된 것이면 행위로 말미암지 않음이니 그렇지 않으면 은혜가 은혜 되지 못하느니라."
   엡 2:8 "너희는 그 은혜에 의하여 믿음으로 말미암아 구원을 받았으니, 이것은 너희에게서 난 것이 아니요 하나님의 선물이라."
13 방어기제는 지그문트 프로이트가 처음으로 사용한 용어다. 방어기제는 자아와 외부조건 사이에서 겪게 되는 갈등에 적응하도록 하여 인간의 심리 발달과 정신건강에 도움을

게 심리적으로 습관화된 프로그램으로부터 자유로워지는 것이 정서적 습관의 치유다.

첫째, 옛 사람과 새 사람과의 관계에서 생겨나는 상처는 자아의 속성을 벗어나지 못하고 끌려 다니는 자신에 대한 반성과 좌절로 인해 생겨난다.[14] 이는 위에서 말한 죄의 습관의 문제다. 그리고 자아 자신도 상처를 받는데, 그것은 자신의 노력에 비해 결과가 신통하지 않을 때 나타난다. 예를 들면 공부한 것보다 성적이 안 좋게 나왔을 때 느끼는 좌절감과 낭패감 등이다. 사업도 마찬가지다. 스스로에 대해 상처를 받는 것이다. 이때 생겨난 상처를 무의식 속으로 밀어 넣는 것이 억압이다.

둘째, 타인과의 관계에서 받는 상처다. 우리가 상대를 대할 때에는 상대에 대한 기본적인 지식을 가지고 상대를 대하게 된다. 그런데 상대로부터 예상하지 못한 반응이 나오거나 상대를 통해 예측하지 못한 결과를 얻었을 때는 상처를 받게 된다. 가장 잘 안다고 생각하는 가족들에게 가장 많은 상처를 받게 되는 이유가 이 때문이다. 타인과의 관계에서 받는 정서적 상처는 비교에 대한 인식 때문에 생겨난다. 사람들은 터무니없는 예상과 예측을 하지 않는다. 만약에 그렇다면 그것은 병이다. 도박이나 로또, 경마 등을 하는 사람들이 그런 류다. 이른바 일반적인 예

준다는 면에서 효과적이라 할 수 있다. 하지만 갈등 자체를 변화시키는 것이 아니라 자신을 속이고 관점만을 바꾸는 방법을 주로 사용하게 되면 오히려 사회생활에 적응하지 못하게 되는 부정적 역할을 하기도 한다. 방어기제는 위에서 말한 세 가지에다가 취소Undoing, 상환Restitution, 적대적 동일시hostile identification, 전치Displacement, 지성화Intellectualization, 승화Sublimation 등이 있다.

14 롬 7:19-24 "내가 원하는 바 선은 행하지 아니하고 도리어 원하지 아니하는 바 악을 행하는도다. 만일 내가 원하지 아니하는 그것을 하면 이를 행하는 자는 내가 아니요 내 속에 거하는 죄니라. 그러므로 내가 한 법을 깨달았노니 곧 선을 행하기 원하는 나에게 악이 함께 있는 것이로다. 내 속사람으로는 하나님의 법을 즐거워하되, 내 지체 속에서 한 다른 법이 내 마음의 법과 싸워 내 지체 속에 있는 죄의 법으로 나를 사로잡는 것을 보는도다. 오호라 나는 곤고한 사람이로다. 이 사망의 몸에서 누가 나를 건져내랴."

상을 훨씬 뛰어넘는 대박을 노리는 것이다.

일반적으로 사람들은 예측 가능한 삶을 살기 원한다. 그래야 다음을 준비하고 살아가기에 편하기 때문이다. 이 역시 자아의 안락함을 추구하는 속성으로부터 비롯된 것이다. 예측 가능한 결과를 추론할 수 있는 것은 비교를 통해서다. 자신의 경험치와 타인의 경험으로 인해 얻는 간접 경험치를 서로 비교분석하여 예상 수준을 도출해낸다. 그리고 그 예상이 적중할 때 안락함을 느낀다. 그런데 그 예측이 빗나갈 경우, 손해 본다는 느낌과 함께 심리적으로 상처를 받게 되는 것이다. 서로 비교하여 내가 타인이나 그의 성과에 못 미친다고 생각하는 것이다. 이때 그 원인을 찾게 되는데, 이럴 때 나타나는 방어기제가 투사나 전치, 반동형성Reaction formation 등이다.

그러므로 비교를 통해 예상하고 그 예상이 빗나감으로 인해 상처를 받는 정서적 감정의 습관의 치유는 비교하지 않음으로 치유될 수 있다. 삶의 기준, 비교의 기준을 타인이나 자신에게 두지 말고 그리스도에게 두는 것이다. 1부에서 질병의 기준과 치유의 기준, 건강의 기준 이 모두가 성삼위 하나님께 있다고 말한 것이 이것이다. 우리의 삶 속에 질병 아닌 것이 어디 있으며, 치유 아닌 것이 어디 있는가? 모두가 치유받아야 할 대상이요, 모두의 삶이 치유의 대상이다. 따라서 그리스도를 기준으로 살아갈 때 정서적 습관은 온전히 치유받고 더 이상 재발하지 않는다. 비교를 통해 프로그램 되어 있는 우리의 감정의 습관들이 그 비교의 대상을 그리스도께 두고 살아갈 때 감정의 습관들로부터 자유로움을 얻는 온전한 치유가 이루어진다.

3. 육체적 습관의 치유

육체적 습관의 치유는 치유받은 후 예전의 육체적 질병의 원인이 무엇이었는지를 알고, 그러한 육체적 습관을 재현하지 않는 것을 말한다. 술로 인해 간 질환에 걸린 사람은 그 질병의 원인이 술이다. 그러므로 간 질환에서 치유받았으면 이제는 술 먹는 습관을 버리고 술을 끊어야 한다. 만약에 다시 술을 예전처럼 마시면 다시 재발하게 된다. 흡연으로 기관지염이나 폐암에 걸린 사람이 치유를 받았으면 당연히 그는 담배를 끊어야 재발되지 않는다. 자세가 잘못되어 디스크에 걸린 사람은 자세를 바르게 하고 운동을 계속해야 한다. 그러면 다시 재발되지 않는다. 잘못된 식습관, 예컨대 기름진 음식을 과다 섭취하거나 야채나 과일 등을 잘 먹지 않는 식습관과 인스턴트식품을 지나치게 좋아하는 식습관으로 인해 고혈압, 당뇨, 심장질환 등에 걸린 사람이 치유받았으면 이제는 먹거리 습관을 바꾸어야 한다. 이처럼 육체적 습관의 치유는, 잘못된 육체적 습관으로 말미암아 질병에 걸린 사람이 치유받은 후에는 다시는 잘못된 습관으로 되돌아가 질병이 재발하지 않도록 습관이 치유받는 것을 말한다.

자, 그렇다면 육체적 습관들이 왜 생겨나는 것일까? 그것은 인체의 오감이 주는 맛 때문이다. 보는 맛 때문에 패션산업이 발달하고, 멋진 자동차가 잘 팔리는 것이다. 부정적으로는 야동, 포르노 등을 탐하는 관음증이 생긴다. 듣는 맛 때문에 음악산업이 발달하고, 음악가들이 대접을 받는다. 반면에 음담패설도 듣는 맛 때문에 재미가 있는 것이다. 냄새의 맛 때문에 비싼 향수, 화장품이 활개를 친다. 음식의 맛 때문에 "6시 내 고향" 프로그램이 인기가 있으며, 그 영향으로 식도락가들의 행렬

이 전국을 누빈다. 촉감으로 인해 온천욕이나 심지어 사람 사이의 피부 접촉이 문제가 되기도 한다.

이 오감이 긍정적으로 작용하면 많은 유익과 삶의 활력소가 되지만 부정적으로 작용하면 병이 된다. 이 오감이 주는 맛과 그로 인해 느끼는 쾌감이 계속적으로 그 맛을 탐닉하도록 하여 결국에는 습관이 된다. 일상적으로 사회적 통념으로 인정되는 것에는 병이라고 말하지는 않지만, 실상 습관으로 고착화되어 그 맛에 집착하면 그것도 당연히 병이다. 맛이 강렬하면 할수록 습관이 되는 기간도 짧아진다. 그 습관이 육체의 한계를 벗어나는 정도이면 육체적 질병이 생기는 것이다. 정신적인 것도 마찬가지다.

육체적 습관의 치유는 두 가지로 말할 수 있다. 첫째, 오감이 주는 맛이나 그로 인한 쾌감으로 인해 생긴 습관 때문에 육체적 질병이 왔을 경우다. 그것을 치료하는 것은 간단하다. 질병의 원인이 되는 맛을 차단하면 된다. 그리고 치유받은 후에도 지속적으로 그 맛을 관리하면 된다. 즉 술로 인해 병이 걸린 사람은 술 맛을 차단하면 된다. 안 마시는 것이다. 치유 후에도 마시지 않으면 된다. 물론 힘들다는 것은 안다. 하지만 죽기 싫으면 끊고, 죽고 싶으면 계속하면 된다. 이것도 하고 저것도 하려니까 어려운 것이다. 오감이 주는 맛 때문에 생긴 육체적 습관을 버리는 것이 치유다.

둘째, 일상적으로 사회적 통념으로 인정되는 습관에 대해서다. 부자가 좋은 차를 타는 것, 큰 집에서 사는 것, 비싼 옷을 입고, 비싼 음식을 먹는 것은 누구나 인정할 수 있다. 가난한 사람이 점심을 라면으로 때우는 것도 인정할 수 있다. 그것도 계란을 풀지 않은 라면으로 말이다. 쓸데없는 시기심이나 쓸데없는 자비심은 서로를 피곤하게 만든다. 자신이

처한 위치나 환경에 적응해서 살면 그것도 훌륭한 삶이다. 사회적으로 인정되는 것들이다. 물론 이러한 삶도 그 배후에는 다 습관이 작용하고 있다. 정신적으로는 비교하는 습관, 육체적으로는 맛을 탐닉하는 습관이 내재되어 있다.

그러나 자신이 그 맛을 누릴 수 있음에도 그것을 주를 위해 포기하는 것은 주 안에서 아름다움이다. 이것을 영성에서는 고행이라고 부른다.[15] 대표적인 것이 금식이다. 하나님은 인간을 먹어야만 살 수 있도록 창조하셨다. 그러나 나의 육성과 자아를 죽이기 위해, 주님 때문에 내가 마땅히 먹어야할 음식을 먹지 않는 것이다. 남들처럼 고기를 먹을 수 있지만 주를 위해 먹지 않는 자들에게 걸림돌이 되지 않게 하기 위해 고기를 먹지 않는 것을 바울은 아름답다고 하였다.[16]

아무리 비싼 정원수라도 그 일부를 잘라내지 않으면 아름다움을 유지할 수 없다. 정원사들이 하는 작업이 이것이다. 정원사들은 비싼 나무일수록 정성껏 잘라내고 다듬는다. 우리가 하나님의 아름다움을 유지하기 위해서는 이처럼 우리 자신의 일부를 잘라내야 한다. 자신이 마땅히 누릴 수 있는 맛을 포기하는 것, 즐길 수 있는 일들을 포기하는 것이 고행이다. 잘못된 것을 잘라내는 것은 성도의 당연한 의무다. 영성에서의 고행은 좋은 것이라 할지라도, 마땅히 누릴 자유가 있는 것이라 할지라도 주를 위해 잘라내고 포기하는 것이다. 이처럼 주님의 은혜와 주신 축복으로 내가 마땅히 누릴 수 있고, 그 맛을 즐길 수 있음에도 포기하는

---

15 고행을 뜻하는 영어 단어는 mortification이다. 이 단어의 본래적 의미는 죽음을 사랑하는 것을 뜻한다.
16 롬 14:21 "고기도 먹지 아니하고 포도주도 마시지 아니하고 무엇이든지 네 형제로 거리끼게 하는 일을 아니함이 아름다우니라."

것은 신앙인의 아름다운 모습이다. 치유를 위해 습관화된 맛을 끊는 것은 고통이지만 주를 위해 그 맛과 습관을 포기하는 것은 기쁨이요 아름다움이다.

왜 치유받은 사람이 재발하는가? 하는 문제에서 출발하여 습관의 치유까지를 말하였다. 습관이 치유되지 않으면 병은 재발한다. 주님께서도 "보라 네가 나았으니 더 심한 것이 생기지 않게 다시는 죄를 범하지 말라."고 하셨다.[17] 그러므로 병이 나은 사람은 재발하지 않도록 다시는 예전의 죄의 습관, 정서적 습관, 육체적 습관으로 돌아가서는 안 된다. 이것은 사실 병자 자신의 힘으로만 되는 것은 아니다. 주위의 여건과 가족들을 비롯한 주변 사람들의 도움이 필요하다. 더구나 하나님의 능력으로 치유받았으면 지속적으로 하나님의 자녀로 살아가도록 하는 목양적 돌봄이 필요하다.

---

17 요 5:14 "그 후에 예수께서 성전에서 그 사람을 만나 이르시되 보라 네가 나았으니 더 심한 것이 생기지 않게 다시는 죄를 범하지 말라 하시니."

3장 귀신 들린 사람의 치유

귀신 들린 사람을 치유하는 것을 축사逐邪 사역이라고 한다. 이는 귀신을 쫓아내는 사역이란 뜻이다. 축사 사역은 치유 사역 중에서 가장 많은 논란과 이단 시비를 가져오는 뜨거운 감자다. 여전히 무속화의 시비가 뒤따르고, 귀신의 유무에 대한 논란도 끊이지 않는다. 또한 축사 과정에서의 인권의 문제, 축사 과정의 비효율성 등이 문제다. 여기서는 귀신론에 대한 신학적 검토는 하지 않는다.[1] 다만 축사 사역의 실례를 제시하고, 이어 축사 사역에서의 주의 사항과 기타 사항들에 대해 조언하는 정도로 마무리하고자 한다.

1. 귀신 들린 사람의 치유 사례

2005년 12월 초에 서울 마포구에 있는 교회에 부흥집회를 나갔다. 3일째 되는 날, 아침에 묵상을 하던 중 환상이 보였다. 자세히 보니 크기가 집채만 한 큰 가오리 한 마리가 아래에서부터 올라오는데 꼬리가 없었다. 하도 이상해서 자세히 보고 있었는데, 잠시 후 가오리 입에서 시커먼 털이 수북한 꼬리가 스르륵 나오는 것이었다. 그 환상을 본 후, 오늘 집회에서 귀신이 정체를 드러내는 일이 있겠구나 하는 생각이 들었

---

1 귀신에 대한 좋은 글로는 다음의 논문을 참고하라. 성종현, "성경에 나타난 마귀·귀신," 「목회와 신학」 (1990년 10월호); 예영수, "귀신의 기원에 대한 제 학설 비교 연구," 『한국교회 신학자들이 본 마귀론 이해』(서울: 도서출판 은성, 1998).

다. 귀신이 정체를 드러내는 것을 표출表出이라고 한다. 그런데 다음 날 집회를 마칠 때까지 아무 일도 없었다.

집회를 마치고 목요일에 집으로 돌아왔는데, 토요일 저녁, 그 교회 담임목사로부터 전화가 왔다. 전직 무속인이었던 김○○ 집사(여, 당시 60세 정도)가 내가 환상을 본 그날부터 귀신에 들려 꼼짝도 못하고 드러누워 있다는 것이다. 본인은 그런 경험이 없는지라 올라와 해결해 줄 것을 요청하여 난생 처음으로 부흥회 AS를 해주러 다음 주 월요일에 올라갔다.

일을 보고 저녁 5시경 담임목사와 함께 김 집사님의 집에 들어갔다. 잠시 대화를 나누며, 그날 내가 본 환상에 대해 이야기를 했다. 그 집사님은 그 환상에서 본 물체가 20-30년 전부터 자신을 괴롭히던 귀신이라고 하였다. 시간이 없어 바로 축사에 들어갔다. 편안히 눕게 한 후, 20-30초 정도 안수를 통해 능력을 넣어주었다. 느낌을 물었더니 몸이 뜨거워진다고 하였다. 나는 그녀에게 내가 눈에 안수를 해주어 영안을 열어줄 테니 귀신을 직접 보라고 했다. 대략 7-8초 정도 기도를 하며 영안을 열어주고는 보라고 했다.[2] 그녀는 아무것도 안 보인다고 했다. 한 번 더 눈에 안수를 했더니 자신의 몸 안이 시커멓게 보인다고 했다.

나는 머리부터 배까지 서서히 안수를 해내려오면서 그녀의 몸 안에 성령의 빛을 넣어주었다. 이는 시커멓게 흩어져있는 귀신을 한 곳으로 몰아 분명하게 정체가 드러나게 하기 위함이었다. 그러자 그녀는 분명하게 귀신의 모습과 정체를 보게 되었다. 귀신의 정체는 예전에 23살 때 바다에 고깃배를 타고 나갔다 빠져죽은 자신의 시동생이라고 했다.

---

2 이때 영안을 열어주는 것은 마음으로 열어주는 것이다.

그 시동생이 가오리의 모습으로 내게 자신의 정체를 드러냈던 것이다.

나도 그녀와 함께 보면서 그리고 그녀와 대화를 하면서 귀신의 정체를 확인하고는 그녀에게 물었다. 이 귀신을 쫓아내기를 원하느냐, 아니면 그냥 함께 살기를 원하느냐? 그녀는 쫓아주기를 원한다고 했다. 그러면 집사님이 예수의 이름으로 나가라고 명령하라고 했다. 그녀는 내가 시키는 대로 예수의 이름으로 나갈 것을 귀신에게 명령했다. 물론 안나가는 것이 당연하다. 그래서 나갈 것이라면 내가 올 필요도 없는 것이다. 다만 나는 그녀의 믿음의 결단을 요구한 것이다.

귀신이 있는 부분에 손을 얹고 성령의 능력과 빛을 넣어주었다. 그러자 귀신이 매우 무서워하며 쪼그리고 앉아 울기만 했다. 그녀에게 귀신에게 왜 안 나가느냐고 물어보라고 했다. 귀신은 나가는 방법을 모른다고 했다. 나는 내가 빛을 넣어줄 테니 그 빛을 따라 나가라고 명령하고는 복부에 손을 얹고 빛을 넣어 주었다. 그러자 귀신이 빛을 따라 허겁지겁 나갔다. 물론 나만 맡은 것이지만 대단히 심한 악취를 풍기면서 나갔다. 너무 악취가 심해 고개를 돌리고 안수를 해야만 했다.

귀신이 빠져나간 후 그녀는 몸이 아주 가벼워졌다고 했다. 귀신이 나간 후 나는 귀신이 나간 그녀의 몸에 성령의 빛을 가득 채워 주었다. 그녀는 참 신기하다고, 세상에 이런 일이 어떻게 있느냐고 하면서 감사했다. 차 한 잔 마시고 나오니 대략 25분 정도가 소요되었다.

2. 주의할 점과 기타 사항들

이 방법은 은사의 원리를 터득할 즈음에 고안해낸 방법이다. 이 방법의 장점은 첫째로 무엇보다도 축사 방법이 효율적이라는 것이다. 20-

30년간 그녀를 지배해왔던 귀신을 몰아내는데 불과 20분도 채 걸리지 않았다. 둘째로 귀신을 직접 눈으로 보고 귀신이 나가는 것을 본인 자신의 눈으로 확인하기에 귀신이 나갔다는 것을 확신한다는 것이다. 셋째로 인격침해의 요소가 전혀 없다는 점이다. 나는 그녀와 인격적으로 대화를 통해 귀신을 쫓아냈을 뿐이다. 막말이나 욕설과 같은 비인격적인 요소가 전혀 없다. 넷째로 사역자 자신도 전 과정을 영안으로 보고 있기에 귀신에게 속거나 실수하지 않는다는 점이다.

축사 사역에 대한 방법론으로 이 사례를 제시한 이유는 축사 사역을 하는 사역자들이 이제는 예전의 비효율적이고, 비인격적인 방법 대신에 자신의 새로운 방법을 찾으라는 것이다. 시대가 변했음을 축사 사역자들도 알아야 한다. 그것은 몇 가지 사실만 알면 된다. 그리고 그것을 자신의 사역에 접목시켜 자신의 방법으로 만들면 된다. 내 경험을 토대로 주의 사항 및 사역에 있어서 유익한 내용들을 몇 가지만 말하자면 이렇다.

첫째, 축사 사역에 있어서 꼭 주의해야 할 점부터 말하자면 표출(또는 위장이 깨어짐)이 되어 귀신이 정체를 드러내거나 자신 속에 귀신이 있다고 분명하게 믿는 경우가 아니면 축사 사역을 강행해서는 안 된다는 점이다. 억지로 귀신을 표출시키려면 많은 힘이 든다. 그러므로 억지로 하지 말고 천천히 하라. 치유도 아주 천천히, 축사도 아주 천천히 하는 것이 좋다. 그래야 재발도 안 되고 사람도 변하고 믿음도 자란다. 치유나 축사 사역에 있어서 가장 중요한 것은 역시 불이다. 능력을 말한다. 이는 능력이 발휘될 때에는 손을 비롯하여 온몸이 뜨거워지고 기도받는 상대도 뜨거워지기에 편의상 그냥 불이라고 말한다. 그러므로 시간을 두고 계속 불을 때는 것이다. 견디지 못하면 나온다. 귀신도 계속 능력이 들어가면 견디지 못하고 스스로 위장을 풀고 자신의 정체를 드러낸다. 귀신이 정체를 드러낸 후에 축사 사역을 진행해야 한다.

둘째, 귀신이 없다고 믿는 사람에게 귀신이 들렸다고 강요해서도 안 된다. 귀신이 없다고 믿는 사람은 필요할 경우 그냥 안수해서 조용히 본인도 모르게 귀신을 쫓아내면 된다. 또한 사람들 앞에서 당신에게 귀신이 있다고 말해서도 절대로 안 된다. 그럴 경우 상당한 모욕과 인격적인 상처를 받게 되기 때문이다. 또한 필요한 경우가 아니면 일대일로 조용히 처리해야 한다. 교인들 전부 데리고 가서 찬송하고 요란법석을 떨어서도 안 된다. 시대가 변했다. 인격침해의 요소나 인격적 상처를 주는 일은 해서는 안 된다.

셋째, 축사 사역에 있어서 가장 중요한 요소는 사역자의 영적 권위다. 귀신이 그 권위를 인정할 때 쫓아낼 수 있다. 이는 성경에도 나온다. 하나님께서 바울에게 희한한 능력을 행하게 하실 때, 사람들이 바울의 손수건이나 앞치마를 가져다가 병든 사람에게 얹으면 그 병이 떠나고 악귀도 나갔다고 했다. 그러자 유대의 한 제사장 스게와의 일곱 아들도 귀신 들린 자들에게 이 일을 행하니 악귀가 "내가 예수도 알고 바울도 알거니와 너희는 누구냐" 하며 악귀 들린 사람이 그들에게 뛰어올라 눌러 이기니 그들이 상하여 벗은 몸으로 그 집에서 도망했다고 한다.[3] 바울과 제사장의 아들들과의 차이는 무엇인가? 둘 다 예수의 이름으로 나가라고 명령했다. 그런데 바울에게서는 나가고, 그들은 쫓아내질 못하

---

3 행 19:11-16 "하나님이 바울의 손으로 놀라운 능력을 행하게 하시니, 심지어 사람들이 바울의 몸에서 손수건이나 앞치마를 가져다가 병든 사람에게 얹으면 그 병이 떠나고 악귀도 나가더라. 이에 돌아다니며 마술하는 어떤 유대인들이 시험삼아 악귀 들린 자들에게 주 예수의 이름을 불러 말하되, 내가 바울이 전파하는 예수를 의지하여 너희에게 명하노라 하더라. 유대의 한 제사장 스게와의 일곱 아들도 이 일을 행하더니, 악귀가 대답하여 이르되 내가 예수도 알고 바울도 알거니와 너희는 누구냐 하며 악귀 들린 사람이 그들에게 뛰어올라 눌러 이기니 그들이 상하여 벗은 몸으로 그 집에서 도망하는지라."

고 도리어 당하고 말았다. 이는 능력에서 오는 영적 권위다. 귀신에게 그 능력을 인정받지 못하면 귀신도 우리의 영적 권위에 순종하지 않는다.[4]

넷째, 귀신이 어찌어찌 해서 들어오기는 했지만 정작 나가는 길을 잘 모른다는 것이다. 귀신도 불이 들어가면 괴롭다. 나가고 싶지만 나가는 방법을 몰라 나간다고 거짓말을 하고 몸속에 숨고 한다. 이때 사역자들이 입을 통해 뽑아낸다고도 하고 눈을 통해 뽑아낸다고도 하는데, 대부분 목에 걸린다. 이럴 때 목을 누르고 해서 목에 멍이 들고, 심지어 사망에 이르기도 하는 불상사가 일어나기도 한다. 내가 생각해 낸 방법은 생각이 되면 현실이 된다는 원리를 적용하는 것이다. 생각으로 빛을 넣어주고 그 빛을 따라 나가라고 하면 된다. 그러면 빛을 따라 나간다. 아주 쉽다. 이 역시 생각하면이 아니라 생각이 되면 된다.

다섯째, 귀신이 나가고 난 자리에는 반드시 성령의 빛 또는 능력의 불로 채워줘야 한다. 그래야 다시 들어오지 못한다. 설사 들어왔다가도 힘을 쓰지 못한다. 그리고 신앙으로 생활하도록, 예전의 삶으로 되돌아가지 않도록 지속적인 목양적 돌봄이 있어야 한다.

마지막으로 평소 신앙생활을 할 때에 필요 이상으로 귀신에 민감하

---

4 막 1:27 "다 놀라 서로 물어 이르되 이는 어찜이냐 권위 있는 새 교훈이로다. 더러운 귀신들에게 명한즉 순종하는도다 하더라."

막 6:7 "열두 제자를 부르사 둘씩 둘씩 보내시며 더러운 귀신을 제어하는 권능을 주시고."

스코트 펙은 악의 속성을 말하면서 "나는 지난 세월을 통하여 악이란 그것이 악마의 악이든 인간의 악이든 권위 앞에서 꼼짝을 못한다는 사실을 터득했다.……여기서 나는 악의 세력을 지배할 수 있는 권위란 그리 쉽게 주어지는 게 아니라는 사실을 강조하고 싶다. 그것은 충분한 지식을 바탕으로 한 엄청난 노력을 통해 얻어지는 것이다. 그리고 그런 노력은 오직 사랑의 마음에서만 비롯될 수 있다."라고 말한다. 스코트 펙, 『거짓의 사람들』, 270.

게 굴거나 쫓아내야만 한다는 강박감을 버려야 한다. 귀신은 믿음의 대상이 아니다. 믿음의 대상은 주님밖에 없다. 그러므로 주님께만 집중하면 된다. 귀신에 집중할 필요는 없다. 6년 전 수도원 기도실에 있을 때, 밤에 자려고 누웠는데, 누가 들여다보는 것 같았다. 창문을 보니 흰 소복을 하고 머리를 산발한 여자 귀신이 들여다보고 있는 것이었다. 그때 나는 "야, 저리가 귀찮다." 그리고는 돌아누워 바로 잠이 들었다.

또 지난해에는 1, 2월에 뒷산인 치악산에 올라가 밤마다 산 기도를 했다. 첫날 산에 올라가 앉았는데, 섬뜩한 기운이 감지되었다. 그때 순간적으로 "싸울까? 말까?" 하는 생각이 들었다. 유사 이래 이곳에 교회는 우리 교회가 처음이다. 지금도 그렇다. 이곳은 예로부터 절도 많아 불심이 굉장히 강한 곳이요, 무속인들도 많이 사는 곳이다. 그런데 싸우면 어떻게 되겠는가? 한도 끝도 없을 것 같았다. 그래서 나는 싸우는 대신 주님께만 집중했다. 잠시 후에 다 사라져버렸다. 그 후로는 아무 문제없다.

내가 마지막으로 이 경험을 말하는 이유는 우리의 신앙의 주인은 오직 주님이심을 강조하기 위함이다. 귀신에 대해 관심 가질 필요는 없다 외나무다리나 황야의 오케이목장에서 만난다면 몰라도 쫓아다니면서까지 신경 쓸 필요가 없다. 그저 주님만 믿으면 된다. 오직 주님 안에 거하면 된다. 주님만이 내 인생의 전부이시다. 주님이 다 이긴다. 그저 주님의 품 안에만 있으면 나도 다 이기는 것이다.

에필로그: 너도 꽃보다 남자니?

이 책을 쓰기 시작한 지 얼마 되지 않았을 때다. 서재 앞에 쭈그리고 앉아 봄볕을 즐기고 있었다. 벌 한 마리가 날아와 내 주위를 맴돌더니 내 가슴에 앉는다. 나는 벌에게 말했다. "너도 꽃보다 남자니?"

이 책을 쓸 때 그 어느 책보다도 글 몸살이 심했다. 제목과 차례를 써 놓고는 한 달 넘게 한 글자도 쓰지 못했다. 몸무게가 줄고, 식욕도 떨어지고 글에 대한 중압감은 말로 할 수 없을 정도였다. 딱히 어디가 어떻게 아프다고 말할 수도 없는 아픔에 빠져들어 갔다. 이러다 죽는구나 하는 생각이 하루에도 몇 번씩 들었다. 도저히 어찌할 수 없는 지경에 이르렀을 때, 나는 하루 금식을 했다. "주님! 내 생명 드리겠습니다." 이렇게 기도하고는 아들 앞으로 유서를 썼다. "준호야, 나 갑자기 죽어 미안하구나. 인생이 그런 거지 뭐. 이제 네가 가장이다." 이렇게 시작하는 유서를 써서 노트북 바탕화면에 올려놓고 나니 글이 써지기 시작했다. 글이 시작되자 정작 한 달 남짓 걸려 다 썼다. 생각 없이 썼다. 글 몸살을 통해 주님께서는 무엇을 어떻게 써야겠다는 내 생각들을 지우셨다.

생명을 드리겠다고 했으니 내 몸이 내 몸이 아니었다. 몸이 허해지면 사람들이 찾아와 고기를 사주었다. 1부를 마치고는 운동도 할 겸 고사리라도 꺾을까 하여 오랜만에 산에 올라갔다. 주님께서 눈을 밝히셔서 산삼을 보게 하셨다. 난생 처음 산삼을 캔 덕분에 허약해진 심신이 힘을 얻었다. 산삼 먹은 것보다 나를 이렇게까지 생각해주시는 주님의 은혜가 너무 고마웠다. 내가 주님께 좀더 잘해야 할 텐데, 그러지 못하는 내가 죄송할 따름이다. 이 책이 나를 이렇게까지 돌보시는 주님의 은혜를 조금이나마 갚을 수 있었으면 좋겠다. 아니, 이 책이 주님께 누가 되지만 않았으면 좋겠다.

이 책에는 수많은 물음들이 숨겨져 있다. 그만큼 설명이 불충분하다는 반증이기도 하며, 저자 개인이 몰라서 잘못 썼기 때문일 것이다. 이 책에 수록된 은사나 치유 사역에 대한 것 중에 내 것은 거의 없다. 사실 다 훔쳐온 것들이다. 우리가 태어날 때부터 가지고 온 것은 아무것도 없다. 그저 모두가 우주라는 밥상에 숟가락 하나 얹어 놓고 사는 것이다. 그 숟가락도 내 것이 아니다. 그마저 은혜다.

은사는 혼자서 그 세계를 터득할 수도 이해할 수도 없다. 동역자가 필요하고 스승이 필요하다. 나도 그들에게서 배우고 함께 체험한 것들이다. 다만 나는 그들의 체험과 그들이 터득한 원리를 내 것으로 만들었다. 여러 사람들이 만들어 놓은 각양각색의 보석들을 나의 체험의 실로 꿰어놓은 것이다. 그들은 따로 말했지만 나는 그것들을 내 몸을 통해 실험하고 체득함으로 하나로 묶었다. 그리하여 은사의 열림과 원리 그리고 사역들을 나의 체험된 논리와 원리로 설명할 수 있었다.

설명이 불충분하지만, 물론 은사라는 것이 제대로 설명되는 것도 아니기는 하지만, 적어도 은사에 대해 목말라하는 분들이 이 책을 읽다보면 나처럼 훔쳐갈 것이 의외로 많을 것이다. 설명이 불충분하여 잘 이해가 되지 않는 부분도 많을 것이다. 아마도 물음들은 이 책의 다음 이야기 때문일 것이다. 설명하지 못한 부분과 설명할 수 없는 부분들, 그리고 그 다음 이야기 때문에 나오는 것들이다. 그 다음은 얼굴과 얼굴을 마주 대하고 나누게 되길 바란다.

266

이 책이 성에 차지 않거나 여전히 목말라 하시는 분들은 수고스럽지만 치악산으로 오셔야 할 것이다. 개인적으로 찾아오시는 분들이나 세미나에 참여하실 분들은 이 책을 숙지하고 많은 물음을 가지고 오셨으면 한다. 다만 이메일이나 전화로 미리 예약을 해 두시는 것이 서로에게 도움이 될 것이다. 이곳에 대한 정보는 네이버 검색창에 원주 한우리감리교회를 치면 나온다. 예고 없는 방문은 사랑이 아니기에 사양한다.[1]

부디 치유 목회를 하실 때에는 병을 고치려하지 말고 사람을 고치고 그들의 삶에 하나님 나라가 임하도록 해주셨으면 하는 당부를 드리며 나의 글을 마칩니다. 치유의 주인은 오직 그리스도이시며, 그가 나의 생명이며, 내 인생의 목표요, 나의 전부입니다.

---

1 고전 13:4-7 **"사랑은** 오래 참고, **친절합니다.** 사랑은 시기하지 않으며, 뽐내지 않으며, 교만하지 않습니다. 사랑은 **무례하지 않으며,** 자기의 이익을 구하지 않으며, 성을 내지 않으며, 원한을 품지 않습니다. 사랑은 불의를 기뻐하지 않으며, **진리와 함께 기뻐합니다.** 사랑은 모든 것을 덮어 주며, 모든 것을 믿으며, 모든 것을 바라며, 모든 것을 견딥니다."(새번역)

찾아보기

CD

16:5 24

Tese Sim

4:9 24

Test Ben

5:2 24

Test Dan

3:6 24

인명

주제

ㅎ

은사와
치유 사역의 원리

2010년 6월 28일 1판 1쇄 발행
2012년 1월 31일 1판 2쇄 발행
지 은 이 ㅣ 염기석
펴 낸 이 ㅣ 김영명
펴 낸 곳 ㅣ 삼원서원
　　　　　주소 _ 강원도 춘천시 사농동 809 롯데캐슬더퍼스트 104-401
　　　　　전화 _ 070-8254-3538
　　　　　이메일 _ kimym88@hanmail.net
　　　　　싸이월드 _ http://club.cyworld.com/swlecturehall
등 　 　 록 ㅣ 제 397-2009-000004호
보 급 처 ㅣ 하늘유통
　　　　　전화 _ 031-947-7777
　　　　　팩스 _ 031-947-9753

ISBN 978-89-962670-4-1 03230

값 13,000원
※ 잘못된 책은 바꾸어 드립니다.